中国交通运输专家专著系列

道路甩挂运输组织技术及其应用实践

高洪涛　李红启　著

中国物资出版社

图书在版编目（CIP）数据

道路甩挂运输组织技术及其应用实践/高洪涛，李红启著．—北京：中国物资出版社，（2012.7 重印）

（中国交通运输专家专著系列）

ISBN 978-7-5047-3833-2

Ⅰ．①道…　Ⅱ．①高…②李…　Ⅲ．①公路运输—运输业务—中国　Ⅳ．①F542.6

中国版本图书馆 CIP 数据核字（2011）第 052241 号

策划编辑　马　军
责任编辑　王佳蕾
责任印制　何崇杭
责任校对　孙会香　杨小静

中国物资出版社出版发行
网址：http://www.clph.cn
社址：北京市西城区月坛北街 25 号
电话：（010）68589540　邮政编码：100834
全国新华书店经销
北京京都六环印刷厂印刷

开本：710mm×1000mm　1/16　印张：17.5　字数：250 千字
2011 年 4 月第 1 版　2012 年 7 月第 2 次印刷
书号：ISBN 978-7-5047-3833-2／F·1513
印数：2001—3000 册
定价：36.00 元

前　言

从甩挂运输基本理念的引入到被市场逐渐接受，我国道路甩挂运输的发展经历了较长的时期，迄今我国道路甩挂运输的发展依然处于试点阶段。究其原因，除了政策、体制等宏观层面因素，行业发展方式、货运企业的经营规模和管理水平也是值得重视的制约甩挂运输发展的因素。一方面，我国政府相关行政主管部门积极呼吁并鼓励甩挂运输的发展，并做了大量有利于发展甩挂运输的协调工作；另一方面，相关运输与物流企业对于行业发展政策上的调整存在一定的适应期，更重要的是，我国多数运输和物流企业尚未形成稳定的客户群和规模化的业务网络，道路甩挂运输的规模经济优势难以被发挥，而开展甩挂运输所需的运输组织方法，特别是车辆调度组织技术较传统运输组织方法要复杂和深入得多，并非企业在朝夕间就可以掌握和灵活运用的。

更为关键的是，理论界研究力度的欠缺是导致道路甩挂运输在我国发展滞后的一大原因。这主要表现为：由于甩挂运输在我国缺乏行业实践基础，国内学术界尚缺乏将道路甩挂运输组织问题独立出来开展深入研究的力度；迄今我国在甩挂运输方面的专门著作数量很少（目前只有由人民交通出版社分别于1960年和2010年出版的2本著作），研究成果数量规模不大，以“中国知网”数据库所囊括的学术论文数量为例，在全文中提及“甩挂运输”的期刊论文数量由2000年的不足10篇增加到2009年的200余篇，在全文中提及“甩挂运输”的研究生学位论文数量由2000年的2篇增加到2009年的30余篇。

相对于传统卡车，由牵引车和挂车组合而成的汽车列车能够通过装卸甩挂作业实现甩挂运输来获得更高的车辆和能源使用效率，汽车列车是能够有效降低道路货运碳排放的载运工具。汽车列车的动力部分（牵引车）和载货部分（挂车）可自由分离与结合，这使道路甩挂运输及其所用汽车列车的调度组织问题更加复杂。虽然国内外学者在运输组织和车辆调度研究方面取得若干优秀成果，但由于甩挂运输组织过程涉及多种类型的汽车列车，且需同时解决牵引车与挂车配备比例、牵引车数量及其路径、挂车数量及其运行路径和存放场站等一系列紧密相关的问题，理论界尚未将道路甩挂运输组织问题梳理出系统化研究框架，也没有提出完备的道路甩挂运输组织方法体系。

国外理论界在针对汽车列车行车组织相关问题的理论研究中，部分研究成果着眼于卡车—全挂车组合问题，该类研究主要针对由卡车牵引全挂车组成的汽车列车（卡车与挂车的配置比例在2∶1及以上）进行货物集散服务时，有些停靠点只能由卡车予以服务的情形，其研究目标是寻求成本最小的车辆运行方案，一般采用启发式算法针对特定算例进行求解。此外，国外将甩挂运输车辆（半挂车、全挂车）作为一种集装化容器运用于多式联运过程中，所以与多式联运相关的研究成果对甩挂运输车辆组织问题有所提及。从理论研究的趋向看，国外发展成熟的甩挂运输实践为学术研究提供了充足的素材，学者们借助各种方法构建尽可能贴近实践的模型研究汽车列车的运行组织问题。

国内与甩挂运输相关的研究成果主要表现在以下方面：第一，针对汽车列车等道路甩挂运输所涉及车辆装备的研究。特别是针对汽车列车动力学、汽车列车运行安全性和稳定性等建模和仿真的研究工作较多，也有一些针对甩挂运输车辆制造与销售等问题的分析成果。第二，针对道路甩挂运输组织问题的研究。这方面的研究成果可再分为以下几类：首先，由于道路甩挂运输组织方式与海运集装箱集疏运过程中的拖挂模式较为相似，针对集装箱拖车的车辆调度问题研究成果成为道路甩挂运输组织研究的重要参考。但是，甩挂运输组织方式与集装箱拖挂运输模式虽然在车辆动力部分与载货部分可自由分离方面是类似的，但前者较后者有更多类别的货物集散方式、更多类型的车辆装备、更大的经济地理适用范围、涉及更多数量且功能层次分明的货运站场群。其次，若干学者针对甩挂运输的发展策略开展研究，这些研究成果以行业层面的定性分析为主要特点，分析目的偏重于我国道路货运行业发展甩挂运输的对策和措施。特别值得指出的是，国内已经有学者针对甩挂运输车辆组织问题开始展开研究工作，但目前这些研究工作来自同一学术研究单位，其研究着眼于大型钢铁生产企业内部的整车运输活动。在我国交通运输应对气候变化和节能减排压力日趋加大的形势下，加快我国道路甩挂运输发展已成为国家层面的重要而紧迫的战略任务，其中涉及若干基本的科学问题亟待研究解决，甩挂运输理论研究正在也必将成为我国交通运输领域学术研究热点之一。

与作者的《道路甩挂运输组织理论与实践》一书定位于甩挂运输基本原理的系统梳理与集成不同，本书内容主要面向中微观层次行业和企业实践。全书分为两部分，第1部分着眼于道路甩挂运输组织关键技术。重点阐述基于工业化与道路货物运输协同发展、甩挂运输流量流向与产业间投入产出联系相协调的道路甩挂运输市场需求分析技术；提出包括挂车资源整合、牵引车运行方案设计、站场资源规划设计等在内的道路甩挂运输运能资源配置技术；对道路甩挂运输组织主体及其运作方式进行分类研究。第2部分着眼于道路甩挂运输组织技术在山东省的运用。阐明山东省发展甩挂运输的必要性和现实意义；基于道路甩挂运输空间联系方向和市场需求分析方法，对山东省道路甩挂运输市场需求量、发展趋势和主要分布区域进行了测算；对山东省甩挂运输网络上的关键节点进行规划；提出甩挂运输站场功能区布局；提出山东省鼓励和引导发展道路甩挂运输的系列化政策措施建议。本书所提出的甩挂运输市场分析技术有望为行业和企业的高层决策者提供科学参考，所提供的甩挂运输组织技术方案有望为交通运输主管部门的规划决策提供支撑、为道路货运市场主体发挥重要的引导作用。

本书的部分研究工作得到了山东交通科技计划项目（2009R58）和中央高校基本科研业务费专项资金资助项目（YWF－10－02－059）的支持。在本书付梓出版之际，我们越发感觉到道路甩挂运输组织理论研究的任重道远，我们对为我国道路货运业的科学发展作出莫大贡献的学术界、政府和企业各界心怀感恩，同时我们更期待在行业实践发展需求的有力推动下，我国道路甩挂运输理论研究能够取得更大的进步。

作　者

2011年2月

目 录

第1部分 道路甩挂运输组织关键技术

第 2 部分　道路甩挂运输组织技术应用实践
——省域案例分析研究

第1部分　道路甩挂运输组织关键技术

改革开放以来，特别是进入21世纪以来，我国工业化与信息化融合发展的背景为综合交通运输行业的发展提供了重要的技术支撑和运输需求条件。另外，随着应对气候变化的国际性难题的进一步凸显和世界各国对其国民经济各行业节能技术的创新发展，交通运输行业节能减排的压力加大。这些因素正在成为我国发展道路甩挂运输的重要外在动因。

本部分内容的分布主要基于当前我国交通运输系统面临的发展形势和一系列新问题。本部分立足于现阶段甩挂运输发展的必要性和紧迫性，从甩挂运输基本原理和国内外甩挂运输发展状况分析出发，借助相关理论和技术方法研究道路甩挂运输市场需求的时空分布特征、甩挂运输运能资源配置技术、道路甩挂运输组织主体的主要表现形式，最终目标是为我国道路货运行业发展甩挂运输提出若干关键的运作办法。

1 道路甩挂运输概论

1.1 道路甩挂运输基本原理

1.1.1 甩挂运输的概念

甩挂运输是一种货运组织形式，是指按一定比例配置牵引车和挂车，在运输停顿过程中牵引车可以甩掉一个半挂车或挂车、挂上另一个半挂车或挂车继续空间移动过程的运输组织形式。在甩挂运输实践中，运输企业使牵引车或牵引汽车（带牵引装置的载货汽车）与半挂车能够自由分离与结合，通过半挂车或挂车的合理调度与搭配，缩短因装卸货物而造成的牵引车或牵引汽车停靠时间，提高车辆动力部分利用率。甩挂运输之所以能在一些国家及大型企业内获得稳步发展，主要是因为甩挂运输可以产生可观的经济效益和社会效益。

甩挂运输的产生与发展是大吨位货运车辆发展的必然结果。这是因为：提高汽车货运效率的重要途径是提高车辆的燃油经济性和装载能力，提高车辆的燃油经济性和装载能力最现实的措施就是使用大吨位货车。大吨位货车在满足上述两方面的要求上已经达到较高水平，而继续提高汽车货运效率或运输经济效益则需着眼于货车之外的途径。甩挂运输是提高汽车货运效率和运输经济效益的另一种思路，甩挂运输能够增加牵引车的有效工作时间、降低牵引车的购置费用。

甩挂运输的基本工作模式是一部牵引车按计划或根据调度指令分时段拖挂不同的挂车，从而提高牵引车的有效工作时间。对于某些货运企业，车辆实际工作时间内的行驶时间低于或者基本等于货物的装卸时间和待装卸时间。在这种情况下，甩挂运输的应用使得 2 台或 2 台以上的挂车由同一台牵引车根据需要在不同时段牵引，这样可有效减少牵引车的保有量。

1.1.2 甩挂运输所用主要装备

1. 汽车列车

根据国际标准化组织和我国的有关标准，汽车列车被定义为“一辆汽车（载货汽车或牵引车）与一辆或一辆以上挂车的组合”。牵引汽车是汽车列车的动力来源，而挂车是被拖挂车辆，本身不带动力源。汽车列车能适应多种运输需要，专用汽车中的厢式汽车、罐式汽车、自卸汽车、起重举升式汽车、仓栅式汽车、其他特种结构汽车等均可以采用汽车列车的形式。根据结构形式，汽车列车可分为以下几种：

（1）半挂汽车列车。由半挂牵引车同一辆半挂车组合。

（2）全挂汽车列车。由汽车（一般为货车）同一辆或一辆以上全挂车组合。

（3）双挂汽车列车。由半挂牵引车同一辆半挂车、一辆全挂车组合。

（4）全挂式半挂汽车列车。由汽车（一般为货车）通过牵引车连接一辆半挂车。

（5）特种汽车列车。由牵引车同特种挂车组合。

根据汽车列车的最大装载质量，汽车列车又可分为轻型、中型和重型汽车列车，重型汽车列车最大装载质量可达数百吨。

2. 牵引车

牵引车是汽车列车的动力源，用以牵引挂车来实现汽车列车的运输作业。

根据结构与功能，牵引车可分为三类：

（1）半挂牵引车。半挂牵引车用来牵引半挂车，与普通载货汽车相比，其车架上无货箱，只作牵引，而在车架上装有鞍式牵引座，通过鞍式牵引座承受半挂车的前部载荷，并且锁住牵引销，拖带半挂车行驶。实践中可在载货汽车底盘的基础上，选取合适的后桥主传动比，缩短轴距，并在车架上配置鞍式牵引座进行改装。

（2）全挂牵引车。用于全挂列车和特种挂车列车的牵引，一般可由通用的载货汽车改装。全挂牵引车车架上装有货箱，车架后端的支承架处安装有牵引钩，通过牵引钩和挂环使牵引车与全挂车联结；拖带特种挂车的牵引车车架上装有回转式枕座，采用可伸缩的牵引杆同特种挂车连接，在运送超长尺寸货物时也可通过货物本身将牵引车与特种挂车连接起来。

（3）场站用牵引车。用于机场、铁路车站、港口码头等特殊作业区域内，可牵引半挂车或全挂车，完成货物运送和船舶的滚装运输作业。场站用牵引车一般选用电动机或内燃机作动力，机动性好，能满足不同货物高度和不同行驶速度的要求。全挂牵引车前后大多装有牵引钩，可迅速连接或脱挂一辆或一辆以上的全挂车；半挂牵引车多装有低举升型牵引座，使连接或脱挂半挂车方便可靠。场站用轻型和中型牵引车多用载货汽车改装，场站用重型牵引车大多是装载机变型产品。

3. 挂车

挂车是汽车列车组合中的载货部分，在牵引车的带动下实现货物的转移。挂车车身可按货物的不同要求制成各种专用或特殊结构，如罐式挂车、厢式挂车、集装箱挂车、自卸挂车、商品汽车运输专用挂车等。根据牵引连接方式，挂车可分为三类：

（1）半挂车。用于连接半挂牵引车的被拖挂车辆，其部分重量通过鞍式牵引座由半挂牵引车承担。

（2）全挂车。完全靠拖挂的车辆，通过牵引钩和挂环与牵引车相连，其本身的重量和装载重量不在牵引车上。为减少轮胎的侧滑、磨损和汽车列车的转向阻力，一般将全挂车前轴设计成转向轴。按最大装载质量的不同，全挂车可分为轻型、中型和重型，其中重型全挂车又有重型平板挂车、重型长货挂车和重型桥式挂车等分类。

（3）特种挂车。有两种连接方式，一种为全挂连接的牵引钩—挂环式，其牵引杆是可伸缩的，以适应不同长度货物的装载需要；另一种为非直接连接式，挂车车台通过所承载货物与牵引车上的回转式枕座连接。

4. 公铁两用车

公路、铁路两用车辆（以下简称“公铁两用车”）是在驮背运输（把公路车辆放到铁路车辆上实现运输）基础上演变而来的，实际上是一种大型公路挂车。它可以直接装在铁路车辆转向架上，利用螺旋弹簧或液压装置将轮胎升起后，由转向架承载而在铁路轨道上运行（或者由公路挂车装上导向架构成铁路车辆，在公路上行驶时只需将导向架升起）。公铁两用车能有效解决传统甩挂运输车辆无效载荷与有效载荷比值较大、经济性不够理想等问题，既发挥了铁路远距离运输的效益，又具备公路门到门运输的灵活性。公铁两用车符合现代多式联运组织的需要，展示出货物运输的一种趋向。公铁两用车的优势主要表现在：①传统驮背运输有一个较为明显的缺点，即有效载质量与运输工具自身质量之比值太低；如果采用公铁两用车，省去铁路车辆自重，则这一比值可明显提高，也就是说，运输同样质量的货物可以节省牵引力，这是公铁两用车技术得以迅速发展的原因之一。②不论挂车的长度如何，当它们编成铁路列车时，挂车之间的距离很小，这使得列车运行时空气阻力较低。③公铁两用车的总高度低，可增大车辆高度，从而增大车辆的装载容积。④公铁两用车不需要大型起重机等换装设备，只需将铁轨嵌入地面，便于挂车上、下铁轨即可，这可减少铁路车辆的投资，也可减少站场的装卸作业设备投入。⑤公铁两用车既具有公路运输车辆的装卸灵活性，又具有铁路运输车辆长距离快速货运的高效率，可以实现真正的门到门运输。公铁两用车可以在公路和铁路运输之间自由而迅速地转换、换装以及由此可能造成的货损货差都可避免。

1.1.3 甩挂运输的优势

与传统运输方式相比，甩挂运输具有明显的优势，这些优势主要体现在两大方面：依托具备良好兼容性和可扩展性的车辆，甩挂运输可获得装备优势；依托先进、科学的组织管理方式，甩挂运输可获得技术经济优势。

1. 车辆装备方面

(1) 挂车具有很好的兼容性。挂车的类型多样，包括厢式挂车、罐式挂车、平板挂车、集装箱挂车、商品汽车运输专用挂车等若干类，在厢半挂车的这一大类里还可以分出保温半挂车、冷藏半挂车等，在其他大类中也能区分出大量的细分车型。所以半挂车对于其他道路运输车型的替代作用具备非常明显的条件。

(2) 车辆的投入产出率高。挂车具有价格比较低廉、运输效率高、载重量大、单位运费较低等优点。对半挂车，国际一流水平的标准是降低牵引车燃油消耗率、整备质量最小化、有效载荷和有效容积最大化。挂车的运转机构如车轴、悬挂、轮胎等经严格筛选，使其总行驶里程至少可以达到牵引车头总行驶里程的 2 倍以上，且故障率极低，正常运行条件下设计使用寿命超过 20 年。

(3) 运载能力，特别是容积的扩展空间大。根据我国相关标准，2008 年 1 月 1 日以后在高等级公路上使用的挂车最大长度可放宽到 14.6 米，由该类挂车组成的铰接列车车长最大限值放宽到 18.1 米；因此，在国家政策的推动下和市场需求的拉动下，大型封闭式挂车运输将成为公路干线运输的重要力量。普通挂车市场需求逐渐向厢式车转移，采用带挂车的汽车列车运输货物，是提高运输效率、降低运输成本的有效办法。

(4) 有助于实现公路长途运输。汽车列车具有运输效率高、吨公里油耗低、经济效益好、能够实现门到门运输等优势，已成为道路货运的主要运输工具之一。实践表明，吨位大、效率高、可实现一车多挂的半挂车会随着公路运输业的发展而成为最合适的公路长途运输工具。

(5) 替代固定存储设施而实现运输网络节点上的暂时储存。发达国家的一些工商企业内部基本不设固定的仓库，也不自备货运车辆，几乎所有的周转、库存物资均存放在运输物流企业的厢式挂车或集装箱内，而这些厢式挂车或集装箱始终处于流通周转之中。在货运站的库房、货场比较紧张的情况下，采用甩挂运输、挂车厢成为仓储的一部分，可以做到货不进库，收货后直接装车，减少仓储基础设施投资。

2. 技术经济方面

(1) 甩挂运输能够增加牵引车的有效工作时间、降低牵引车相关的费用。对于某些道路货运企业，车辆实际工作时间内的行驶时间低于或者基本等于货物的装卸时间和待装卸时间，这时，应用甩挂运输可使 2 台或 2 台以上的挂车由同一台牵引车根据需要在不同时段牵引，这样可大大节约牵引车的购置费用。在北美和欧洲的部分国家，1 台可牵引 40 英尺集装箱车或相应厢式车的牵引车售价大约为 1 台挂车售价的 1.5 倍。按一部牵引车拖挂两部挂车测算，运输企业可节约 50%左右的牵引车购置费用。当然，牵引车的价格不一定绝对高于挂车的价格，牵引车与挂车的配置比不一定特别高才有实行甩挂运输的必要，只要牵引车的费用相对于运输成本而言是不可忽视的，在营运中就有开展甩挂运输的必要。此外，牵引车数量的减少能够降低对企业自身停车场面积的需求、降低企业自有车辆的维修保养费用。

(2) 甩挂运输能够减少驾驶员的雇用数量并降低人工相关费用。由于运输企业对大型牵引车驾驶员的要求很全面，世界各国大型牵引车驾驶员的雇用工资都比较高。统计资料表明，非甩挂运输货车的驾驶员工资在运输企业成本中所占比重为40%左右，而大型牵引车仅占25%，因此，许多企业宁愿更多地购置生产或服务设备以压缩对技术工人（包括大型牵引车驾驶员）的雇用数量。甩挂运输的应用不仅节约了运输工具的购置，而且减少了驾驶员的雇用数量，从而降低人员工资费用和与人员有关的其他支出（如社会福利、医疗保险、养老保险等）。

（3）甩挂运输有助于运输站场内各种投入成本的压缩、实现规模效益。甩挂运输需要在较高组织化程度的条件下进行，开展甩挂运输可以促进交通运输站场等基础设施的建设与发展，促进道路运输实现网络化经营，从而推动道路运输企业向集约化、规模化方向发展；在甩挂运输站场内，车辆进站，甩下原厢，挂上新厢，随即可走，这样压缩了等待装卸的时间，有利于加速车辆周转，增加车日行程；收货后直接装车，可减少搬运装卸次数，并整车交接、手续简化、保证了货运质量。

（4）甩挂运输在提高运输工具容积利用率的基础上，能够促进多式联运的发展，并获得速度、成本等方面的更大收益。开展甩挂运输可以促进道路运输与铁路运输、水路运输的多式联运，实现以道路甩挂运输为基础的驮背运输、滚装运输，充分发挥各种运输方式的技术经济优势，并减少针对货物的装卸作业量，提高装卸效率和载运工具的容积利用率。在驮背运输、滚装运输的多式联运过程中，由牵引车将装好货物的挂车拖至铁路货场或港口，牵引车将挂车移送至铁路平车、船舶甲板或舱位后与挂车分离，到达目的站或目的港后，再由另一端的牵引车将挂车运至目的地。这种多式联运组织形式明显减少了对汽车动力部分的占用，提高了铁路车辆和船舶的容积利用率。此外，以甩挂运输为基础的驮背运输、滚装运输可以提高长途干线运输过程的运行速度。

表 1 - 1 为美国部分铁路公司 2007 年一季度不同货物运输组织形式的平均速度，不难发现多式联运的平均速度明显高于其他运输形式的平均速度。表 1 - 2 为美国不同运输组织形式的货物运输成本，不难发现相比于道路运输，多式联运的成本要低很多。

表 1 - 1　　美国铁路货物运输平均速度　　（单位：英里/时）

铁路公司	运输组织形式			
	多式联运	粮食专列	煤炭专列	整体平均
BNSF	34.1	18.6	23.6	23.4
Soo Line	28.0	20.0	20.5	23.2
CSX	28.6	16.2	29.0	20.2
KCS	29.0	21.5	21.9	24.0
NS	26.9	25.4	18.2	21.1
Union Pacific	25.6	20.6	19.9	21.7

表 1 - 2　　2007 年美国公路、铁路货运成本　　（单位：美分/吨英里）

运输组织形式	运输的内部成本	除了交通拥堵外的社会成本（交通运输外部成本）				
		交通事故	大气污染	温室气体	噪声	合计
普通汽车运输	11.69	0.82	0.11	0.21	0.06	1.2
重载铁路运输	1.65	0.24	0.01	0.03	0.06	0.34
混编铁路运输	1.67	0.24	0.01	0.03	0.06	0.34
多式联运	3.72	0.24	0.03	0.03	0.06	0.36
双层集装箱运输	1.47	0.24	0.01	0.03	0.06	0.34

1.2 道路甩挂运输发展的内在动因

交通运输体系由三个主要部分组成：①载运工具生产系统。载运工具也就是交通运输活动设备，是旅客和货物的承载体，也是形成动态交通流的基本单元。②具有一定基础技术与装备的运输网及其结合部系统。运输线路是运载工具的载体，运输线路一般呈网状布局，线路之间的交叉点形成交通节点，而在大城市和区域经济中心各种运输方式的结合部，多形成交通枢纽。以运输线路和交通枢纽为主体，构成交通运输活动的固定设备。③交通运输组织、管理和协调系统。运输经营管理系统是为保证交通工具和运输线路相互配合、安全有效运行而设置的，不仅要对交通流实行及时正确的动态监测、疏导、调整和控制，而且要经济合理地整合运输资源，科学有效地组织运输生产过程。

如果笼统地认为水路运输、铁路运输、管道运输、公路运输、航空运输属于人类社会科技进步成果在实现人和物空间移动方面的创造性运用的话，则可认为集装箱运输、多式联运、甩挂运输等应当归为人类在交通运输的发展过程中对某些运输组织管理技术的创新。

道路甩挂运输属于一种运输组织方式，其产生与发展顺应了交通运输发展的某种趋势和要求。我们曾经从交通运输体系三个主要组成部分的角度出发，简要归纳交通运输发展过程中一些典型的工程、装备、组织管理技术出现的时间节点及其发展概况，以辅助明确道路甩挂运输的由来及其在整个交通运输发展历程中的位置和预期功能。这里，我们从货物运输载运工具（包括特定的容器，如集装箱）的运用技术的演变方面寻找道路甩挂运输产生与发展的动因。

1. 集装箱运输利于运输服务水平和运输成本间的权衡

集装箱这种货物装载容器的出现（1801 年，英国的詹姆斯·安德森提出将货物装入集装箱进行运输的构想；1845 年，英国铁路使用载货车厢互相交换的方式，视车厢为集装箱，使集装箱运输的构想得到初步应用；19 世纪中叶，英国出现运输棉纱、棉布的一种带活动框架的载货工具，这是集装箱的雏形）促进了集装箱运输组织形式的快速发展。集装箱运输就是指以集装箱这种大型容器为载体，将货物集合组装成集装单元，以便在现代流通领域内运用大型装卸机械和大型载运车辆进行装卸搬运作业和完成运输任务。集装箱运输组织形式使得运输服务水平和运输成本间的效益背反交叉点得到显著的优化。

在提高运输服务水平方面：第一，集装箱运输能够在简化货物包装的同时保证货运质量。集装箱具有坚固密封的箱体，一般不易发生盗窃事故，且足以防止恶劣天气对箱内货物的侵袭。运输和装卸过程中，与外界接触的是箱体而非货物，因而货物破损事故大为减少，对货物的包装要求不像传统散运那样严格。第二，以集装箱作为运输单元，在由一种运输方式转换到另一种运输方式实现联合运输时，换装的是集装箱，箱内的货物并不需要搬动，这大大简化和加快了换装作业，由于集装箱具有坚固、密封的特点，口岸监管单位可以加封和验封转关放行。因此，集装箱能把海运和内陆的铁路、公路、水路等多种运输方式，以及与进出口业务有关的口岸监管工作联合起来进行一体化的多式联运，从而可大大提高运输服务质量。为了方便货主及保证货物运输安全，集装箱运输经营者强调一体化的运输服务，托运人只需一次托运、一次交费，即可获得全程负责的“门到门”运输服务。

在降低运输成本方面：第一，由于集装箱的标准化，车船载重和容积得到充分利用，增加了运费收入，降低了运输成本。集装箱运输是实现全部机械化作业的高效率运输组织形式。将不同形状、尺寸的件杂货装入具有标准规格的集装箱内进行运输，从根本上解决了现代化生产的标准化前提，为实现高效的机械化作业创造了重要条件。集装箱运输各环节所采用的硬件设备大多是效率很高的专用设施和设备，具有装卸速度高、运输工具周转快的优点，为常规的件杂货运输所无法比拟。集装箱的标准化和单元化特点，使集装箱运输非常适合使用现代科学方法加以管理，特别是可使用计算机进行管理，在提高运输服务质量的同时也降低了运输成本。第二，货物装在集装箱内，集装箱本身实际上起到一个强度很大的外包装作用，货物在箱内由于集装箱的保护，不受外界的挤压碰撞，故货物本身的外包装就可大大简化，从而可以节约包装费用。由于集装箱运输有利于采取多式联运，特别是"门到门"运输，货物在发货地装箱，经验关铅封后，一票到底，途中无须拆箱而又便于直接换装，大大减少了中间环节，简化了货运手续，加快了货运速度，缩短了货运时间，从而减少了商品在途时间，节约商品在流通过程中所占用的资金。

2. 多式联运促进了国际运输流程的便捷、顺畅

国际多式联运简称多式联运，是在集装箱运输的基础上产生并发展起来的新型的运输组织方式。多式联运一般以集装箱为媒介，把海上运输、铁路运输、公路运输、航空运输和内河运输等传统的单一方式运输有机地结合起来，构成一种连贯的过程来完成国际间的运输。20世纪60年代末，多式联运开始在美国出现，经试办取得显著效果，受到贸易界的欢迎。随后美洲、欧洲及非洲部分地区很快仿效，广为采用。

构成国际多式联运需要具备的条件包括：第一，要有一个多式联运合同，明确规定多式联运经营人（承运人）和托运人之间的权利、义务、责任、豁免的合同关系和多式联运的性质；第二，使用一份全程多式联运单据，它与传统的提单具有相同的作用，是一种物权证书和有价证券；第三，必须是国际间的货物运输，也就是说，在国际多式联运方式下，货物运输必须是跨越国境的一种国际间运输；第四，必须由一个多式联运经营人对全程运输负总的责任；第五，必须是全程单一运费费率。多式联运经营人在对货主负全程

运输责任的基础上，制订一个货物发运地至目的地全程单一费率并以包干形式一次向货主收取。

多式联运集中各种运输方式于一体，组成连贯运输，达到简化货运环节、加速货运周转、减少货损货差、降低运输成本、实现合理运输的目的，它比传统单一运输方式具有无可比拟的优越性：责任统一，手续简便；减少中间环节，缩短货运时间；节省运杂费用，有利于贸易开展。

3. 甩挂运输是提升道路载运工具运用效率的重要手段

如果把集装箱、厢式车、大吨位车辆的推广使用视为道路运输发展史中运输设备的革新，甩挂运输则是基于既有设备的一种创新型道路运输组织形式。在甩挂运输实践中，运输企业使牵引车或牵引汽车（带牵引装置的载货汽车）与半挂车能够自由分离与结合，通过半挂车或挂车的合理调度与搭配，缩短因装卸货物而造成的牵引车或牵引汽车停靠时间，提高车辆动力部分利用率。

甩挂运输的产生与发展是大吨位货运车辆发展的必然结果（如图 1－1 所示）。这是因为：提高汽车货运效率的重要途径是提高车辆的装载能力，提高车辆装载能力最现实的措施就是使用大吨位货车。而继续提高汽车货运效率或运输经济效益则需着眼于货车之外的途径，这使人们自然地将目光转移到车辆的动力部分。对于车辆动力部分的使用效率提升，可从其燃油经济性着手，但该途径更主要地受到硬技术水平的影响；在一定的技术水平下，提升车辆动力部分的有效工作时间不失为另一种明智的选择。实践证明，甩挂运输是提高汽车货运效率和运输经济效益的另一种思路，甩挂运输能够增加牵引车的有效工作时间、降低牵引车的购置费用。

4. 驮背运输有助于改善公路运输对环境的影响

驮背运输产生于美国的公路、铁路竞争。美国铁路针对公路运输的迅速发展给其造成的市场竞争压力，提出并采用了驮背运输和箱驮运输，即把集装箱半挂车或集装箱装到铁路平车上进行运输，这样铁路运输的运费低、可靠性好的优点同公路能实现门到门运输的优点结合起来。此外，由于采用铁路作为干线运输方式，驮背运输对道路运输的环境污染和拥挤状况有一定的改善作用。

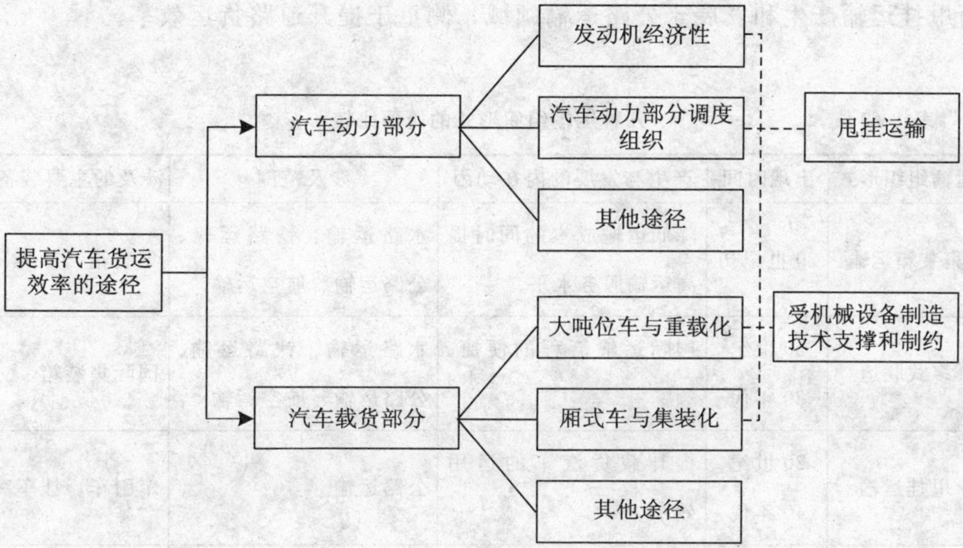

图 1－1　提高汽车货运效率方面细化和分类的途径

驮背运输的优势在于：驮背运输能够迅速可靠地运送货物。美国的驮背运输产生于铁路在与公路的竞争中丧失不少运量的时期，驮背运输之所以能够发展起来，是因为驮背运输拥有比公路运输优越的运送时间和可靠性；驮背运输也是环保高效的运输组织形式。驮背运输可以缓解劳动力不足，减少道路运输工具污染物排放对环境的污染，提高货物的送达速度和道路运输车辆的使用效率，降低运输成本。

5. 几种货运组织形式的比较

集装箱运输、多式联运、甩挂运输和驮背运输是迄今为止交通运输领域内广泛采用的较为成熟和完善的几种运输组织形式，这些组织形式的产生与发展主要受到机械设备和动力领域技术进步因素的影响，同时，交通运输组织管理思想和技术的创新也发挥着不可忽视的作用，如表 1-3 所示。整体而言，集装箱运输、多式联运和驮背运输主要侧重于充分发挥不同运输方式的技术经济优势，实现较高的货物运输服务水平和较低的运输成本之间的平衡，而甩挂运输产生和发展于公路运输领域，侧重于提升道路货运效率。

表 1-3　　几种运输组织形式的简要比较

运输组织形式	出现时间	产生与发展的内在动因	涉及范围	涉及的主要装备
集装箱运输	20 世纪初	降低运输成本的同时提高运输服务水平	水路运输、铁路运输、公路运输、航空运输	集装箱
多式联运	20 世纪 30 年代	国际运输流程的便捷、顺畅	水路运输、铁路运输、公路运输、航空运输	国际集装箱
甩挂运输	20 世纪 40 年代	提升载货汽车的运用效率	公路运输	牵引车、挂车
驮背运输	20 世纪 50 年代	改善汽车对环境的影响，提高公路运输可靠性	铁路运输、公路运输	集装箱、公铁两用车、铁路平车

1.3　我国道路甩挂运输发展的外在动因

改革开放以来，我国经济和社会发展为交通运输行业的快速发展提供了原生的动力。特别是进入 21 世纪以来，我国工业化与信息化融合发展的背景为综合交通运输行业的发展提供了重要的技术支撑和运输需求条件。快速发展的工业化和城市化，对交通运输无论是量的方面还是质的方面都提出了新的、更高的要求，但由于我国大的运输比例结构存在问题，道路运输组织化、集约化又比较低，致使运输效率低、成本高的痼疾长期得不到解决。随着应对气候变化的国际性难题的进一步凸显和世界各国对其国民经济各行业节能技术的创新发展，交通运输行业节能减排的压力加大。这些因素已经成为我国道路甩挂运输发展的重要动因，如图 1-2 所示。

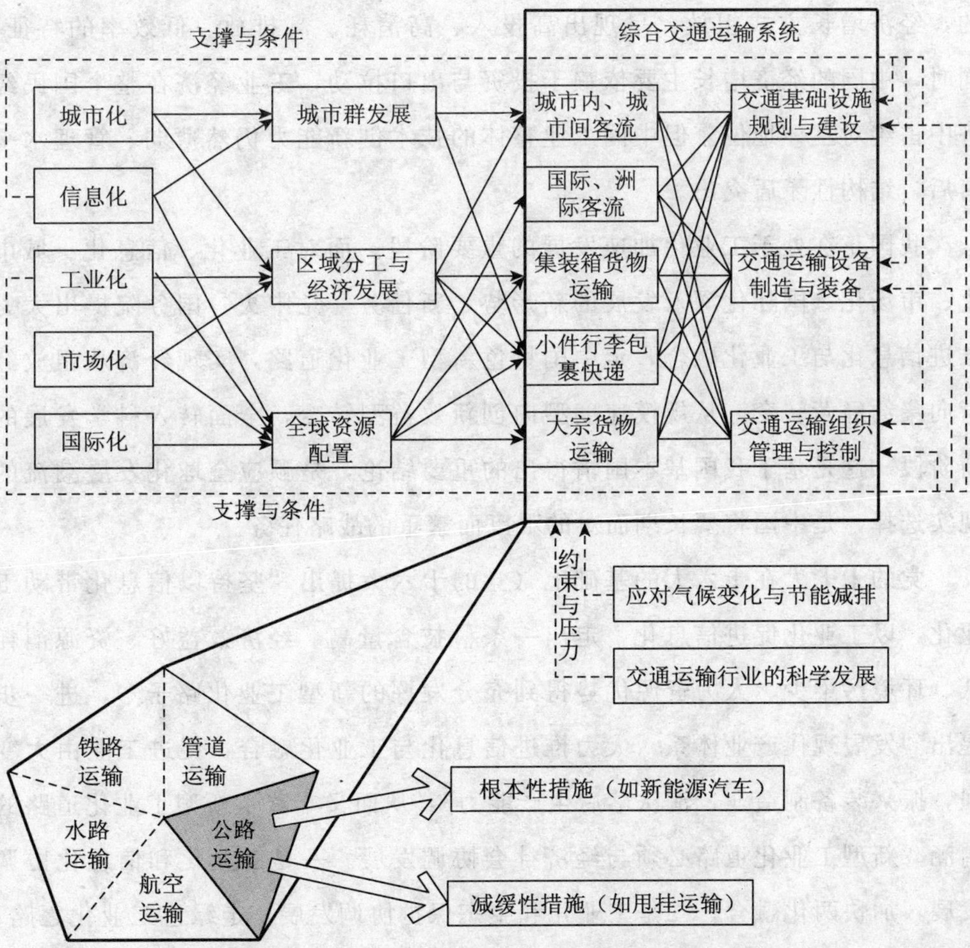

图 1-2 我国发展道路甩挂运输的外在动因示意

1.3.1 工业化与信息化融合

改革开放以来，中国工业实现了跨越式发展，建立起相对完善的产业体系，中国工业化开始进入加速发展的新阶段。作为一个人力资源丰富、自然资源短缺、生态环境脆弱的发展中大国，中国工业化面临着更加严峻的挑战。长期以来，我国经济的快速增长在很大程度上是依靠消耗大量物质资源实现的，经济增长方式粗放，呈现出高投入、高消耗、高排放、低效率的特征。同时，中国的经济增长主要依赖于投资与出口拉动，工业经济在整个国民经济中占绝对主体地位。但中国工业整体的技术创新能力仍然薄弱、管理水平落后，结构性矛盾突出。

我国正在处于工业化加速发展的重要阶段。面对工业化、信息化、城市化、市场化、国际化深入发展的新形势、新任务，党中央、国务院提出大力推进信息化与工业化融合，走中国特色新型工业化道路，实现经济从粗放经营向集约经营转变，从规模速度型向创新效益型转变，全面转入科学发展的新阶段。这是基于我国基本国情得出的重要结论，是顺应全球化发展潮流的现实选择，是中国将要长期面对的艰巨而繁重的战略任务。

党的十七大在十六大的基础上（党的十六大提出“坚持以信息化带动工业化，以工业化促进信息化，走出一条科技含量高、经济效益好、资源消耗低、环境污染少、人力资源优势得到充分发挥的新型工业化路子”），进一步提出“发展现代产业体系，大力推进信息化与工业化融合，促进工业由大变强，振兴装备制造业，淘汰落后生产能力”，从而又丰富了新型工业化道路的内涵。新型工业化道路必须与经济社会协调发展。一是工业化和信息化协调发展，加快两化融合；二是工业化和生态保护协调发展，走绿色工业化之路；三是工业化和农业现代化协调发展，以工业化促进农业现代化；四是高新技术和适用技术协调发展，走高质量工业化之路；五是工业化和全球化协调发展，走国际化市场之路；六是工业化和服务业协调发展，走繁荣现代服务业之路。

在现阶段，我国正处于工业化、信息化、城市化、市场化、国际化的新背景中，这个背景是发达国家未曾经历的。城市化与信息化推动着城市群的发展，并促进了城市群之间的分工协作过程，进而带动城市群间的人员、物资交流；工业化、城市化、市场化推动着区域经济分工进程，而国际化、市场化、工业化、信息化推动着我国进一步参与全球资源配置活动，正是在资源的全球配置、经济发展的空间分工与布局等因素的作用下，全社会交通运输活动，特别是货物运输活动呈现出更加活跃的状态。活跃的货物运输不仅体现在规模的变化上，更体现在运输服务质量的提升上。另外，工业化与信息化的融合发展为交通运输的发展提供了更加有力的装备制造、基础设施建设、运输组织管理技术的支持。

1.3.2 应对气候变化与交通运输节能减排

1. 主要国家道路运输碳排放现状

20 世纪 50 年代以来，世界各国意识到，水路、铁路、公路、航空和管道五种运输方式是相互影响、优势互补的，各个国家开始有计划地发展综合运输。从各种运输方式进行货物运输时的碳排放情况看，差异是非常明显的，以平均每吨公里货运量的 CO_2 排放为标准：铁路为 18～35 克/吨公里，海运为 2～7 克/吨公里，内河水运为 30～49 克/吨公里，公路为 62～110 克/吨公里，空运大于 665 克/吨公里。

全球由化石燃料产生的 CO_2 排放量由 1990 年的 61.49 亿吨增长到 2007 年的 83.65 亿吨，增长了 36%。1990—2004 年，全球 CO_2 排放量增长了 27%，由 204.63 亿吨增长为 260.79 亿吨。同期的运输业的能源需求增长了 37%。世界上两个最大的温室气体排放国是美国和中国，1990—2004 年，美

国 CO_2 排放量增长了 19%而运输业的能源需求增长了 28%，中国 CO_2 排放量增长了 108%而运输业的能源需求增长了 168%。

欧洲运输业的温室气体排放一直处于增长状态，增长的主要原因是货运量和客运量在快速增长，这种快速增长把来自车辆燃油和能源利用率提升等技术创新创造的低碳效果抵消了。在货运方面，道路货物运输增长最快；在客运方面，私人小汽车和民航客运增长最快。2008 年，道路运输业的 CO_2 排放是欧盟 15 国（包括奥地利、比利时、丹麦、芬兰、法国、德国、希腊、爱尔兰、意大利、卢森堡、荷兰、葡萄牙、西班牙、瑞典、英国）CO_2 排放总量的第二大来源（占排放总量的 19%）。1990—2008 年，欧盟 15 国道路运输业的 CO_2 排放量增长了 21%，这些排放主要是由于道路运输过程中大量使用化石燃料，1990—2008 年，欧盟 15 国道路运输业的化石燃料消耗增长了 24%（如表 1－4 所示）。

表 1－4　　欧盟 15 国交通运输业的 CO_2 排放情况

年度比较 / CO_2 排放的构成	CO_2 排放量（千吨）			2007 年与 2008 年的比较		1990 年与 2008 年的比较	
	1990 年	2007 年	2008 年	绝对量（千吨）	相对量（%）	绝对量（千吨）	相对量（%）
道路运输业总排放	637893	795638	772825	－22813	－2.9	134931	21
其中：柴油	266942	512813	505049	－7764	－1.5	238108	89
汽　油	362790	275397	259562	－15835	－6	－103228	－28
液化石油气	7277	5481	6105	624	11	－1172	－16
铁路运输业总排放	8095	5694	5565	－130	－2	－2530	－31
其中：液体燃油	8032	5694	5564	－130	－2	－2468	－31
海运业总排放	19479	21451	21588	136	1	2109	11

续 表

年度比较 / CO_2 排放的构成	CO_2 排放量（千吨）			2007 年与 2008 年的比较		1990 年与 2008 年的比较	
	1990 年	2007 年	2008 年	绝对量（千吨）	相对量（%）	绝对量（千吨）	相对量（%）
其中：汽油柴油	12509	11959	12049	91	1	−460	−4
管道运输和站场内运输总排放	6461	7289	7553	264	4	1091	17
国内民航业总排放	16685	22107	21478	−629	−3	4793	29

资料来源：参考文献［18］

2. 道路运输碳减排实践

为抑制和降低道路运输业的碳排放，世界各国探索使用了多种措施，这些措施所发挥的作用差异较大。如：

(1) 提升能源利用效率。1990—2004 年，汽车的能源效率大约提升了 10%。然而，这并不能足够地抵消依托小汽车的 30%的出行增长幅度，因此，汽车燃油消耗仍增长了约 20%。以欧盟为例，其用于减轻环境压力的政策主要侧重于提高车辆技术和燃油品质，而实践表明，这些政策并没有在减少运输业温室气体排放中发挥足够的效用，这些效用往往被持续增加的运输量抵消了。

(2) 限速。由于车辆的行驶速度与燃油消耗之间存在强相关关系，车辆的行驶速度必然与碳排放有密切关系。通过在一定路段上实施严厉的限速措施，可减少碳排放。以荷兰为例，在鹿特丹的某高速公路的一段 3.5 公里的区段上，车辆允许行驶速度由 120 公里/小时降为 80 公里/小时。实践表明，严格的限速措施在试点区段上可有效减少排放，试点区段在 2002 年的 CO_2 排放减少了 15%（约 1000 吨）。值得注意的是，由于重型货车的速度有限制，限速措施对于有大量重型货车行驶的路段而言，其减排的效果并不明显。

(3) 其他。主要包括：设立低排放区（如奥地利在蒂罗尔的某一高速公路低排放区内，7.5 吨以上的半挂车和汽车列车必须达到欧Ⅱ排放标准)，使用替代能源，改善路网等。

3. 节能减排是现阶段中国交通运输的必然选择

2007 年 12 月的联合国气候变化巴厘岛会议通过了巴厘岛路线图，这一路线图确认的内容包括：为适应气候变化所应采取的措施、减少温室气体的排放、推广有利于减少气候变暖的新科技以及为减缓和适应气候变化提供更多资金支持。减缓、适应、技术和资金被称为应对气候变化的 4 个“轮子”。其中，减缓主要包括发达国家的减排承诺与发展中国家的国内减排行动。

发达国家发展低碳经济的重点是降低 CO_2 排放，主要致力于从化石能源向非化石能源转型，将节能重点放在建筑与交通领域。以美国为例，美国交通运输系统每天要消耗约 1250 万桶原油，这相当于美国国内的全部产量加上一半的原油进口总量。虽然石油燃料保持可靠供应是可行的，但由于依赖石油燃料，每年产生的碳化合物排放量将明显增加。与此同时，交通运输系统排放了挥发性有机氧化物总量的 30%、臭氧污染物的 40%、一氧化物的 80%，并且是颗粒物排放的主要来源。根据《2050 年美国交通运输远景》的研究结论，美国改变交通运输的能源消耗结构将对能源安全和环境产生明显的效益，通过使用非碳燃料和高效率的交通运输工具，可以消除美国政府对国外石油的依赖，并且可以减少温室气体排放。实际上，近年来发达国家普遍采用节约环保的可持续交通运输发展战略，推动公共交通和快速、重载、大容量、节能环保交通装备的发展，并通过先进的交通运营组织技术最大限度地提高交通运输系统的效率。

由于能源、资源、环境限制和经济社会发展需求之间的失衡性矛盾，我国在发展低碳经济过程中不得不面对很多限制因素。目前中国已经成为温室气体的最大排放国，在尚需依靠高碳产业发展的情况下，很难进行低碳经济转型，但是粗放式增长的经济发展方式有很多节能减排的空间。节能减排的范围较低碳经济要广泛一些，更适应现阶段我国的国情。我国的“九五”计划提出节能率平均每年为5%的目标，“十五”计划提出节能和减少主要污染物排放10%以上，“十一五”规划提出单位国内生产总值能耗降低20%左右、主要污染物排放总量减少10%的目标。2009年11月26日，中国政府宣布到2020年单位国内生产总值二氧化碳排放比2005年下降40%～45%。

我国原油消费主要在工业部门，其次是交通运输业。但从原油加工后的成品油，即汽油、柴油、煤油等的消费状况看，我国汽油、柴油和煤油消耗的主要是交通运输部门。交通运输行业作为主要的能源消耗终端部门之一，其节能工作的成效对中国建立资源节约型社会，保证全国节能工作的有效实施具有重要意义。特别是由于交通用能以传统的石油燃料为主导技术模式，加大交通节能力度，将对节约石油资源、缓解石油消费增长压力、减少排放和提高环境质量等产生重大积极影响。但是，中国的交通运输系统长期以来发展滞后，实施交通运输节能工作必须在促进交通运输发展的前提下积极推进，不能因为交通运输节能工作的开展而制约或影响交通运输发展，这与发达国家基于已经建立起完善的交通系统开展节能具有明显的不同。当然，中国可以利用后发优势，吸取国外在解决交通运输发展和节能方面的经验教训，实现交通运输发展与节能两者并举。

4. 甩挂运输有助于减缓碳排放

一直以来，世界各国交通运输部门温室气体排放量在总量中所占的比重可观且往往呈上升趋势，在交通运输部门的温室气体排放量中，道路运输所占比例较大。很多国家已努力采取各种措施应对温室气体排放问题，如日本通过道路运输车辆的大型化、拖挂化以及提高营业性运输比重和实载率等措施，提高道路货运的效率。

在国家应对气候变化领导小组暨国务院节能减排工作领导小组、交通运输部节能减排工作领导小组等机构的领导、指导和协调下，我国交通运输节能减排工作取得一定成效。但是，周期性出现的经济金融危机往往给交通运输节能减排工作提出新问题和新挑战，我国要在保持交通运输业平稳较快发展中坚持节能减排，必然面临技术创新、管理创新的压力。要把节能减排作为应对经济金融危机、促进交通运输发展的增长点，就需要探寻减缓性措施，以寻求发展与节能的平衡点。甩挂运输就是这样的减缓性措施之一：甩挂运输可以在保证运力满足经济社会运输需要的前提下有效降低运输生产活动的单位能耗和排放。

长期以来，我国道路货运方式比较落后，特别是甩挂运输发展滞后，牵引车和挂车数量少、拖挂比低，道路货物运输仍然以普通单体货车为主，影响到道路运输业整体水平的提升，与节能减排和发展现代物流的要求不相适应。发展甩挂运输，对于降低物流成本，推动现代物流和综合运输发展，促进节能减排，提升经济运行整体质量，具有重要意义。

1.3.3 交通运输行业的科学发展

进入 21 世纪以来，我国社会主义现代化建设在实现了前两步战略目标的基础上，开始全面建设小康社会，向着第三步战略目标——2050 年基本实现现代化迈进。当前，世界上发达国家已基本实现工业化，经济结构调整在不断深化，制造业正加快从生产型制造向服务型制造转型，服务业正在从传统的服务经济向现代服务经济转型。自改革开放以来，我国工业实现了跨越式发展，建立起相对完善的产业体系，成为全球制造业大国，工业化进入加速发展的新阶段。面对工业化、信息化、城市化、市场化、国际化深入发展的新形势、新任务，党中央、国务院提出大力推进信息化与工业化融合，走中国特色新型工业化道路，实现经济从粗放经营向集约经营转变，从规模速度型向创新效益型转变，全面转入科学发展的新阶段。工业化与信息化融合的发展进程与交通运输发展过程之间存在密不可分的联系，实现全面建设小康社会的目标必然涉及交通运输发展战略的选择问题。实际上，交通部已经提出了在2040年全国基本实现交通运输现代化的战略目标。公路运输现代化就是伴随着工业化社会和信息化社会的发展，公路运输领域产生进步变革的过程。在一定的经济社会公路运输需求条件下，公路运输现代化能够实现社会资源的最佳配置。公路运输现代化以先进的工业化技术和新型的信息化技术为前提，以运输资源更加科学、合理地配置为目的，以高度发达的交通基础设施和科学完善的管理为特征，以满足高度发展的经济、社会的各种公路运输需求为结果。

作为公路运输重要子系统的道路货运，在公路运输现代化的进程中必然扮演着重要角色，公路运输现代化向道路货运的发展提出了更高的要求，而道路货运的超前发展必将助推公路运输现代化进程。道路货运现代化是公路运输现代化的重要组成部分，对于降低运输成本、提高运输效率、降低公路损耗、减少交通事故、节约能源和保护环境等具有重要意义。

实现道路货运现代化，就是要形成符合技术进步发展趋势，适应中国经济地理特点和运输市场要求，依托发达的运输基础设施网络，使用先进的货物载运工具，建立高效的运输组织管理体系，能够为经济社会发展提供优质服务并能够促进经济社会可持续发展的现代化道路货物运输体系。目前我国道路货运体系中最突出的问题主要表现在运输装备水平和运输组织方式比较落后方面，我国道路货运现代化应以改善和提高货运装备的水平、优化货运车辆结构为重点，带动运输组织形式和运输组织结构的优化。发达国家的经验表明，道路货运载运工具的发展方向包括大吨位车和小吨位车两种，大吨位车主要用于中长途道路货物运输，而小吨位车用于短途集散。中长途道路货运装备发展的方向是大吨位、专用化、低能耗和高可靠性，其中发展重点是半挂汽车列车。因此，我国道路货运装备水平的改善和提高应当致力于鼓励和推进厢式半挂车的发展，鼓励道路甩挂运输的发展。

1.4 国内外道路甩挂运输发展概况

经济发达国家在 20 世纪 40 年代就已开展甩挂运输，此种先进的组织形式多被规模较大的货运公司采用，因为货运规模能够保障甩挂运输的经济性。迄今为止，发达国家的大型货运企业几乎无一例外地采用甩挂运输，而在其他一些国家如新加坡、菲律宾、韩国、巴西等，甩挂运输的应用也很广泛。发达国家的实践表明：对于甩挂运输的组织管理，不外乎在货物运输需求的基础上采取各种优化办法合理配置和调度牵引车和挂车，不同的实施主体往往要采取个性化的组织管理策略；而甩挂运输装备的技术创新和制度管理，则往往体现出一些共性。

1.4.1 美国甩挂运输发展概况

美国运输部联邦公路局（U. S. Department of Transportation Federal Highway Administration，FHWA）公路政策信息办公室（Office of Highway Policy Information）曾资助研究美国货运汽车特征并于 1999 年完成报告，该研究基于 1992 年的统计调查数据（The 1992 Truck Inventory and Use Survey，TIUS），采取分类的研究方式，分类的标准包括与特种车型有密切关系的轴距。TIUS 提供了汽车列车所涉及挂车（主要是被单体卡车和牵引车头拖挂的半挂车和全挂车）的结构以及轴数的信息：①在由牵引车头拖挂的单、二轴半挂车中，厢式货车是最常见的。在由三个车轴承载的单一半挂车中，最常见的是低底盘平车（占所有类型车身数的 37%），仅次于其后的是厢式货车（占所有类型车身数的 19%）。牵引车头拖挂的五轴承载两个挂车的构造中，平车和低底盘平车最普遍，占该种类型构造的车辆总数的44%。平车也是六轴承载两个挂车中最常见的类型，占48%。在车轴数少的挂车中，厢式车最普遍。②车身构造的不同决定着车辆的平均载重量，但某些车身构造类型可能在特定的重量范围内占多数。在车辆总重不超过33000磅的范围内，平车是最普遍的车型；车辆总重在33000～40000磅和50000～80000磅范围内，厢式货车是最普遍的车型；车辆总重在40000～5000磅、80000～100000磅和超过130000磅时，自卸车是最普遍的车型。

根据美国运输部联邦公路局发布的《营业性车辆尺寸规定》（Federal Size Regulations for Commercial Motor Vehicles）：①在全国公路网以及其他允许的行驶路线上，营业性汽车最大宽度限制为102英寸，但夏威夷除外（夏威夷规定为108英寸）。联邦法令在放宽特殊车辆宽度要求时，并未要求各州限制车辆超宽，但是如果有的州希望允许车辆宽于102英尺并行驶于全国公路网上，该州需要发布特殊的超宽许可。②美国联邦政府规定的是最小长度限制，各个州必须允许以下车辆能够在全国公路网以及其他允许行驶的路段上行驶。卡车及其牵引半挂车组合所允许的最短长度限制是14.63米（48英尺），个别的州有特殊的限制。美国各州允许挂车和拖车的最小长度符合全国公路网允许的8.53米（28英尺），各州还允许长为8.69米（28英尺6英寸）的半挂车上路行驶，但卡车及其牵引半挂车加挂车组合的总长度不能超过19.81米（65英尺）。

在北美，半挂牵引车往往是三轴的，前轴（方向轴）是一轴两轮，后面的两个轴（驱动轴）是一轴四轮的，所以，牵引车最普遍的配置是三轴十轮。当一轴四轮的配置中应用上超级轮胎后，可变为一轴两轮，这样可降低牵引车自重。从发展趋势看，美国在甩挂运输车辆技术革新上有以下表现：

第一，随着减少温室气体排放趋势，超级轮胎得以快速推广应用，超级轮胎的优势有：①减少燃料消耗。试验检测表明，使用超级轮胎可节省10%

的燃料消耗；②减轻车辆自重，有利于增加车辆的有效载荷；③单个车轮与刹车片的接触面积减少，有利于快速冷却和减少刹车片损耗。使用超级轮胎的最大不足是，一旦轮胎出现瘪胎或者爆胎情况，在车辆不能及时刹车时会对车上的货物造成偏移甚至掉落的不良后果。

第二，通常半挂车的底部与道路路面之间的空间是没有什么阻挡的，这样导致半挂车在运动过程中受到空气的阻力。此外，半挂车的底部与道路路面之间的空间也往往是追尾小汽车钻入而导致交通事故的一个隐患。所以，给半挂车的底部加上裙摆，可以减少空气阻力，也可以消除事故隐患。此外，检测试验显示，带裙摆的半挂车可节约8%的燃油消耗，裙摆封闭半挂车底部空间的效果越好，燃油消耗的节省效果就越好。

1.4.2　欧洲甩挂运输发展概况

与美国的半挂牵引车的最大不同是，欧洲大多数的半挂牵引车的驾驶室设置在发动机的上面（美国的半挂牵引车的驾驶室设置在发动机的后面），在维修时，整个驾驶室可被前推以便将发动机部分暴露出来。在欧洲，卡车的前面部分是陡峭的几乎与地面垂直，这样驾驶员的驾驶瞭望条件好，可增加驾驶的机动灵活性。此外，车头部分的长度得到缩减，在整个车长限度范围内可为车厢部分的长度带来扩展的空间。大多数半挂牵引车是两轴的，前轴（方向轴）是一轴两轮，后轴（驱动轴）是一轴四轮。挂车通常是三轴六轮的。

在英国，当要承载允许最大载荷（44吨）时，牵引车和半挂车都需配备3个及以上的轴。法律上对车辆的高度没有限制，但高度在5.03米以下的桥是有限高标示的。大多数挂车的长度为13.5米，牵引车与挂车的组合的长度在15.25～16.75米。

在欧洲大陆，甩挂运输车辆最大长度为18.75米，允许最大载荷为40吨（运输国际标准集装箱时为44吨），半挂车的长度限值为16.5米。从1996年开始，瑞典和芬兰被允许执行甩挂运输车辆最大长度为25.25米，允许最大载荷为60吨的标准。25.25米车辆的载重能力提升了50%，燃料效能提升了20%，但二氧化碳排放有所减少。此外，推广25.25米车辆可有效减少道路上车辆的数量。后来，荷兰（2000年）、德国（2006年）、丹麦（2008年）、挪威（2008年）等国家不同程度地开始推广25.25米车辆。

1.4.3 澳大利亚甩挂运输发展概况

澳大利亚的道路运输以特大型卡车和汽车列车的使用为特色，澳大利亚的半挂车通常有22个轮子。在长途运输中，通常是牵引车拖挂两个挂车（每个挂车是三轴的），整个汽车列车是九轴的。汽车列车的总长度可达53.5米，最大总重可达164吨，一台牵引车可同时拖挂4台挂车。

从20世纪80年代后期开始，澳大利亚便正式使用一车三挂、一车四挂的汽车甩挂列车运输方式，在当地被称为“公路列车或公路火车”。在澳大利亚，有一批最大载重近200吨的公路列车是用于铅锌矿山运输矿石的专用车。这些公路列车，通常拖挂至少3节类似于集装箱的车厢，最多的要拖挂6节，总长度超过50米，其行驶速度可达到每小时110公里。

1.4.4 我国道路甩挂运输发展概况

1. 我国交通部对于甩挂运输的推动进程

我国交通部对于甩挂运输的推动可分为两个阶段：

第一阶段：伴随着公路集装箱运输的发展，道路甩挂运输的理念得以接受并被试点运用。1986年5月，原交通部公路局在广州召开“公路直达集装箱运输业务座谈会”，重点研究讨论集装箱汽车甩挂运输问题，会议决定委托上海船厂集装箱分厂设计试制公路专用集装箱；6月，原交通部公路局发布《关于开展公路直达集装箱甩挂运输试运线的通知》，确定在北京—沈阳、南京—扬州—南通、上海—杭州—南京、青岛—潍坊 4 条线路上组织甩挂试运。1987 年 10 月，作为原交通部在长江三角洲地区公路干线网上组织公路集装箱汽车甩挂运输试点企业的通沪杭集装箱汽车运输联合公司在南通举行开业典礼并正式投入运营，这对推动公路零担集装箱运输的发展起到了示范作用。1988 年 3 月，南京—苏州—南通集装箱汽车运输联合公司成立，这是我国开通的第二条集装箱汽车甩挂运输试点线；4 月，山东潍坊—青岛集装箱汽车甩挂运输试点线开通营业。1988 年 4 月，公安部交通管理局发布《关于集装箱牵引车甩挂运输管理问题的通知》，同意在 4 条指定线路进行甩挂运输试点，实行牵引车与集装箱半挂车分离，各自核发牌照，并要求将牵引车和半挂车的车型、牌照号码、行驶区域送经地区交通管理机关备案。1990 年 2 月，原交通部运管司在沈阳召开“集装箱汽车甩挂运输座谈会”，专题研究了开展甩挂运输试点以来的工作经验和存在的问题。1996 年 7 月，国家经贸委、公安部、交通部联合发布《关于开展集装箱牵引车甩挂运输的通知》。该通知的发布成为我国交通部推动甩挂运输发展第一阶段工作的一个标志。

第二阶段：自“十五”时期以来，从交通运输行业战略发展需求和企业发展需要出发，道路甩挂运输越来越被重视。交通运输部发布的多个政策文件不止一次地提及要大力发展甩挂运输：“十五”时期直接提及鼓励发展甩挂运输的文件有一个，即《2001—2010 年公路水路交通行业政策及产业发展序列目录》（交规划发［2001］268 号）；“十一五”时期直接提及鼓励发展甩挂运输的文件有多个，如《道路运输业“十一五”发展规划纲要》、《公路水路交通“十一五”科技发展规划》、《关于交通行业全面贯彻落实〈国务院关于加强节能工作的决定〉的指导意见》（交体法发［2006］592 号）、《关于印发资源节约型环境友好型公路水路交通发展政策的通知》（交科教发［2009］80 号）。而交通运输企业和行业协会也在呼吁解决制约甩挂运输发展的体制障碍方面做了大量工作，如：2006 年 7 月 2 日，交通部公路司在长沙召开“道路货物运输座谈会”，深圳市集装箱拖车运输协会做了“关于发展甩挂运输的政策建议”的发言；2007 年 7 月，厦门市集装箱运输协会、大连市道路运输协会国际集装箱运输分会、福州市港口协会集装箱储运分会、深圳市集装箱拖车运输协会联合向交通部公路司发出呼吁函，呼吁交通部尽快在全国范围内统一调整集装箱牵引列车养路费征收方式。2007 年 8 月 21 日，由中国道路运输协会牵头，交通部公路司、交通部规划院与来自厦门、深圳、大连等地行业协会及山东、江苏、上海等地企业代表在北京举行了一场甩挂运输座谈会，呼吁交通部尽快协调解决制约甩挂运输发展的若干体制和政策方面的障碍。2009 年 12 月 31 日，交通运输部、国家发展和改革委员会、公安部、海关总署、保监会联合发布了《关于促进甩挂运输发展的通知》（交运发［2009］808 号），该通知的发布成为我国交通部推动甩挂运输发展第二阶段工作的重要标志。

我们之所以以两个“通知”的发布为阶段划分的主要依据是这两个“通知”体现了我国推动甩挂运输发展力度的明显差异。从“通知”发布的行政部门看，第一个通知主要由国家经济贸易委员会协同公安部、交通部以“国经贸运［1996］493 号”的形式发布的，第二个通知主要由交通运输部协同国家发展和改革委员会、公安部、海关总署、保监会以“交运发［2009］808 号”的形式发布的，“通知”发布的牵头行政部门由非交通运输主管部门转为交通运输主管部门。从“通知”针对的业务范围看，第一个“通知”针对集装箱牵引车甩挂运输，第二个“通知”针对甩挂运输，“通知”针对的业务范围随时间的推移明显扩大。此外，第一个“通知”的可操作性远不如第二个“通知”的可操作性。

2. 我国甩挂运输发展的现实背景

我国自 20 世纪 70 年代就已经有学者在倡导当时国外已广泛应用的甩挂运输方式。过去，由于交通车辆管理等方面的原因（如：我国交通运输管理部门对汽车列车的相关规定是：一辆牵引车只允许拖带一辆挂车，两者车牌统一，不得与其他挂车互换行驶，列车总长度不得大于16.5米，总质量不得大于40吨)，挂车与牵引车必须同时匹配使用。近年来，各省市陆续对这一影响甩挂运输的法规进行了修订，从车辆管理上为甩挂运输的实施提供了条件。但时至今日，我国甩挂运输市场的发展依然较为缓慢。

现阶段影响我国发展甩挂运输的因素很多，这些因素有来自运输市场的，也有来自宏观政策的；这些因素所起的作用有积极的，也有消极的。

(1) 时至今日，我国甩挂运输的发展较为缓慢，除了政策、体制等方面的外在原因，行业发展水平、相关企业的经营规模也制约着甩挂运输的发展：①我国道路运输企业集约化、规模化经营格局还未形成，企业普遍较小的规模约束了甩挂运输的开展，半挂车运输市场实行甩挂运输的比例低；②对于最适宜采用甩挂运输的大中型公路货运企业而言，企业在经营管理方面的理念及管理手段的缺乏导致其无法发展甩挂运输；③由于甩挂运输更适宜于运量规模较大、网络化经营的货物运输，除了运输组织与管理因素之外，一些诸如信息传输、车辆跟踪与调度等技术手段也是影响甩挂运输效果的重要因素。

(2) 不同时期我国采取的鼓励甩挂运输发展的各种政策措施表明，甩挂运输越来越受到行政主管部门的重视，甩挂运输发展的政策环境越来越好。迄今我国相关部门正式发布的引导和鼓励甩挂运输发展的文件有两个：1996年《国家经济贸易委员会公安部交通部关于开展集装箱牵引车甩挂运输的通知》；2009年交通运输部、国家发展和改革委员会、公安部、海关总署、保监会发布的《关于促进甩挂运输发展的通知》。而若干个专项规划和规范文件也对鼓励发展甩挂运输有所涉及（如：《中国节能技术政策大纲》、《道路运输业“十一五”发展规划纲要》、《关于印发资源节约型环境友好型公路水路交通发展政策的通知》)。此外，全国交通工作会议（2006年、2007年、2009

年、2010 年）的部长讲话中不止一次地提出要鼓励发展甩挂运输。

（3）成品油价税费改革为运输企业广泛采用甩挂运输组织方式提供了发展机遇。另外，成本支出方式的变化也为运输企业提出成本核算改革要求。运输企业采用甩挂运输组织可不必顾虑以前各种规费的征收造成的不必要支出，但成本支出方式的变化（费变为燃油税）必然促使运输企业科学筹划其运输资源的合理配置。一般认为，成品油价税费改革为运输车辆的重载化、运输车辆空驶率的强制性降低、运输车辆实载率的鼓励性提高等提供了条件。

（4）《机动车交通事故责任强制保险条例》规定每台挂车都要交纳交强险。按照《机动车交通事故责任强保险基础费率表》，集装箱牵引车按照“特种车 4”收费，挂车按相同载重质量营运货车的一半收费。实行交强险后，牵引车和挂车的保险成本比此前显著增加了。另外，交强险的费率高保额低，每万元保额需要支付的保费是“三责险”的多倍，集装箱牵引车、挂车都要投保却不累加赔付。我国对每一辆挂车都要求交纳高额交强险，这增加了运输企业的负担。

2　道路甩挂运输市场需求分析技术

2.1　我国道路甩挂运输发展的经济背景

2.1.1　工业化

进入21世纪以来，我国社会主义现代化建设在实现了前两步战略目标的基础上，开始全面建设小康社会，向着第三步战略目标——2050年基本实现现代化迈进。世界上经济发达国家经济发展的普遍规律表明，工业化是现代化的物质基础。通过工业化来推动现代化进程，是我国发挥后发优势、按期甚至提前实现现代化发展目标的必然选择。

工业化的核心内容是经济结构的成功转变和社会生产力的显著提高。工业化进程最明显的特征是，制造业等工业部门在国内生产总值中的比例不断上升，农业部门净产值和劳动人口比重持续下降，工业部门在国民经济中逐步取得优势地位。

工业化是一个历史范畴，在不同国家的不同发展时期，工业化的内涵和道路的内涵有所差异。一般而言，由于其自然禀赋条件、经济社会条件和所处发展阶段的不同，一个国家的工业化的发展模式、实现时间、实现程度也会有明显的差异。但是，求同存异的历史规律是：一个经济落后的国家如不能全力以赴地跨越工业化的历史进程，这个国家就不可能实现现代化。

学术界很早就关注世界各国的工业化进程，并主要采取经验研究的方式归纳工业化演变规律。迄今为止支持工业化的基本理论主要有：

(1)“配第一克拉克定理”。即商业（第三产业）收益高于工业（第二产业），工业收益高于农业（第一产业）；随着人均国民收入的提高，劳动力首先从第一产业转移到第二产业，然后更多地转移到第三产业。

(2) 恩格尔定律。即随着人均收入的提高，食品和其他生活必需品消费支出比例下降，舒适品和奢侈品消费支出比例明显上升。舒适品和奢侈品主要是由工业和服务业生产的，因此，工业部门需要更快的发展。

(3) 二元结构理论。该理论表明，在人口众多的发展中国家，农业部门劳动生产率低于工业部门，将一部分农业劳动力转移到工业部门中去，整个社会生产率就会提高。

(4) 贸易条件恶化论。该理论认为，国际贸易中初级产品价格与工业品价格相比呈下降趋势，以出口初级产品为主的发展中国家在国际贸易中处于不利地位，因此，发展中国家应大力发展自己的工业，以代替进口的工业品。

(5) 联系效应理论。该理论认为，工业部门特别是资本品工业部门的联系效应比农业部门要大，为了使有限的资本产生最优效果，发展中国家应实施“不平衡发展战略”，将资本投入到联系效应较大的工业部门去，通过工业部门的优先发展来实现国家的工业化和现代化。

(6) 雁行形态说。该理论认为，后发国家的产业发展在赶超先进国家时，产业结构的变化呈现出雁行形态，即后进国家的产业发展是按“进口—国内生产—出口”的模式相继交替发展。产业结构的这种变化过程在图形上表示出来很像三只大雁在飞翔，故称之为“雁行形态说”。

目前，判断一个国家或地区工业化所处的阶段用的主要思路是：总结世界各国工业化进程，最好进行发展阶段划分，在此基础上确定不同发展阶段之间的转折点及其主要特征，最后确定所研究地区工业化所处的阶段。

划分工业化进程发展阶段的方法通常有三种：霍夫曼阶段划分法、库兹涅茨阶段划分法、钱纳里阶段划分法。主要的划分标准为：

（1）以人均 GDP 水平为衡量标准。在运用多国模型对人均经济总量与经济发展阶段进行了深入研究的基础上，学者们提出现代经济分为三个阶段，即初级产品生产阶段、工业化阶段（包括工业化初级、中级及高级阶段）和后工业化阶段。不同阶段的数量特征如表 2－1 所示。

表 2－1　　人均 GDP 对工业化阶段的判断标准　　（单位：美元）

<table>
<tr><th rowspan="2">阶段</th><th colspan="4">人均 GDP（按汇率法测算）</th><th colspan="2" rowspan="2">发展阶段描述</th></tr>
<tr><th>1964 年</th><th>1970 年</th><th>1980 年</th><th>1998 年</th></tr>
<tr><td>1</td><td>100～200</td><td>140～280</td><td>300～600</td><td>530～1200</td><td colspan="2">初级产品生产阶段</td></tr>
<tr><td>2</td><td>200～400</td><td>280～560</td><td>600～1200</td><td>1200～2400</td><td>工业化初级阶段</td><td rowspan="3">工业化</td></tr>
<tr><td>3</td><td>400～800</td><td>560～1120</td><td>1200～2400</td><td>2400～4800</td><td>工业化中级阶段</td></tr>
<tr><td>4</td><td>800～1500</td><td>1120～2100</td><td>2400～4500</td><td>4800～9000</td><td>工业化高级阶段</td></tr>
<tr><td>5</td><td>1500～2400</td><td>2100～3300</td><td>4500～7200</td><td>9000～16600</td><td>发达经济初级阶段</td><td rowspan="2">发达经济</td></tr>
<tr><td>6</td><td>2400～3600</td><td>3300～5040</td><td>7200～10800</td><td>16600～25000</td><td>发达经济高级阶段</td></tr>
</table>

注：1964 年和 1970 年数据为钱纳里计算，1980 年和 1998 年数据为在钱纳里计算的基础上根据相关方法测算。

资料来源：参考文献［2］

（2）以产业结构和就业结构水平为衡量标准。随着人均 GDP 水平的提高和发展阶段的提升，增加值结构和就业结构等都会发生变化，变化的趋势表现为：初级产品增加值比重和就业比重逐渐下降，制造业增加值比重和就业比重逐渐上升，社会基础设施和服务业增加值比重及就业比重上升。具体如表 2－2 所示。

表 2－2　　增加值结构、就业结构对工业化阶段的判断标准　　（单位：%）

阶段	增加值构成				就业构成			
	初级产品	制造业	社会基础设施	服务业	初级产品	制造业	社会基础设施	服务业
初级产品生产阶段	38	14	10	38	65	10	7	18
工业化初级阶段								
工业化中级阶段	20	25	15	40	50	13	9	28
工业化高级阶段								
发达经济初级阶段	8	35	17	40	20	18	12	50
发达经济高级阶段								

注：根据钱纳里等的研究成果。

资料来源：参考文献［2］

（3）以工业内部结构状况为衡量标准。在工业化过程中，工业内部结构变动一般要经历三个阶段六个时期。第一阶段为重工业化阶段，分为原材料工业为重心和加工装配工业为重心两个时期；第二阶段是高加工度化阶段，分为资源密集型加工工业为重心和技术密集型加工工业为重心两个时期；第三阶段是技术集约化阶段，分为一般技术密集型产业为重心和高新技术密集产业为重心两个时期。从新兴工业化国家的经验来看，这三个阶段既存在着演进的先后顺序，又往往受国家工业化发展战略的影响而交织在一起。一般来说，在原材料工业为重心的重工业化时期，工业化处于初级阶段；当工业结构转向加工装配工业为重心的高加工度化阶段迅速推进时，工业化进入了中级阶段；当工业结构转向技术集约化阶段，技术密集型产业对工业增长起主要支撑作用时，工业化到了高级阶段。

2.1.2 工业与道路运输

1. 工业与服务业间的关系

包括道路运输行业在内的服务业的产生和发展是市场演进和分工深化的结果：①服务业是与工业同步发展的，甚至在整体经济中其成分一直高于工业的部门，如发达国家在工业化早期就拥有占经济比重接近50%的服务业；另外，产业的发展也不是农业到工业再到服务业这样简单的关系，事实上，新兴工业不断代替传统工业，新兴服务业不断代替传统服务业，三大产业的比重将趋向稳定于一个均衡的比例关系。通过截面数据可以发现以下规律：人均收入在1000～1500美元时，服务业发展最为迅速，服务业占GDP的比重在40%～50%；人均收入在1000～1500美元至5000～6000美元时，服务业比重基本不变或稍有下降，基本保持在40%～50%的水平；人均收入在5000美元以上时，服务业重新加速增长，比重达到60%～70%。②根据发达国家早期发展经验，生产性服务业，包括金融、交通运输、商业及零售业等，随着现代工业的不断深入发展，这些行业会得到前所未有的高速发展。

2. 产业结构与货物运输间的关系

货物运输需求的派生性特征决定了货运需求要受产业结构的影响，要分析货物运输需求，就必须了解和把握产业结构变动规律。而产业结构变动与经济发展过程密切联系，经济发展阶段、水平和速度都会直接影响产业结构变动。产业结构变动会直接影响货物运输需求结构（即货物的种类、货物的批量、理化性质等）。

不同产业的货物运输需求在数量上和质量上有明显的差别，随着产业结构的变化，经济发展对货物运输需求必然发生变化。发达国家的发展经验表明，在工业化初期，能源资源（特别是煤炭、铁矿石、粮食等）的产量及消耗量大幅度增长时，需要快速扩张铁路运输和水运的能力，以满足国民经济中的生产部门对大宗散货的长距离调运要求。当工业部门的加工制造能力得以明显提高，国民经济增长对能源资源的依赖程度得到减缓时，大宗散货的长距离运输量的增长速度也就减缓了，但是货运量绝对数依然在增加。当国民经济增长对大宗散货的依赖程度进一步降低，同时总能耗的增长开始减速时，货物运输总量的增长也放慢了。整体看，可以划分为以下几个阶段：

（1）在人类社会经济发展初期，经济规模小，产业结构稳定，分布于不同空间地域上的各生产单位基本以农业生产为主，单一性质的农业经济并不需要大规模的产品交换，农业生产规模、货物运输规模和结构基本上是稳定的。货物运输主要服务于农业生产和农产品消费。

（2）随着技术进步和社会生产力的发展，产业结构发生变化，劳动力由第一产业向第二产业，特别是初级加工工业转移。在这一过程中，原材料（如煤炭、铁矿石等大宗物资）的空间流动性急剧增加，货运量的平均增长率接近或者超过国民经济的增长率。急剧增加的大宗物资运输需求促进了铁路运输和水运的发展。

（3）在工业化进程初期，生产高附加值工业品和消费品的工业部门的比重越来越大，货物运输的价值增加而平均体积有所减小，产生“轻薄短小”的小型化现象。这样，货物运输量的增长速度逐渐减缓，其增长率甚至会低于国民经济增长率。伴随着工业化进程，工业生产部门分布的重心逐渐由资源密集型产业向劳动密集型产业、资本密集型产业和知识技术密集型产业转移，产品高附加值化趋势越来越明显，因此对货物的运输提出了高速、便捷、安全、准时等更高水平的质量要求，道路运输以其固有的技术经济优势在综合运输体系中占据重要地位。

（4）在国民经济的产业重心由第二产业向第三产业转化过程中，在优良的经济发展基础上，人类社会的服务特性和信息特性越来越明显，这导致经济社会发展对货物运输需求的增长率进一步减缓（甚至出现负增长），但对于运输服务水平的要求会更高。交通运输业作为生产性服务业也会向高效和优质方向发展，各种运输方式各尽所能、协调发展。铁路运输、水运、航空运输在其优势范围内稳定发挥作用，而道路运输由于具有门到门、便捷等特点，其地位显得越来越重要。

2.1.3 工业发展水平与道路货物运输的协整分析

1. 运输与经济间关系的协整分析

概率论中所提的平稳性，通常是指时间序列协方差平稳（或弱平稳），具有有限且时不变的一阶矩和二阶矩，也就是均值、方差、协方差具有时不变性。平稳的时间序列自相关系数不会随着时间的推移而发生改变。

一般认为，经济时间序列往往隐含着三部分信息：一是趋势部分，二是平稳部分，三是噪声部分。趋势部分可能由确定性趋势构成，也有可能由随机趋势构成。伴随着人类社会文明进步，经济社会现象的大多数表征变量是非平稳的，单个变量的变化往往呈现出随机性，而不具备明显的方向性。但众多变量构成的经济社会系统及其不同层次的子系统却能够保持着某种均衡，好像存在某种力量使得表征变量之间保持着长期均衡关系，这种长期均衡的关系就是所谓的“协整”关系。协整实质上是系统变量之间存在某种共同趋势，这种共同趋势使得系统变量之间存在亦步亦趋的关系。虽然单个变量是非平稳的，但系统变量的某种线性组合却是平稳的。这种系统变量线性组合的平稳性意味着其具有时不变的无条件均值及方差，这种线性组合的平稳性表明变量之间的长期均衡状态，它反映了水平变量之间的关系。

如果一个时间序列在成为平稳序列之前，必须经过 m 次差分，则该序列被称为 m 阶单整，记为 I（m）。如果已知 k 个时间序列 Y_{1t}，Y_{2t}，…，Y_{kt}（$t=1,2$，…）都是 m 阶单整，存在一个向量 $\beta=$（β_1，β_2，…，β_k），使得 $\beta\cdot(Y_{1t}, Y_{2t}, \cdots, Y_{kt})^{T}\sim I\ (m-n)$，其中 $n>0$，则认为序列 Y_{1t}，Y_{2t}，…，Y_{kt}

是（m，n）阶协整，记为 Y_{1t}，Y_{2t}，…，$Y_{kt} \sim CI$（m，n）。当两个变量都是单整时，只有它们的单整阶数相同时，才可能协整。从协整的定义可以看出，协整的经济意义在于：两个变量虽然具有各自的长期波动规律，但是如果它们是协整的，则它们之间存在着一种长期稳定的比例关系——协整关系。

协整理论旨在探求非平稳经济变量间蕴涵的长期均衡关系，它对传统的数量经济模型进行了较为清晰的描述，澄清了传统的数量经济学统计推断中一些较为模糊的概念，成为 20 世纪 80 年代中后期以来数量经济学领域应用较为广泛的一种建模理论。协整理论所指出的长期均衡，实质上也就是非平稳变量之间的长期稳定性，长期均衡反映的是系统内部各变量之间保持一种平衡关系，系统内部变量尽管是非平稳的，但其组成的变量会沿着某种稳定路径做同向运动以达到系统均衡。这种长期均衡并非指某一时刻的静态均衡，而是指变量间的动态均衡。当系统受到外部冲击时，系统具有自我修复机制，迫使系统能够趋向原有的均衡态。

协整分析一般借助单位根检验、Granger 因果关系检验、Johansen 检验等协整检验方法，考察一组非平稳序列的线性组合是否具有协整关系。其原理是：使用单位根检验考察序列的平稳性，如果出现单位根，就要进行差分，使序列平稳；使用 Granger 因果关系考察一个变量的滞后项是否可以引入到其他某个变量方程中，如果这个变量受到引入变量的滞后项影响，就说明这两个变量之间具有 Granger 因果关系；使用 Johansen 检验考察多变量之间的协整关系。

传统的计量经济学模型是以人们的主观认识或某种经济理论机械地确立模型的形式与结构，而协整理论是以经济变量的统计数据中固有的内在关系为基础来确定模型包含的变量和变量之间的相互关系。随着该理论的不断完善，越来越多的研究工作将协整分析应用于各种不同的专业领域。在探讨交通运输与经济发展间的关系方面，我国学者取得了一些研究成果，我们将部分典型的研究成果罗列如表 2-3 所示。

表 2-3　运输与经济间关系的协整分析部分研究结论

文献出处（见参考文献，编号如下）	原始数据	协整分析用数据	序列类型	ADF 检验值	显著水平	因果关系
[4]	1952—2002 年中国 GDP	GDP 除以价格指数后的增量	I（1）序列	－6.463390	－3.5745（1%）	物流增量能够 Granger 引起 GDP 增量
	1952—2002 年中国货物周转量	货物周转量增量	I（1）序列	－6.554919	－3.5745（1%）	
[5]	1978—2007 年中国公路货运量	对公路货运量取自然对数	I（1）序列	－4.706875	－2.975（5%）	道路货运量是 GDP 的 Grange 原因
	1978—2007 年中国 GDP	GDP 除以价格指数后取其自然对数	I（1）序列	－3.597766	－2.975（5%）	
[6]	1978—2006 年我国 30 个省区市的货物周转量	货物周转量增量	I（1）序列	—	—	货物周转量的面板估计系数较小，个体单位的估计系数的符号不确定，不断出现正负交替，表明货物周转量增加并不能对经济增长产生较大的影响
	1978—2006 年我国 30 个省区市的 GDP	GDP 除以价格指数后的增量	I（1）序列	—	—	

续 表

文献出处（见参考文献，编号如下）	原始数据	协整分析用数据	序列类型	ADF 检验值	显著水平	因果关系
[7]	1990—2005 年上海公路货运量	对公路货运量取对数	I（1）序列	－4.219584	－3.603202（5%）	GDP 的增长是引起公路货运量增长的 Granger 原因，而公路货运量增长并不是引起 GDP 增长的 Granger 原因
	1990—2005 年上海 GDP	对 GDP 取对数	I（1）序列	－1.857900	－1.602922（10%）	
[8]	1978—2006 年中国 GDP	GDP 除以价格指数后取其自然对数	I（1）序列	－3.180358	－2.991878（5%）	水运货物周转量是国民经济发展的 Granger 原因
	1978—2006 年中国水运货物周转量	取中国水运货物周转量的自然对数	I（1）序列	－4.770758	－2.976263（5%）	
[9]	1970—2000 年中国货物周转量	取对数	I（1）序列	－3.41	（5%）	工业的发展是货运需求的主要影响因素，工业的增长几乎要求货运以相同的速度增长
	1970—2000 年中国工业生产总值指数	取对数	I（1）序列	－4.38	（1%）	

2. 工业发展水平与道路货物运输协整分析的统计指标选取

鉴于我国现阶段处于工业化中期，工业化和城市化进程在不断加快。因此，我们着重分析的产业，是从狭义的角度来理解的产业，即工业。

工业总产值是以货币形式表现的，工业企业在一定时期内生产的工业最终产品或提供工业性劳务活动的总价值量。它反映一定时间内工业生产的总规模和总水平。1984年以前工业总产值不包括村办工业，村办工业总产值划归农业。1984年以后工业总产值包括村办工业。1995年全国工业普查对工业总产值（原规定）的内容及计算原则和方法做了某些修订，修订后的工业总产值（新规定）包括三项内容：即本期生产成品价值、对外加工费收入、在制品半成品期末期初差额价值。1995年工业普查对工业总产值计算方法做了修订，即从1995年始按新修订（新规定）方法计算工业总产值。新规定与原规定的区别如下：①全价与加工费的计算原则不同：新规定为凡自备原材料，不论其生产繁简程度如何，一律按全价计算工业总产值；凡来料加工，允许按加工费计算工业总产值。原规定则视生产加工的繁简程度不同，规定哪些行业按全价，哪些行业按加工费计算工业总产值。②自制半成品、在产品期末期初差额价值的计算原则不同：新规定要求，凡会计产品成本核算时计算了成本的差额价值，总产值中就应包括，否则可不包括；原规定则按生产周期六个月的界限区分，凡生产周期六个月以上的企业，总产值计算中应包括这部分差额价值，否则可不包括。③计算价格不同：新规定按不含增值税（销项税额）的价格计算；原规定则按含增值税（销项税额）的价格计算。

道路货物运输的发展状态可用道路货运量或者道路货物运输周转量表征。从统计习惯看，道路货运量主要是指道路货物发送量，道路货物运输周转量则是道路货物发送量与道路货物运距的复合指标。虽然道路货物运输周转量相比于道路货运量而言更能反映道路货物运输发展状态，但是，当我们重点关注工业发展与货物运输间的关系时，道路货运量相比于道路货物运输周转量而言更能体现出一定程度上的直接联系。

总之，在进行工业发展水平与道路货物运输的协整分析时，可选用的指标主要是工业总产值和道路货运量。

2.1.4 甩挂运输与工业

改革开放以来，我国经济社会发展为道路货物运输的快速发展提供了巨大的需求驱动。特别是进入21世纪以来，我国工业化与信息化融合发展的背景为道路货物运输行业的发展提供了重要的技术支撑和需求驱动。作为一种能够产生良好经济效益的运输组织方式，道路甩挂运输的发展具有其技术经济要求。要广泛采用甩挂运输组织形式，一个必备的条件是充足且稳定的货物运输需求（稳定且量大的货源）。所以，道路甩挂运输的技术经济特征决定了在其发展初期，应注重与工业间链式关系的培育和形成。实际上，由道路货物运输与工业发展水平间的双向因果关系，甩挂运输要与工业间形成链式关系还是具备一定的经验和前提的。此外，良好的政策也为甩挂运输与工业间链式关系的形成提供了鼓励环境。另外，对于我国当前的工业化进程，广泛推行甩挂运输组织形式有助于从一定程度上缓解经济社会的快速发展与资源消耗之间的矛盾。

2.2 道路甩挂运输市场细分

2.2.1 道路货物运输市场细分技术

据交通运输部《道路运输发展报告》，全国道路运输企业已有数万家之多，道路运输企业市场定位模糊、运输服务产品雷同，使得各个道路运输企业能够延伸的市场空间越来越小、利润空间越来越小。对于道路运输企业而言，合理地细分运输市场、精确定位、提供差别化服务是其生存和实现可持续发展的关键。

我国道路货物运输市场正处于现代化转型期，道路货物运输企业与众多工商企业面临许多发展机遇和挑战，而运输市场上的竞争也必然更加激烈，运作较为成功的道路货物运输企业在很大程度上取决于其准确的市场定位。市场定位不只限于特定服务项目和特定服务对象，其更需要经营理念的更新。实际上，由于中国的货物运输市场比较分散，各地区货运需求存在明显的差异性，道路货物运输市场细分显得十分重要。道路货物运输市场细分具有重要的意义，如：有助于道路货物运输企业了解货运市场的结构，是道路货物运输企业进行市场营销和市场决策的基础；有助于道路货物运输企业将其竞争能力的培养重心，由广泛覆盖大区域与行业层次的一般竞争向集约化服务产品领域等纵深方向发展；有利于缓解目前道路货物运输市场的激烈竞争状态，引导企业合理布局、实现运能资源的科学配置等。

1. 道路货物运输市场细分的概念

一般地，作为道路货物运输市场上主要经营主体的运输企业在不同时期对其运输产品所定位的目标市场有很大的不同。如果在运输市场的供求关系中，以运输供给作为驱动力，则运输企业往往从其所能够提供的货物运输产品出发，认为其面对的消费市场具有类似甚至相同的需求（如针对LNG的运输）。运输企业大规模地提供单一或者相似类型的货运产品（如整车运输），这样可以降低成本，获得规模经济效益。但这样一来，消费者也即托运人/收货人不得不使用品类单调的货运服务形式。

如果在运输市场的供求关系中，以运输需求作为驱动力，则市场细分的概念正好与之对应。市场细分不是从产品出发，而是从区别不同消费者的不同需求出发来划分市场，这一概念产生于20世纪50年代中期的美国。所谓道路货物运输市场细分，简单而言就是以道路货物运输需求为出发点，根据消费者（托运人/收货人）购买行为的差异，把货运需求者划分为购买类似货运服务产品的群体的过程。运输企业进行市场细分时，需要先分析不同道路货运需求之间的差别，然后把需求相同或者近似的消费者群归为一类，每一个消费者群体就是一个细分市场。在不同的道路货物运输细分市场之间，消费者的运输需求存在较为明显的差别。

细分市场有其存在的客观依据。一方面，商品和服务之所以会在市场上被交换从而被消费者接受，是因为其使用价值能满足消费者某种特定的需要。以特定的商品和服务来满足消费者的特定需求，这是实现商品和服务价值和使用价值的物质基础，这就在客观上为市场细分提供了基础。另一方面，消费者需求的差异性是市场细分的基本依据。在一些特定的商品市场，消费者对商品的要求和对企业销售策略的反应具有一致性，不妨称之为同质市场。在同质市场，不同的生产者向市场、消费者提供的商品大致相同，竞争主要集中在价格上。而在其他大多数的商品市场，购买者对同类商品的质量、价格等要求有明显的差异。如两地之间的货物运输，速度、价格、安全准时性等，运输需求者的要求各不相同，这就是异质市场。在异质市场上购买欲望和消费兴趣大致相同的消费者群，就构成一个细分市场。

2. 道路货物运输市场细分的意义

市场细分被看做是市场营销学的一个基本理论：第一，它把市场从单一整体区分为多个相异的组成部分，反映了现阶段职能分工和专业化背景下各种市场的主要特征；第二，它以消费群体对商品和劳务的需求为依据划分市场的组成部分，能够反映产品差异化与服务多样化的特征；第三，细分市场的确定，为目标市场的选择提供了必要条件。

道路货物运输市场细分的意义有以下方面：

（1）进行道路货物运输市场细分可发掘新的市场机会，有助于运输企业设计科学、合理的运输服务产品。运输企业可根据其面临的市场竞争状况来分析本企业对市场需求的满足程度，发掘那些需求尚未得到充分满足或可进一步激发其运输需求的消费群，抢先开辟新的货物运输细分市场，可获得先占之利。美国联邦快递的诞生与发展就是一个例证。美国联邦快递的创立者弗瑞·史密斯在大学期间的一篇论文中指出，美国工业革命的第三次浪潮将依靠电脑、微处理机及电子装备，这些装备的经常维护要靠质轻价昂的零部件的及时供应来保证，而有关信件、包裹、存货清单均须在第二天、次日清晨，甚至于几小时内迅速传递。但在当时的美国，包裹、信件的隔夜寄达并不见得有迫在眉睫的需求。美国多数的信件、包裹都是由邮局传递，绝大多数用卡车运输，需要较长的运输时间，即使用航空邮寄也难以保证时间。因此，弗瑞·史密斯认为，应该向社会提供一种寄达时间有确切保证的航空快递服务，他在大学毕业后即着手筹办联邦快递公司。在其创业初期，这种新型邮件传递形式尚未被公众普遍接受，业务发展缓慢。1973 年春，联邦快递开张的第一个夜晚仅有 13 个机场的飞机降落到公司的中心站，寄递的包裹仅 18 件。头两三年，联邦快递几度面临破产的境地。飞行员常用他们自己的信用卡来购买飞机燃料，并参加地面上的邮件分类工作。而今，联邦快递不但拥有广阔的快递市场，并且快递市场上也有多家其他的公司。

(2) 进行道路货物运输市场细分有利于运输企业调整市场营销策略。企业为整体市场提供单一产品，制订统一的营销策略，操作上较容易，但对市场的应变能力差。在细分市场的情况下，由于为不同的消费群提供不同的产品，制订特定的营销策略，企业较容易察觉和估计消费群的反应和需求变化，一旦市场情况发生变化，企业可以具备灵活的应变能力。

(3) 进行道路货物运输市场细分有利于运输企业根据细分市场的特点，集中使用和配置运输资源，避免分散运力，发挥自己的优势，取得最佳经济效益。四川航空公司的成渝航空航线就是一个典型的例子。

1995 年成渝高速公路开通之前，成渝航线一年的客流量最高达到 25.2 万人次，平均每天都有六七百人乘机往返两地。随着成渝高速公路开通，航空客运的优势被严重削弱。一方面，航空运输的全程时间约 3 个小时，相对于公路运输的4个小时，已无快捷方面的优势；另一方面，机票价格是大巴票价的4倍。1996年，成渝航线的客流量锐减至4万人次，1997年为2.5万人次，1998年为0.8万人次，至1999年仅为0.4万人次。面对成渝每天2万多人次的客流量，即使只有5%的旅客选择飞机往来，支线航空前景仍然广阔。以50座的支线航空飞机来说，1000人次已可使20个航班“吃饱”，客座率达100%。面对如此前景，四川航空公司2002年重整旗鼓，定位三类目标市场：追求快捷舒适、对时间敏感的商务及探亲旅客；有紧急重大事情、需尽快在成渝之间往返的旅客；第一次乘坐飞机，花少许钱“过瘾”的旅客；然后，针对目标市场，采取针对性的措施。一方面，打造“空中快巴”，每天12个航班，以高频率吸引旅客；另一方面缩短全程运输时间，降低机票价格，充分发挥航空优势，实行“通票制”和“一条龙服务”。在“十一”黄金周，“空中快巴”每天12个航班，次次座无虚席，客座率超过80%。

(4) 进行道路货物运输市场细分有利于小企业开发市场。小企业所掌握的运输资源和运力往往有限，在大范围运输市场或较大的细分市场上，缺乏市场竞争的基础。如果小企业善于发掘一部分特定的未被满足的运输需求，细分出一个较小的市场，推出相应的运输服务产品，往往能够取得良好的经济效益。例如，美国密歇根州富林市的一位叫伦持的先生投资3万美元开办了一家空运公司，这么小的公司生意在哪里？伦特过去搞过警务工作，又当过飞行员。他发现押送囚犯是一件麻烦事，没有一家航空公司愿意让囚犯与旅客共坐飞机，警方也怕犯人逃脱。伦特的公司就专运囚犯，一年运送700多名囚犯，年收入100万美元。囚犯都愿意坐他的飞机，喜欢该公司的服务。监狱当局也信得过伦特，在他机上从未有一个囚犯丢失。这样，生意虽小但源源不断。

3. 道路货物运输市场细分的要求

(1) 可归并。道路货物运输需求的异质性，是市场细分的基础。但当消费者（托运人/收货人）的偏好很分散，每一种特定的偏好都无法集合成一定的规模时，就无法形成市场，运输企业也就无法确定目标市场和营销策略。

（2）可比较。不同细分市场之间的差异应明确、清楚，这样可保证各细分市场之间有明确的边界、拥有不同的消费群。在各个细分市场内，消费群表现出类似的购买行为，购买者的特性能够被识别。

（3）规模性。细分市场必须有适当的规模和发展潜力，细分市场能否大到足以实现具有经济效益的营销目标，取决于这一细分市场的需求。因此，必须从潜力分析和挖掘方面确定细分市场取得经济效益的可能性。

（4）准入性。细分后的市场是本企业能够进入并占领的，细分后形成的市场应能与本企业所掌握的各种资源相适应。只有这样，运输企业才可能有效地集中各种能力于确定的目标市场，进入并迅速占有明显的份额。

（5）稳定性。在一定时期内细分市场必须能够保持相对稳定，这样才能够成为企业制订较长期的市场开发战略与计划的依据。

4. 道路货物运输市场细分的标准

市场细分没有统一的标准，也没有一成不变的标准。消费需求在不断地变化，细分标准也因地、因时而变化。我们只能在不断的变化中发掘出相对稳定的因素作为参照，从而实现对市场的细分。

这里，我们采取分层的思路，确定一个道路货物运输市场细分的标准体系（如表 2-4 所示）。第一层次：运输市场的主体包括运输服务供给者、需求者、中介者和政府，细分道路货物运输市场时不能不考虑运输市场的主体；另外，道路货物运输市场的主要对象是货物。第二层次：对于运输服务需求者而言，地理环境因素、消费心理因素、消费行为因素、运输服务标准、运输价格等均可作为备选标准。对于货物而言，货物类别、所属行业、运距、批量、运价承受能力等及其组合均可作为备选标准。

表 2-4　　　　　　货物运输市场细分标准

细分标准		具体表现
第一层次	第二层次	
市场主体	运输服务供给者	运输企业的性质、规模、核心能力等
	运输服务需求者	速度、安全性、即时性等
	…	…
货　物	品　类	普通货物、特殊货物等
	所属行业	家电行业、日用消费品行业等
	运　距	短距离、中长距离、长距离等
	批　量	零担货物、整车货物等
	运价承受能力	低值品、高附加值产品等
	…	…

以货物类别为例，按不同的要求有不同的货物分类方法：按所需的运输和保管条件，可以分为普通货物、特殊货物。普通货物是指在运输过程中对运输工具及其运行没有特殊要求的货物；特殊货物是指在运输和保管中必须采取特别措施，以保证运输安全和货物完好无损的货物。特殊货物又分为：特大货物、特重货物、危险货物、鲜活易腐货物等。在统计上，我国目前交通运输货运需求的基本特点是以煤、焦炭、石油、金属矿石、钢铁及有色金属、矿建材料、水泥、木材、非金属矿石、化肥和农药、盐、棉花、粮食和其他等十余大类货物构成。

5. 道路货物运输市场细分的方法

从细分方法来看，常用的市场细分方法主要有两大类：经验描述法、数据统计与分析法。最初的市场细分方法是由经验描述法开始的，这种方法一般由决策者根据以往的经验对客户进行类别划分，具有较强的主观性；基于数据统计与分析法的市场细分一般是根据对客户属性特征的各方面统计结果、借助统计分析和数据处理技术来划分客户类别，近年来兴起的数据挖掘与人工智能技术的非数值计算方法也被广泛应用。

常见的方便操作的市场细分方法主要有：变量因素法、客户金字塔分类法、ABC 分类法、客户关联度分析法等。

（1）变量因素法，即运输企业根据影响客户需求的一个或多个因素进行市场细分，具体的细分方法有单一变量因素法、多个变量因素组合法、系列变量因素法。单一变量因素法就是根据客户需求的某一重要因素进行市场细分；多个变量因素组合法是根据影响需求者的两种或两种以上的因素进行市场细分；系列变量因素法是根据企业经营的特点并按照影响客户需求的诸因素，从单一因素到多个因素进行市场细分，它是一种组合变量的细分方法。

（2）客户金字塔分类法，是由“80/20”法则衍生出来的，其把客户分为四个层次：白金层、黄金层、铁层、铅层。白金层表示能够为运输企业带来最大利润的客户，通常是大宗运输产品的用户；与白金层客户相比，黄金层客户能够为运输企业带来的利润没有那么高；铁层包括那些基本客户，他们是运输企业生存的基础，但其支付能力、忠诚度和获利能力都不足以使运输企业给予特别对待；铅层包括那些耗费运输企业资源的客户，运输企业从他们身上获得的利润小于为他们进行的投入。

（3）ABC 分类法，用数量的研究方法来分析出“关键的少数”，在营销管理上，可采用 ABC 分类法将客户市场细分为重点客户、基本客户、散户。通过收集数据，计算整理，按分类标准列出 ABC 分析表。一般情况下，其累计的总金额占全部累计金额 65％以内的客户为 A 级客户，累计比例在 65％～95％的客户为 B 级客户，累计比例在 95％～100％的客户为 C 级客户。占企业销售总量比重大、客户数量少、与企业打交道的时间长、业务量稳定是 A 类客户的特征，稳定这类客户是运输企业必须做好的工作；C 类客户数量多、与本企业打交道时间短、业务量不稳定。

(4) 客户关联度分析法，是运输企业依据客户与企业的关联度，将企业的目标客户群细分为忠诚客户、边缘客户、潜在客户和非客户。忠诚客户是对企业十分满意和信任而长期、重复地购买同一企业的运输服务的客户；边缘客户是偶尔和随意购买企业运输服务的客户，他们是企业游离不定的客户群；潜在客户是对运输企业服务有需求但还没有购买行为的客户。这几类客户并不是一成不变的，他们在一定的条件下可以相互转化。

2.2.2 道路甩挂运输可承载的货物类别分析

考虑到甩挂运输的技术经济条件，适宜采用道路甩挂运输的货运需求应满足的基本条件是货运需求量较大且稳定，此外，道路甩挂运输服务水平一般较高（特别是在运输速度、运输过程安全性等方面），所以一般应优先选择那些对于运价承受能力强的货运需求。在分析道路甩挂运输可承载的货物类别时，可采用以下三个主要标准：

第一，货物品类与国民经济产业分类相一致。这一标准便于依托经济统计数据定量地分析运输与经济间的联系。

第二，符合并有利于发挥道路甩挂运输的技术经济优势，特别是在大吨位厢式挂车的大量使用、中长运距作业方面。

第三，有利于道路甩挂运输服务具有较传统运输组织形式更大的利润空间。这一标准更多是为了选择那些运价承受能力较高的货物。

1. 产业分类及其货物品类

根据我国的统计习惯，投入产出表的部门分类与现行的国民经济行业分类有所不同，投入产出表一般采用产品部门分类，即以产品为对象，把具有某种相同属性（产品用途相同、消耗结构相同、生产工艺基本相同）的若干种产品组成一个产品部门，根据产品部门的资料编制投入产出表。

值得指出的是，投入产出表的部门分类对于我们的研究工作的适应性更好一些，这是因为：同一个产品部门的货物或服务要同时满足三个基本相同（产品用途相同、消耗结构相同、生产工艺基本相同）的条件比较困难。因而，在实际操作时，只能根据某种货物或服务符合某一个基本相同条件而划归为同一个产品部门，而对符合另一个基本相同条件的其他货物或服务则划归为另一个产品部门。投入产出表采用的产品部门分类，真正实现了按货物或服务的属性归类，因而产品部门是产品的“纯”部门。

根据《国民经济行业分类》（GB/T 4754—2002）标准，地区 2002 年投入产出表划分为 42 个部门（如表 2-5 所示）。

表 2-5　　中国 2002 年投入产出表部门分类及代码

<table>
<tr><th colspan="2">Ⅰ级分类</th><th colspan="2">Ⅱ级分类</th></tr>
<tr><th>代　码</th><th>部门名称</th><th>代　码</th><th>部门名称</th></tr>
<tr><td rowspan="6">01</td><td rowspan="6">农林牧渔业</td><td>01001</td><td>农　业</td></tr>
<tr><td>02002</td><td>林　业</td></tr>
<tr><td>02003</td><td>木材及竹材采运业</td></tr>
<tr><td>03004</td><td>畜牧业</td></tr>
<tr><td>04005</td><td>渔　业</td></tr>
<tr><td>05006</td><td>农、林、牧、渔服务业</td></tr>
<tr><td>02</td><td>煤炭开采和洗选业</td><td>06007</td><td>煤炭开采和洗选业</td></tr>
<tr><td>03</td><td>石油和天然气开采业</td><td>07008</td><td>石油和天然气开采业</td></tr>
<tr><td rowspan="2">04</td><td rowspan="2">金属矿采选业</td><td>08009</td><td>黑色金属矿采选业</td></tr>
<tr><td>09010</td><td>有色金属矿采选业</td></tr>
<tr><td rowspan="2">05</td><td rowspan="2">非金属矿采选业</td><td>10011</td><td>采盐业</td></tr>
<tr><td>10012</td><td>其他非金属矿采选业</td></tr>
</table>

续 表

Ⅰ级分类		Ⅱ级分类	
代 码	部门名称	代 码	部门名称
06	食品制造及烟草加工业	13013	谷物磨制业
		13014	饲料加工业
		13015	植物油加工业
		13016	制糖业
		13017	屠宰及肉类加工业
		13018	水产品加工业
		13019	其他食品加工和食品制造业
		15020	酒精及饮料酒制造业
		15021	其他饮料制造业
		16022	烟草制品业
07	纺织业	17023	棉、化纤纺织及印染精加工业
		17024	毛纺织和染整精加工业
		17025	麻纺织、丝绢纺织及精加工业
		17026	纺织制成品制造业
		17027	针织品、编织品及其制品制造业
08	服装皮革羽绒及其制品业	18028	纺织服装、鞋、帽制造业
		19029	皮革、毛皮、羽毛（绒）及其制品业
09	木材加工及家具制造业	20030	木材加工及木、竹、藤、棕、草制品业
		21031	家具制造业
10	造纸印刷及文教用品制造业	22032	造纸及纸制品业
		23033	印刷业和记录媒介的复制业
		24034	文化用品制造业
		24035	玩具体育娱乐用品制造业
11	石油加工、炼焦及核燃料加工业	25036	石油及核燃料加工业
		25037	炼焦业

续 表

Ⅰ级分类		Ⅱ级分类	
代　码	部门名称	代　码	部门名称
12	化学工业	26038	基础化学原料制造业
		26039	肥料制造业
		26040	农药制造业
		26041	涂料、颜料、油墨及类似产品制造业
		26042	合成材料制造业
		26043	专用化学产品制造业
		26044	日用化学产品制造业
		27045	医药制造业
		28046	化学纤维制造业
		29047	橡胶制品业
		30048	塑料制品业
13	非金属矿物制品业	31049	水泥、石灰和石膏制造业
		31050	玻璃及玻璃制品制造业
		31051	陶瓷制品制造业
		31052	耐火材料制品制造业
		31053	其他非金属矿物制品制造业
14	金属冶炼及压延加工业	32054	炼铁业
		32055	炼钢业
		32056	钢压延加工业
		32057	铁合金冶炼业
		33058	有色金属冶炼业
		33059	有色金属压延加工业
15	金属制品业	34060	金属制品业

续 表

Ⅰ级分类		Ⅱ级分类	
代 码	部门名称	代 码	部门名称
16	通用、专用设备制造业	35061	锅炉及原动机制造业
		35062	金属加工机械制造业
		35063	其他通用设备制造业
		36064	农林牧渔专用机械制造业
		36065	其他专用设备制造业
17	交通运输设备制造业	37066	铁路运输设备制造业
		37067	汽车制造业
		37068	汽车零部件及配件制造业
		37069	船舶及浮动装置制造业
		37070	航空航天器制造业
		37071	其他交通运输设备制造业
18	电气、机械及器材制造业	39072	电机制造业
		39073	家用器具制造业
		39074	其他电气机械及器材制造业
19	通信设备、计算机及其他电子设备制造业	40075	通信设备制造业
		40076	电子计算机整机制造业
		40077	其他电子计算机设备制造业
		40078	电子元器件制造业
		40079	家用视听设备制造业
		40080	其他通信、电子设备制造业
20	仪器仪表及文化办公用机械制造业	41081	仪器仪表制造业
		41082	文化、办公用机械制造业
21	其他制造业	42083	工艺美术品制造业
		42084	其他工业
22	废品废料	43085	废品废料
23	电力、热力的生产和供应业	44086	电力、热力的生产和供应业

续　表

Ⅰ级分类		Ⅱ级分类	
代　码	部门名称	代　码	部门名称
24	燃气生产和供应业	45087	燃气生产和供应业
25	水的生产和供应业	46088	水的生产和供应业
26	建筑业	47089	建筑业
27	交通运输及仓储业	51090	铁路旅客运输业
		51091	铁路货运业
		52092	道路运输业
		53093	城市公共交通运输业
		54094	水上运输业
		55095	航空旅客运输业
		55096	航空货运业
		56097	管道运输业
		58098	仓储业
28	邮政业	59099	邮政业
29	信息传输、计算机服务和软件业	60100	信息传输服务业
		61101	计算机服务和软件业
30	批发和零售贸易业	63102	批发和零售贸易业
31	住宿和餐饮业	66103	住宿业
		67104	餐饮业
32	金融保险业	68105	金融业
		70106	保险业
33	房地产业	72107	房地产业
34	租赁和商务服务业	73108	租赁业
		74109	商务服务业
35	旅游业	74110	旅游业
36	科学研究事业	75111	科学研究事业

续 表

Ⅰ级分类		Ⅱ级分类	
代 码	部门名称	代 码	部门名称
37	综合技术服务业	76112	专业技术及其他科技服务业
		78113	地质勘察业
		79114	水利管理业
38	其他社会服务业	80115	环境资源与公共设施管理业
		82116	居民服务和其他服务业
39	教育事业	84117	教育事业
40	卫生、社会保障和社会福利业	85118	卫生事业
		86119	社会保障和社会福利业
41	文化、体育和娱乐业	88120	文化艺术和广播电影电视业
		91121	体育事业
		92122	娱乐业
42	公共管理和社会组织	93123	公共管理和社会组织

以货物所属产业为例，不同产业所囊括的企业和产品对运输服务需求往往存在很大的差异。导致这些差异的原因很多，如：各产业所处的发展阶段不同，各产业的产品特性对运输需求具有特殊要求，各产业的生产经营方式和物流费用构成不同等。以下简要分析电子产业（属于投入产出表部门分类及代码表中的代码 19 部门的一部分）、日用消费品产业（对应投入产出表部门分类及代码表中的代码 06）、汽车产业（属于投入产出表部门分类及代码表中的代码 17 部门的一部分）和医药产业（属于投入产出表部门分类及代码表中的代码 12 部门的一部分）的运输需求。

(1) 电子产业的企业间竞争激烈、产品更新换代速度快。越来越短的产品生命周期和产品单位价值高的特点要求生产商具备对市场的快速响应能力。

可见，电子产业的运输需求重点在于快速的响应能力、安全准确等。

(2) 日用消费品产业的产品社会需求量大、品种繁多、流通快、体积小、重量轻、利润空间小。生产商一方面通过规模生产来降低单位生产成本，另一方面为争取市场份额而进行大范围销售。由于产品品牌多、可替代性较强、消费品需求的季节性波动大。可见日用消费品运输需求重点的在于：广阔的地域覆盖度、降低运输成本、适应需求季节性波动的灵活的运能调控等。

(3) 汽车企业一般实行按订单柔性化生产，在原材料采购方面要求零配件的即时配送，在销售方面由于汽车体积大、重量大、价值高，要求有专业化的运输设备配套。可见，汽车产业的运输需求重点在于：整车和零部件的即时分拨和配送，原料和零配件在运输环节的增值服务等。

(4) 医药产品附加值高，需要严格的温湿度控制，需要单独的专业化设施和设备来运输。生产商重视运输环节的可靠性和安全性。可见，医药产业对运输需求的重点在于：保证货物运送的可靠性，对紧急订单和特殊订单的灵活处理能力等。

2. 货物的平均运距

从货物运输平均运距看，在我国的货物运输分工中，铁路主要服务于700～800公里运距货物，公路主要服务于50～70公里运距货物，水运主要服务于1500～2200公里运距货物，民航主要服务于2000～3000公里运距货物，管道主要服务于300～400公里运距货物（如图2-1所示）。

然而，不同运输方式之间合理运距的界限是受多种因素影响的，随着近年来我国公路（特别是高速公路）建设水平和建设规模的扩张、公路运输载运工具生产制造工艺水平的提升，公路运输具备了进行中长途运输的基础条件，目前许多干线公路运输的运距已经超过1000公里。实际上，800公里以内的经济区域间的整车和零担运输主要由道路运输承担。根据交通运输部《全国公路水路运输量专项调查主要数据公报》，按运距分，2008年我国营业性货运车辆100公里以下、100～400公里、400～800公里、800～1200公里和1200公里及以上货运量所占比重分别为62.6%、25.5%、6.6%、2.3%和3.0%；货物周转量占全年的比重分别为12.0%、27.2%、19.8%、11.9和29.1%。这些变化反映出公路运输在我国综合运输体系中的作用和地位正在发生变化，普通公路仍然承担着短途集疏运的功能，但高速公路已经分离出来发挥着运输通道的作用。

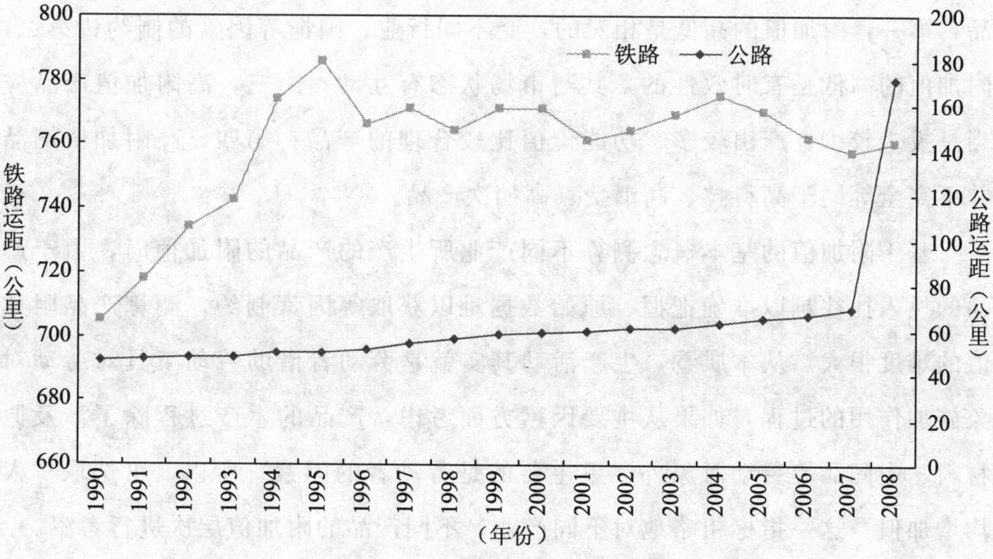

图2-1 我国公路、铁路货运平均运距的演变

综合运输体系分工发展的一种趋势就是，经济区域间和城际的非大宗货物运输，特别是工业半成品、制成品以及日用消费品的整车和零担运输主要由各种道路货运装备承担，而城市内部的货物运输则由小型货车特别是小型厢式货车承担。

3. 货物的价值与运输成本

附加价值是企业通过生产过程所新增加的价值，或者说，从企业的销售额中扣除供生产之用而自其他企业购入的原材料成本，也就是企业的纯生产额。简单的说，附加值是在产成品组成部分（如原材料、中间品）的原有价值的基础上，通过生产过程中的有效劳动新创造的价值，即附加在产品原有价值上的新价值。可见，产品附加值包括两个方面的内容：通过企业的内部生产活动等创造的产品附加值，通过市场战略在流通领域创造的商品附加值。

高附加值产品是指“投入产出比”较高的产品，其技术含量、文化价值等，比一般产品要高，因而市场升值幅度大、获利空间大。对于高附加值产品：第一，附加值的高低是相对的，受不同行业、国情等因素的制约；第二，附加值的高低是有时效性的，其与市场状态有互动；第三，高附加值产品应当是投入较少、产出较多、功能价值比较合理的产品；第四，高附加值产品并不完全等同于高科技、高消费、高档次产品。

基于附加值的基本概念测算不同产业所生产的产品的附加值时，由于产品的投入往往难以准确把握、原始数据难以获取等因素制约，测算产品附加值的难度很大。从本质看，生产活动其实就是劳动者借助劳动工具对劳动对象施加作用的过程，如果从主要因素方面考虑，产品的生产过程除了涉及原材料、中间品等劳动对象外，更主要的是劳动者的因素。所以，可选取“人均增加值”这一指标粗略地对不同产业、不同产品的附加值层次进行考察。

根据交通运输部《全国公路水路运输量专项调查主要数据公报》，按货物种类分，调查月（2008 年 11 月）货运量比重为前三位的货类依次为：矿物性建筑材料（19.4%）、煤炭及制品（14.1%）和水泥（8.5%）；货物周转量比重为前三位的货类依次为：煤炭及制品（14.7%）、农林牧副渔业产品（11.8%）和机械设备电器（10.3%）。可见，我国公路货运业务所承载的货物品类仍以大宗散货、附加值较低货物为主。

一般地，道路货物运输成本主要由以下部分构成：①变动成本。变动成本是指在一定时期内，由于投入使用载运工具所发生的相关费用（如劳动力支出、燃料支出、维修保管费用），通常按照每运输公里或每单位货物重量进行计算。运输货物的数量越多、运输路程越长，这些费用就越高。这些随运输数量、里程而变动的费用就是变动成本，变动成本只发生在运输工具营运过程中。②固定成本。固定成本是指在一定时期内不随运输量和运输里程的变化而变化的成本，主要包括运输基础设施（如站场、道路）规划建设相关的成本、管理信息系统支出等。这些成本的大小不受运量的直接影响，但必须通过营运活动获得补偿。③联合成本。联合成本是指在提供某些特定的货物运输服务过程中产生的不可避免的费用（如返程回的空车费用）。

2.3 道路甩挂运输货物流量分析技术

2.3.1 道路甩挂运输货物流量流向分析流程

根据交通运输部《全国公路水路运输量专项调查主要数据公报》，按货物流向分，2008 年全国各省的省内货运量 160.1 亿吨，占全国公路货运量的 83.5%。可见，我国道路货运量中省内部分占据绝对的优势。另外，道路货物运输与工业发展关系密切。所以，在既有的统计数据基础上，通过区位商与比较劳动生产率计算和梯度计算，选取中长期内能够产生有效作用的产业以及所关注产业的主要联系（投入）产业；依据投入产出表计算各产业的影响度、中心度；从而确定产业间的联系和产业在地市的分布，最终确定工业品主要交流方向和关键节点。通过这样的分析工作，可确定主要的运输组织线路及其上的流量、确定甩挂运输牵引车技术作业站场的布局、确定参与甩挂运输的企业的基本条件（如图 2-2 所示）。

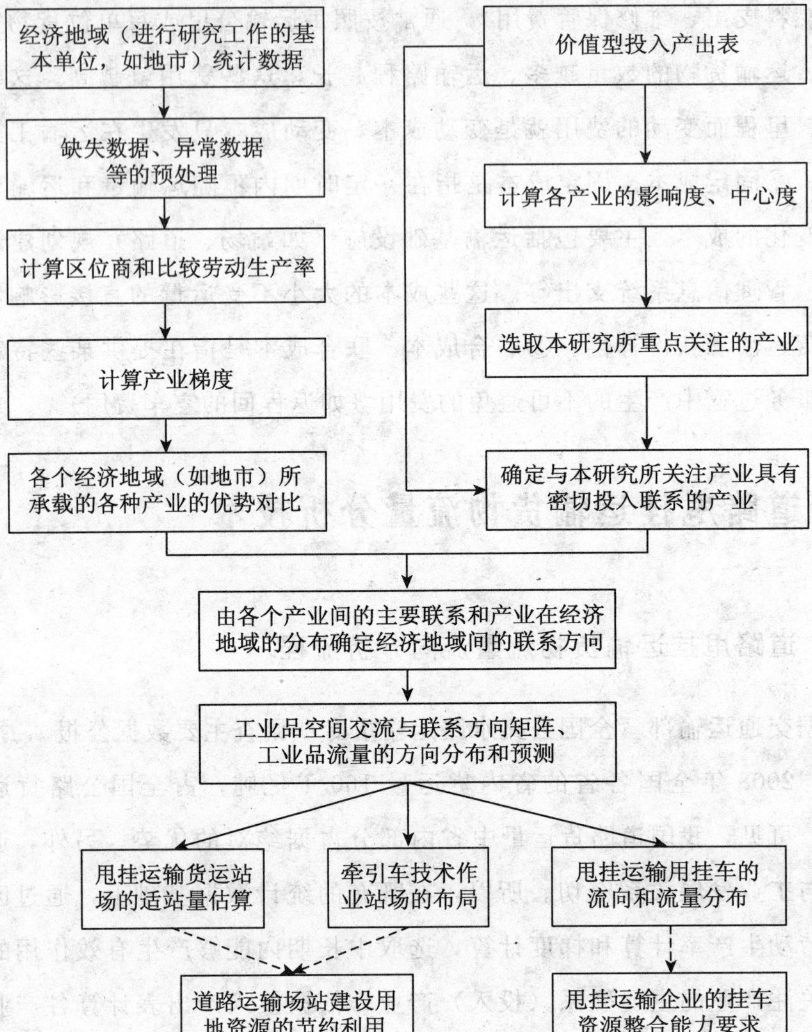

图 2-2　基于产业关联的主要空间运输联系方向上的甩挂运输流量分析思路

2.3.2　优势产业的选取方法

1. 概念的比选

(1) 主导产业的概念。一般认为，主导产业就是在区域经济中起主导作用的产业，就是那些产值占有一定比重，采用了先进技术，产业关联度强，对其他产业和区域经济发展有较强带动作用的产业。从量的方面看，主导产业是在国民生产总值或国民收入中占有较大比重或者将来有可能占有较大比重的产业部门；从质的方面看，主导产业在整个国民经济中占有举足轻重的地位，能够对经济增长的速度与质量产生决定性影响。

简单而言，所谓主导产业，实质上包含两方面的意思：该产业能够对其他产业产生较为明显的影响作用；该产业在整个国民经济中占据重要地位。

在产业生命周期中，主导产业处于成长期。

（2）支柱产业的概念。所谓支柱产业，是指在国民经济中发展速度较快，对整个经济起引导和推动作用的产业。支柱产业具有较强的连锁效应：诱导新产业崛起；能够对为其提供生产资料的各部门、所处地区的经济结构和发展变化，产生广泛的影响。

支柱产业与主导产业的主要不同在于，它侧重的是产值和利润水平，是国家和地方财政最重要的收入来源。支柱产业着重强调产业的净产出占国民经济或地区经济的比重；现在比重大的产业就是支柱产业，即便其比重呈下降趋势，只要比重还较大，仍可称为支柱产业；支柱产业要求市场扩张能力强、需求弹性高，发展快于其他行业；强调带动作用，要求产业关联度高、长期预期效果好。

简单而言，所谓支柱产业，实质上包含两方面的意思：该产业在国民经济中具有重要的地位；该产业能够对其他产业产生较为明显的带动作用。

在产业的生命周期中，支柱产业处于成熟期。

（3）优势产业的概念。优势产业是指那些在当前经济总量中其产出占有一定的份额、运行状态良好、资源配置基本合理、资本营运效率较高、在一定空间区域和时间范围内有较高投入产出比率的产业。在产业生命周期中，优势产业一般处于发展的中后期到成熟的中期这一区间，它对整个经济的拉动作用处于或即将处于鼎盛时期。

简单而言，所谓优势产业，实质上包含两方面的意思：该产业在国民经济中的运行状态好；该产业能够对其他产业产生显著的拉动作用。

（4）三个概念的对比。支柱产业严格来说仍属于优势产业的范畴，但优势产业不一定都能成长为支柱产业，因为它更强调某一产业在整个经济总量中所占的份额及其对相关产业的带动作用。

优势产业、支柱产业和主导产业，各自强调的目标利益也不相同。主导产业着眼于未来的发展，强调创新、未来的发展优势和带动效应；支柱产业、优势产业则立足于现实经济的效率和规模，注重效益。主导产业未必是当前经济中有较大影响的产业，而支柱产业、优势产业则一定是在现实经济中占有较大份额、投入产出比较好的产业。

鉴于主导产业、支柱产业、优势产业三个概念的习惯含义，以“优势产业”的概念来表示那些在国民经济或者区域经济中对其他产业的带动作用明显（即对其他产业的影响作用大），在整个经济系统中发挥重要作用的那些产业部门。虽然严格意义上的主导产业一般难以归类为优势产业，但这里所称“优势产业”隐含着主导产业的先发优势。

2. DEMATEL 方法

DEMATEL（Decision Making Trial and Evaluation Laboratory）方法即决策检验与评估实验室，用于识别复杂系统中各因素，分析系统中管理问题之间的复杂关系，是 1971 年在日内瓦研究中心的 Battelle 协会为了解决相互关联的问题群和复杂的世界性问题（如南北问题、东西问题、资源问题、环境问题、种族问题等），并探索问题的本质而研究开发出的一种研究方法。当时 DEMATEL 方法的理想及目标是为了帮助收集世界性问题及获得世界性问题更好的解决，并可以由此方法而获得世界各区域间有更好的知识交往，但世界各国由于法律或风俗等因素的影响而使得各国所期待要解决的问题目标不一样，所以，为使得问题解能达到预期的目标，瑞士的 DEMATEL 研究所利用这种结构模型对现在世界上人们共同关心的一些难以解决的问题进行了调查。调查内容主要是这些问题之间的关系以及阻碍其得到解决的原因究竟是什么。用模糊思维模式解决复杂问题，对复杂的问题不进行分解而只作大致的理解，其方法就是建立结构模型，即先把复杂问题分成若干个小问题，然后再通过一组一组的比较来摸清它们之间的关系，将有联系的同类问题用线连接起来，其特征就是可以利用人的综合判断能力进行组合比较。此外，由于整体结构能用图表表示，比起数学模型具有更为直观和便于理解的长处。结构模型与数学模型不同，它不能做出数量上的解答，只能模糊地表示各个小问题之间是否有关联，所以，人们可以随意地进行解释，也极富启发意义。不过，只要一旦了解了问题的全貌，就可以找出问题的关键所在了。

目前，DEMATEL 方法已经在研究复杂系统各因素间关系问题上得到了充分的应用，发展成为一种通过问卷调查的手段，把专门知识加以综合整理，使问题结构明显化，明确问题的本质，得到共识的一种方法。

DEMATEL 方法和 ISM 同属于系统结构化方法，但是 DEMATEL 方法较 ISM 方法有以下不同：

(1) 在因素间成对比较问卷调查时，ISM 法回答的是数字 0 或 1，但 DEMATEL 法回答的是 0、2、4、8（或 1、2、3、4）表示若干不同影响程度。

(2) 在因素成对比较时，ISM 法实际上是像人与计算机的对话那样进行的，而 DEMATEL 法是根据专家的回答来进行的，更加人性化，更准确、全面地反映问题的结构。

(3) ISM 中按因素间的关系成立传递性来确定关系矩阵，而 DEMATEL 中开始不作这样的规定，通过处理问卷得到的矩阵（相互支撑矩阵）从而表现出系统的结构。

由此可见，DEMATEL 方法较 ISM 方法更适用于表现复杂系统结构问题，适用于刻画世界性的复杂问题，还适用于环境评定、城市开发问题、学校教学计划的制订、竞技者顺序问题等。

如果将复杂系统各因素看做点，因素间错综复杂的关系看做边，就建立了系统各因素间的复杂网络结构。作为一门新兴的学科，自从 1998 年 Watts 和 Strogatz 提出小世界网络模型以来，复杂网络的研究得到了迅速的发展，成为 21 世纪的一门崭新的科学。通过研究复杂网络的结构来探讨复杂系统的行为，将复杂系统与复杂网络二者结合，可能有广阔的发展前景。因此从复杂网络的高度看，DEMATEL 方法实际上应用的就是复杂网络的思想。但是以往的 DEMATEL 方法是建立在对调查问卷取得的数据的基础上进行分析，这些数据是在几个预先设定好的数值之间选取的，是主观数据，只能模糊定性地区别不同的相互关系，不能更细致地区分关系的强弱，因此我们将在以往的 DEMATEL 方法的基础上，利用复杂网络知识对其加以改进，将 DEMATEL 方法扩展应用到加权网络领域，并结合我国国民经济系统投入产出的客观数据，研究各个产业部门之间的投入产出关联网络，从而清晰地认识我国的国民经济结构，为我国宏观经济分析和决策提供科学依据。

复杂网络体现的是复杂系统的 Agents 及其相互影响、相互作用，而 DEMATEL 方法可以研究一个复杂系统的各因素相互关系，因此我们可以从复杂网络的高度来认识 DEMATEL 方法，并进行改进，用于探讨系统各因素相互关系问题。

我们把要研究的问题的各因素看成 Agent，用点表示；把各因素之间的相互作用看做 Agents 之间的关联，用边表示，就构成了复杂网络 $G(N, \Phi)$。$N=\{n_1, n_2, \cdots, n_N\}$表示所有点的集合，$\Phi=\{l_1, l_2, \cdots, l_k\}$表示所有边的集合。矩阵 $K=(k_{ij})$是网络的邻接矩阵，若点 i 与点 j 之间有边相连则 $k_{ij}=1$，否则 $k_{ij}=0$。我们把元素 i 对元素 j 的含有实际意义的作用记为 a_{ij}，矩阵 $A=\{a_{ij}\}$表示的是网络的支撑矩阵。这种由二元变量所记载的是顶点之间存在相互作用与否的定性描述，这种定性描述反映了系统各因素相互作用的最主要信息。但是在许多情况下，顶点之间的关系或相互作用强度的差异起着至关重要的作用。因此在加权网络意义下使用 DEMATEL 思想方法可以反映更丰富的信息。而且实际问题中元素 i 与元素 j 地位的不平等性，所以一般 $a_{ij} \neq a_{ji}$，即网络是有向的，所以我们要将 DEMATEL 方法改进推广，用以研究有向加权复杂网络问题。

根据矩阵 A 定义直接影响矩阵 D 为：

$$D=sA,\ (s>0)$$

即 $d_{ij}=sa_{ij}$，i，$j=1$，2，…，N。其中 s 称为尺度因子，后面将说明怎样确定 s 的值。D 为各因素之间直接影响强度的相对表示。D 的行和 $d_i^{out}=\sum_{j=1}^{N} d_{ij}$ 表示第 i 个因素对所有因素的直接影响的强度的和，即点 n_i 的出权；D 的列和 $d_j^{in}=\sum_{i=1}^{N} d_{ij}$ 表示第 j 个因素受到所有因素的影响的强度之和，即点 n_j 的入权。

矩阵 D 只表示因素间的直接影响，实际问题中我们还要考虑因素之间的间接影响，以及由一个因素变化而引起的波及效应。因此进一步考虑点 i 经过一个中间点对点 j 的影响，也称为二阶段影响 $d_{ij}^{(2)}=\sum_{k=1}^{N} d_{ik}d_{kj}$，记矩阵 $D^2=(d_{ij}^{(2)})$。同理点 i 对点 j 的 m 阶段影响矩阵 D^m，表示网络中点 i 到点 j 的几何路长为 m。那么全影响矩阵为：

$$T=\sum_{i=1}^{\infty} D^i = D(I-D)^{-1}=(t_{ij})$$

元素 t_{ij} 表示 i 受到 j 的全影响度。记行和 $T_r(i)=\sum_{j=1}^{N} t_{ij}$ 表示因素 i 对所有因素影响度之和，称为因素 i 的影响度，则影响度矩阵为：

$$T_r=(T_r(1),\ T_r(2),\ \cdots,\ T_r(n))^{\mathrm{T}}$$

列和 $T_c(j)=\sum_{i=1}^{N}t_{ij}$ 表示因素 j 受到所有因素影响度之和，称为因素 j 的被影响度，则被影响度矩阵为：

$$T_c=(T_c(1),T_c(2),\cdots,T_c(n))$$

因素 i 的中心度定义为：

$$M_i=T_r(i)+T_c(i)$$

中心度表示该因素在整个系统中所起作用的大小及其重要性地位。

因素 i 的原因度定义为：

$$R_i=T_r(i)-T_c(i)$$

如果原因度 $R_i>0$，表明该元素对其他因素影响大，称为原因因素；如果 $R_i<0$，表明该元素受到其他因素影响大，称为结果因素。

对于尺度因子 s 的选择，根据矩阵理论，D 的谱半径 $\rho(D)<1$ 时，级数 $F=\sum_{t=1}^{\infty}D^t$ 收敛于 $D(I-D)^{-1}$。$\rho(D)$ 不超过任何一种矩阵 D 的范数。因此 s 应满足 $0<s\leqslant Sup$，其中

$$Sup=\frac{1}{\max\limits_{1\leqslant i\leqslant N}\sum_{j=1}^{N}|a_{ij}|}\text{ 或 }Sup=\frac{1}{\max\limits_{1\leqslant j\leqslant N}\sum_{i=1}^{N}|a_{ij}|}$$

一般地，基于复杂网络的 DEMATEL 方法，研究复杂系统的各因素之间相互关系的实施步骤如下：

（1）确定研究问题，选定因素；

（2）确定因素间关系，得到相互支撑矩阵 A；

（3）确定尺度因子 s 的值；

（4）计算归一化直接影响矩阵 D 和全影响矩阵 T；

（5）计算影响度、被影响度、中心度和原因度。

值得注意的是，在应用该方法时，应考虑全影响矩阵中阶数的选取。

3. 优势产业选取方法的计算实例

在一般的经济活动中，各产业都需要其他若干产业的产出，以满足其进行生产活动的生产要素需求。同时，又把自己的产出作为一种市场供给提供给其他产业。正是基于这种"一对多"、"多对多"的错综复杂的供需关系，各产业在整个经济活动过程中得以存在并持续发展；反之，若某一产业没有其他产业为之提供各种生产要素，或其产出不能满足其他产业的消耗要求，则该产业是不可能在经济活动的长期过程中存在的。这样，可将所有产业之间的联系看做是投入和产出的关系，各种产业通过"投入产出"形成各种各样的耦合，通过这些耦合，各种产业最终形成了一个完整的有机的产业结构和产业系统。笼统地讲，投入产出关联的实质，就是各产业相互之间的供需关系。

一般地，投入产出关联是指产业之间以各种投入品和产出品为联结纽带的技术经济联系。进行投入产出关联分析时所用的主要理论是投入产出经济学，利用投入产出这种技术经济关联来研究国民经济各产业或产品部门之间的联系。投入产出经济学主要运用投入产出表和投入产出数学模型，把各个产业部门间通过一定的经济技术关系所发生的投入产出关系加以量化，以此分析一个国家在一定时期内社会再生产过程中的各种比例关系及其特性，这样就能很好地反映各产业的中间投入和中间需求。从技术上看，只要国民经济各产业是以生产技术和工艺的相似性为依据划分的，投入产出关联分析就可以细致地研究国民经济中的所有产业。

将每个产业部门看做一个点，部门之间所发生的投入或消耗关系看做边，则基于国民经济各个产业部门之间的投入产出关系，可建立投入产出关联的网络模型，将其抽象为由点集 V、边集 E、权集 W 组成的图 $G=\{V, E, W\}$。

点集 V 由所有产业部门组成，网络的节点数记为 $N=\|V\|$。

边集 E 由产业部门之间联系的边组成，即如果部门 i 对部门 j 有投入关系，则在部门 i 和部门 j 之间存在一条由部门 i 指向部门 j 的有向边 e_{ij}，用数值表示为 $a_{ij}=1$；如果部门 i 对部门 j 没有投入关系，则有向边 e_{ij} 不存在，用数值表示为 $a_{ij}=0$，其中 i，$j\in\{1, 2, \cdots, N\}$。由所有 a_{ij} 的值构成了图 G 的邻接矩阵 $A=\{a_{ij}\}$，由于两个部门之间投入（消耗）的非对称性，所以一般的有 $a_{ij}\neq a_{ji}$，而且考虑到大多数部门的投入和消耗的双重身份，可能同时存在边 a_{ij} 和 a_{ji}，即网络中存在重边。由于部门之间的投入与消耗在量上有明显的差异，所以边权集 $W=\{w_{ij}\}$ 在该网络模型中表达着重要的信息，其中 w_{ij} 就是部门 i 和部门 j 之间的实际投入量或消耗量（实物量/价值量），绝大多数情况下 $w_{ij}\neq w_{ji}$。此外，有些部门对本部门的产品也有消耗（$w_{ii}\neq 0$），可见，该网络模型中存在自环。

投入产出表，也称部门联系平衡表或产业关联表。它以矩阵形式描述国民经济各部门在一定时期（通常为一年）生产活动的投入来源和产出使用去向，揭示国民经济各部门之间相互依存、相互制约的数量关系，是国民经济核算体系的重要组成部分。

1982 年，我国国家统计局和国家计委组织有关部委编制了 1981 年价值型投入产出表和实物型投入产出表。1981 年价值型投入产出表将物质生产活动划分为 26 个产品部门，表的规模较小。1981 年实物型投入产出表包括 146 种实物产品，是我国编制的第二张实物型投入产出表。1984 年，国家统计局在 1981 年价值型投入产出表的基础上，利用既有统计、财务和业务等资料编制了 1983 年价值型投入产出延长表，该表包括 22 个物质产品部门，除农业部门外，其他部门与 1981 年完全一致。1988 年 3 月，国务院办公厅印发了《关于进行全国投入产出调查的通知》，决定在全国范围内进行第一次投入产出专项调查，编制 1987 年全国投入产出表，以后每五年进行一次。为了组织协调 1987 年投入产出专项调查工作，成立了国务院全国投入产出调查协调小组。在协调小组的领导下，在国家统计局的组织实施下，1988 年上半年完成了 1987 年全国投入产出专项调查任务，并于 1989 年年初完成了 1987 年全国投入产出表的编制工作，1991 年 4 月，《1987 年中国投入产出表》正式出版发行。1987 年投入产出表将国民经济活动划分为 118 个部门。后来，国家统计局又编制了 1990 年、1992 年、1995 年和 1997 年的价值型投入产出表和 1992 年实物型投入产出表。1992 年价值型投入产出表包括 119 个部门，在 1987 年 118 个部门基础上增加了废品废料部门。1992 年实物型投入产出表包括 151 种物质产品。1997 年投入产出表的部门分类将国民经济划分为 124 个部门。1990 年和 1995 年投入产出表为延长表，按照 1987 年和 1992 年的投入产出部门Ⅱ级分类，将国民经济生产活动划分为 33 个部门。

目前我们所能够获得的公开发布的我国各地区投入产出表是 2002 年的，其主要由三部分组成，依次称为第Ⅰ、Ⅱ、Ⅲ象限。这里使用山东省 2002 年价值型投入产出表的数据，借助 DEMATEL 方法计算各产业的影响度、被影响度、中心度和原因度（如表 2－6 所示）。

表 2－6　山东省各产业的影响度、被影响度、中心度和原因度计算结果

产业名称	影响度	被影响度	中心度	原因度
农林牧渔业	1.7953	2.9047	4.7	－1.1094
煤炭开采和洗选业	3.4973	1.9769	5.4743	1.5204
石油和天然气开采业	2.2898	1.0816	3.3713	1.2082
金属矿采选业	2.8735	0.5595	3.4331	2.314
非金属矿采选业	3.6506	0.3198	3.9704	3.3308
食品制造及烟草加工业	1.7321	7.7521	9.4842	－6.02
纺织业	1.2524	2.303	3.5554	－1.0506
服装皮革羽绒及其制品业	1.0475	1.0473	2.0948	0.0003
木材加工及家具制造业	4.0707	0.4929	4.5636	3.5778

续 表

产业名称	影响度	被影响度	中心度	原因度
造纸印刷及文教用品制造业	1.8086	1.9765	3.785	−0.1679
石油加工、炼焦及核燃料加工业	2.5121	3.0035	5.5156	−0.4914
化学工业	2.2071	5.5044	7.7115	−3.2973
非金属矿物制品业	2.4864	2.4891	4.9755	−0.0026
金属冶炼及压延加工业	2.3046	4.9231	7.2277	−2.6184
金属制品业	3.3409	1.4032	4.7441	1.9376
通用、专用设备制造业	1.2297	6.2786	7.5083	−5.0489
交通运输设备制造业	1.0131	2.2869	3.3	−1.2738
电气、机械及器材制造业	0.7703	3.2599	4.0301	−2.4896
通信设备、计算机及其他电子设备制造业	1.7252	1.2485	2.9738	0.4767
仪器仪表及文化办公用机械制造业	3.9437	0.1515	4.0952	3.7923
其他制造业	1.7292	0.61	2.3391	1.1192
电力、热力的生产和供应业	2.2163	1.4448	3.6612	0.7715
燃气生产和供应业	3.6131	0.0181	3.6312	3.5949
水的生产和供应业	2.4211	0.0933	2.5144	2.3278
建筑业	0.0577	9.5727	9.6304	−9.515
交通运输及仓储业	2.5721	1.8468	4.4189	0.7253
邮政业	1.5316	0.1243	1.6559	1.4073
信息传输、计算机服务和软件业	2.2362	0.7667	3.0029	1.4695
批发和零售贸易业	2.1729	4.3216	6.4946	−2.1487
住宿和餐饮业	1.8123	2.3748	4.1871	−0.5626
金融保险业	2.4324	1.4857	3.9181	0.9468
房地产业	1.0934	1.087	2.1803	0.0064
租赁和商务服务业	2.787	0.2867	3.0737	2.5003
旅游业	0.0688	0.0731	0.1419	−0.0043
科学研究事业	2.3674	0.0719	2.4393	2.2955

续 表

产业名称	影响度	被影响度	中心度	原因度
综合技术服务业	1.0014	0.5683	1.5698	0.4331
其他社会服务业	1.7235	0.5316	2.2551	1.1919
教育事业	0.3863	0.1255	0.5118	0.2607
卫生、社会保障和社会福利业	0.1992	0.4805	0.6798	−0.2813
文化、体育和娱乐业	1.9786	1.0499	3.0284	0.9287
公共管理和社会组织	0.083	2.1383	2.2213	−2.0552

2.3.3 产业梯度的计算方法

区域经济学理论认为，梯度是区域间经济发展差距在地图上的表示，梯度是一个较大范围的整体性概念，它包括要素禀赋梯度、经济发展梯度、产业发展梯度、社会发展梯度和文化发展梯度等，产业梯度是区域经济梯度中最核心、最关键的部分。

一般认为，产业梯度是因为国家或地区间生产要素禀赋差异、技术差距、产业分工不同而在产业结构水平上形成的阶梯状差距。

测算产业梯度水平的主要指标是产业梯度系数，某地区一产业的梯度系数大于1，说明该地区的产业在全国处于高梯度，小于1则说明处于低梯度。产业梯度系数的计算方式为：

产业梯度系数＝该产业的比较劳动生产率×该产业的区位商

(1) 比较劳动生产率。比较劳动生产率是反映一个地区相对于整个国家而言其成本、技术、劳动者素质等方面高低的一个综合指标。比较劳动生产率小于1，说明该地区劳动生产率低于全国平均水平；比较劳动生产率大于1，说明该地区劳动生产率高于全国平均水平。比较劳动生产率低的产业的各种资源要素，在市场机制的引导下，一般会向比较劳动生产率高的产业转移。

比较劳动生产率的计算公式为：

$$比较劳动生产率=\frac{地区某产业增加值}{地区某产业从业人员}\times\left(\frac{全国同行业增加值}{全国同行业从业人员}\right)^{-1}$$

（2）区位商。区位商是表明某地区某行业的生产专业化水平的指标。区位商大于1，表示该行业为该地区的生产专业化部门，其在竞争中具有一定的优势；当区位商小于1，则是非专业化部门，在全国同行业竞争中不具有优势；当区位商等于1，表明该地区该行业生产的产品恰好满足本地区需求。其计算公式为：

$$区位商=\frac{地区某行业增加值占本地区\ GDP\ 的比重}{全国相应行业增加值占全国\ GDP\ 的比重}$$

2.3.4 产业联系与空间运输联系的互动发展

社会生产存在着生物生产和非生物生产两大类，而每类生产又分为不同阶段，发生于不同的生产单位，各个生产单位分工承担着其中某一种生产活动。在这些不同类型的生产单位中，由于劳动对象、劳动条件和生产方式的不同，生产力诸要素相互结合和运动所占据的空间规模也就不等。凡是劳动对象加工方法采取分散形式的生产单位，它们所占有的空间就比较大；凡是对劳动对象采取集中加工的生产单位，它们占据的空间就较小一些。由于生产分工的不断发展，占据空间大的生产单位和占据空间小的生产单位各自进行不同的生产活动，前者联结在一起就构成乡村，后者集中于一点就成为城镇。各个生产部门之间为了进行生产活动必须进行各种联系，包括产品的交换，人员的交往，资金、信息、技术的流动等。由于各个生产部门的位置固定在不同的空间区域，部门之间的联系必须要求进行空间转移位置的运动，从而使各部门之间的联系在空间形成种种联络路线。

随着社会生产力的发展，生产社会化程度提高，商品经济日益发达，成为占统治地位的经济形式，形成了一个复杂的、庞大的、以商品经济为基础的社会分工系统，从而产生了与自然经济和小商品经济完全不同的社会经济特点：①社会分工越来越细，产品品种和数量越来越大，商品化水平越来越高，形成了以社会分工为基础的专业化生产经营部门，一个消费者需要的商品可以从许多地方，由许多生产者来满足和供应，反之，一个生产者的产品可以满足许多地方、许多消费者的需要；②各部门、各地区、各企业的生产，互为条件，相互依存，生产本身从独立的个人行为变成一系列的社会行动，原来分散的生产过程变成彼此不可分割的统一的社会再生产过程，每一个企业既是独立的，但又不能脱离开社会再生产过程；③生产点分布广，协作范围大，市场已经突破地域界线，形成了地区之间、城市之间彼此联系和相互制约的国内市场和世界市场。

流通从生产领域和消费领域中分化出来成为独立的领域，促使商业部门的产生和扩大，而且对生产、消费领域的反作用越来越大。在这种复杂的社会分工体系下的商品生产和商品交换，在运行中必然要形成流通网络、实现规模化流通。同时，随着社会分工和商品经济的发展，作为商品生产基地和商品交换中心的近代城市大量兴起和急速发展，使工业和商业在空间上日趋集中，形成了既有分工，又有联系；既有不同功能，又有共同性质的城市所组成的城市体系。铁路、公路、水运、航空等多种交通运输方式把大小城市、乡村，以至世界各大城市联结起来，交通和邮电“缩短”了空间距离，扩大了劳动地域分工的范围和深度，密切了地区之间的经济联系和商品交换。

点与线是运输空间的基本组成要素。在运输中，点是能够为运输对象增加附加值的，而为此需要付出的代价就是中断运输对象的移动过程。交通运输的原则之一就是保持运输对象以满意的速度持续移动，一旦这种移动发生中断，成本就要上升，所以在点上的停顿必须为运输对象注入比增加的成本更高的运输服务附加值。此外，点与线的结合可形成两种基本的空间形态：空间的点—轴系统；空间的网络结构。

运输空间的网络形态有其形成发展的客观必然性，而点与线在网络的形成过程中扮演重要角色。人类社会生产经历了由自然经济向商品经济发展的过程。在自然经济条件下，商品生产和交换很不发达，自然也就不可能形成流通网络。在小商品经济条件下，商品交换在空间上是块状的，虽然地区之间发生经济联系和商品流通，但这种流通并没有成为整个社会再生产的必要条件，加上交通运输条件的落后和限制，阻隔了经济联系和商品交换。商品经济日益发达，形成了复杂的、庞大的、以商品经济为基础的社会分工系统，流通网络是社会生产力发展、生产分工和经济联系扩大的客观要求。交通运输、邮电通信事业的突飞猛进扩大了劳动地域分工的范围和深度，密切了地区之间的经济联系和商品交换，为流通网络化发展创造了物质技术条件。由于运输空间网络是流通网络中实物流的实现载体，所以运输空间网络的形成发展过程与流通网络的形成发展过程是重叠的。

参考世界银行发布的《2009 世界经济报告：重塑全球地理》（*World Development Report* 2009 “*Reshaping Economic Geography*”）的观点，城市群有积聚的趋势，且由于交通运输技术的支持，其发展不受各种自然资源的制约。可见，城市群的空间分布状态在很长时期内不会发生显著的变化。另外，生成能源资源的漫长生物化学反应过程决定了能源资源的分布状态在很长时期内不会发生明显的变化。

可见，由于“城市群的空间分布状态在很长时期内不会发生质的变化”和“各种自然资源的分布状态在很长时期内不会发生明显的变化”两个主要因素，致使物质资源社会生产力呈现空间分布错位的特征，由此产生了大规模交通运输需求。社会分工与空间运输联系的形成过程比照如图 2-3 所示。

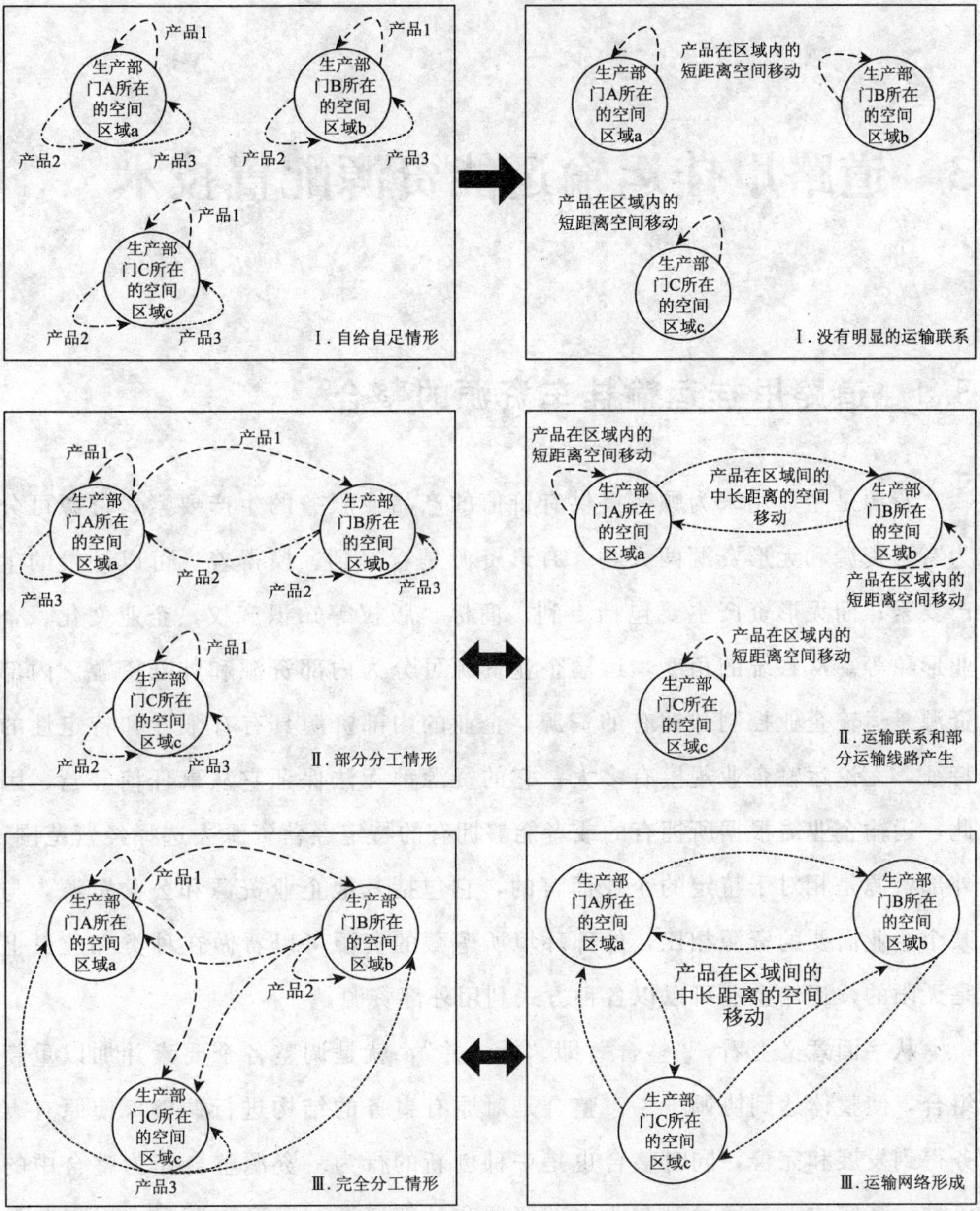

经济地域分布与社会分工的形成过程　　　　空间运输联系与运输网络的形成过程

图 2-3　社会分工与空间运输联系的形成过程比照

3 道路甩挂运输运能资源配置技术

3.1 道路甩挂运输挂车资源的整合

资源是企业用来为顾客提供有价值的产品或服务的生产要素，资源可分为有形资源和无形资源两大类。有形资源是看得到、摸得着、可以计量的生产要素；而无形资产主要包括专利、商标、版权等知识产权，企业文化、企业形象等。从系统的角度，运输企业资源可分为内部资源和外部资源。内部资源是运输企业控制并拥有的资源，企业的内部资源具有有限性和特定性的特征，无论运输企业规模有多大，它的资源都无法保证它从事任何经营，因此，运输企业需根据所拥有的或者能够拥有的特定经营资源去选择经营范围。外部资源是相对于特定的企业而言的，它包括其他企业资源和公共资源，与某个企业需要的资源相比，外部环境所蕴藏的资源可以看做在种类和数量上是无限的，运输企业可以以各种方式利用外部资源。

从字面意义上看，“整合”即“拆—并”，就是调整各个要素并加以重新组合，使整体达到协调统一。整合是对原有事务的结构进行调整，使原有事务得到发展和完善，同时整合也是一种创新的行为。资源整合作为整合中的一种，其实质上是通过对企业内部资源和外部资源、无形资源和有形资源等进行系统调整，使之以新的排列顺序或运作方式达到协调统一。资源整合的目的是使企业所有资源的配置达到最优状态，资源整合的核心是把自然资源、信息资源和知识资源等在时间和空间上加以合理配置，以实现资源利用效用的最大化。

一般地，道路甩挂运输挂车资源整合是指在道路货物运输的营运和生产经营活动中，将货物空间移动作业赖以依靠的属于不同主体的挂车资源集中在一个系统中进行统一调配和运用，在保证有效衔接的前提下，实现挂车使用成本的最低化和产出效益的最大化。以系统的思想实现挂车资源的有效整合和使用，其目的是将分散的道路甩挂运输作业进行一体化设计和运作，以最小的成本支出获取货运作业效益的最大化。

3.1.1 关于载货汽车实载率的技术分析

描述物理现象或过程本质的物理量，是在量度物质属性和描述物质运动状态时所用的各种量值，具有将现象或物体的可以定性区别并能定量测量的属性。物理量的量纲是用于表示一个物理量怎样由基本量（包括这些量的幂次）组合的式子，是指该物理量单位的性质或种类，而不表示该量的大小。用数学语言表述物理过程或规律时，方程或等式各项及两边的量纲必须保持完全相同，这就是量纲的齐次原则。

一般认为，货物周转量指标更能够反映运输活动的整体效果，其计量单位为“吨·公里”，中国统计年鉴每年公布公路运输实现的货物周转量。根据量纲齐次原理，不妨以某年公路运输实现的货物周转量视为等式的左侧部分，根据相关的统计指标构建等式的右侧部分。

中国统计年鉴每年公布公路运输的营运载货汽车数量和吨位，使用营运载货汽车的吨位，就可获得量纲中的“吨”因素。对于里程（公里），设定每辆载货汽车每天以 v 公里/小时的速度行驶 t 小时、每年工作天数为 d 天，则可获得“公里”因素。这样，等式可表示为：

公路运输实现的货物周转量（吨·公里）＝营运载货汽车吨位（吨）×汽车行驶速度 v（公里/小时）×每天行驶时间（t 小时）×每年工作天数 d（天）

实载率＝（右侧÷左侧）×100

保守设定每辆载货汽车每天以 50 公里/小时的速度行驶 6 小时、每年工作天数为 300 天。则根据 1999 年以来我国相关统计数据，计算获得历年实载率（如图 3－1 所示）。

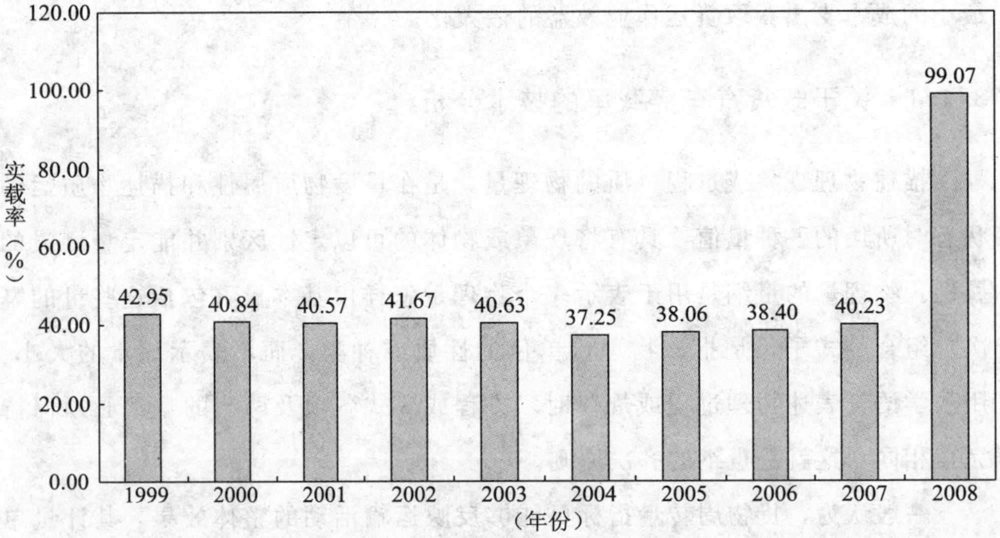

图 3－1　我国载货汽车的实载率变化

值得注意的是，一方面，等式右侧的运力计算采用了保守的估计；另一方面，等式左侧的货物周转量是全社会范围内的，这其中就包括非营运载货汽车所实现的周转量。可见，这里所计算的实载率是一种乐观的情景。即使在乐观的情景下，我国载货汽车的实载率也是偏低的。此外，2008 年的数据接近 100%，并不能说明 2008 年我国载货汽车的实载率有多么理想，而是由于本测算方式固有的缺陷所致。

3.1.2 关于道路货运企业车辆保有量的技术分析

道路货物运输之所以能在全社会货物运输中占据重要的地位，主要基于其各种技术经济优势。其中，其灵活性优势表现在：货运汽车单位运量小，在运用上既可完成小批量运输任务，又能随时集结实现大批量突击性运输作业；货运汽车随站点分布，集疏与调度方便，具备较强的机动灵活性；其快速性优势表现在：道路货运可以在较短时间内装卸货物并即时发车，相比于铁路需要经过技术站编组要快；不论在城市还是乡村，道路货运易于组织直达运输，中间环节少、运转速度快。

当代道路运输的发展特点之一是：原始投资少，资金周转快，回收期短。道路运输工具（汽车）的购置费用相对较低，原始投资回收期短。美国有关资料表明：公路货运企业每收入 1 美元仅需投资 0.72 美元（铁路需 2.7 美元）。公路运输资本每年周转 3 次，铁路则需 3～4 年周转一次。汽车造价比飞机、火车、轮船低得多，不但市场经营者投资少，不少家庭也有能力购置。此外，道路运输在市场运营方面经营简易、准入门槛低。若私人经营道路运输业，可采用小规模方式，甚至一人一车也可以经营。

正是在其技术经济优势和发展特点等因素的影响下，道路货运企业的车辆购置和保有数量较低，这一现象在我国是如此，在国外也是如此。如：

根据我国交通运输部《2008 中国道路运输发展报告》，有 92.6％的普通货物运输企业、59.9％的货物专用运输企业、56.3％的集装箱运输企业、72.3％的大型物件运输企业和 39.1％的危险货物运输企业拥有的车辆数少于 10 辆。

在日本，由于公路运输具有机动灵活、“门到门”的特点，这样道路货物运输企业中大多数是中小企业，也被称为“道路货物运输企业具有非常强的中小零碎性”，同时对货主也有很强的从属性。日本汽车货物运输企业规模的差异很大。鉴于统计上的习惯，本项目暂不关注货物运输企业具体类型的特征，但从日本1990年的统计数据看（如表3-1所示），所拥有的货运汽车数在5辆及其以下的企业数量占企业总数的16.8%，所拥有的货运汽车数在10辆及其以下的企业数量占企业总数的39.1%，所拥有的货运汽车数在20辆及其以下的企业数量占企业总数的68.1%，所拥有的货运汽车数在50辆及其以下的企业数量占企业总数的92.0%。这表明日本的汽车货物运输企业大多数是中小企业，中小汽车运输企业多，反映了汽车运输企业是小本经营，“规模经济”难以发挥作用。一般认为，日本的道路货物运输企业具有非常强的中小零碎性和很强的对货主的从属性。

表3-1　日本不同业种汽车货运企业数及比例（1990年年末）

货运汽车数	拼装货物运输		一般运输		特殊运输	
	企业数	比例（%）	企业数	比例（%）	企业数	比例（%）
0～5	47	15.8	5643	15.3	793	55.3
6～10	31	10.4	8207	22.3	356	24.8
11～20	41	13.8	10897	29.6	198	13.8
21～50	50	16.8	9080	24.7	74	5.2
51～100	51	17.2	2198	6.0	11	0.8
101～200	30	10.1	577	1.6	1	0.1
201以上	47	15.8	180	0.5	0	0
合计	297	100.0	36782	100.0	1433	100.0

3.1.3　挂车的整合

从国际经验看，发达国家公路运输业一般也是经历了一个从零散逐渐走向整合的过程，许多发达国家自20世纪80年代放松运输管制以来，个体运力迅速发展，随着竞争的加剧和用户对运输质量要求的提高，零散运力不断被淘汰和整合，行业集中度不断提高。例如：美国40%以上的汽车货运企业都通过整合社会运力（并不购置新的车辆）扩大其运输服务供给能力。

自20世纪80年代我国放松道路运输管制以来，个体和私营运输企业营运货车拥有量及其在全社会营运货车总数中的比例迅速增加，道路货运经营业户总数达数百万，但平均每个经营业户拥有的车辆数很低。这样一来，大量的零散运力造成道路货运市场相对无序和效益低下，因为零散运力不利于道路运输组织化程度和专业化水平的提高，运输服务形式单一，附加值低；市场经营主体过多、过散，导致市场竞争无序，无法通过有效的竞争机制形成道路运输规模化经营；零散运力提供者受经济利益的趋动，存在欺行霸市、垄断货源等现象，交通事故和商务事故频发，在损害货主利益的同时也导致整个行业信用水平下降。

从发达国家的实践看，运输市场的演变过程实质上是竞争与垄断这对基本矛盾相互作用的过程，政府对于运输市场的组织调控过程追求的就是在竞争与垄断之间寻找一个平衡点，在这点上既能鼓励竞争使企业能充分利用规模经济效益，又能有效地防止垄断保持企业的竞争活力。发挥政府的职能，规范道路货运市场竞争规则的基本目标就是对道路货运行业内企业间的关系进行引导和干预，既要促进企业间的分工和协作、促进货运产业链的形成与发展，又要保护正常的竞争活动，防止过分追求规模经济而形成垄断。

要改变当前我国道路货运市场的状况，既要加强运输市场管理和相关法规建设、调整运输产业政策、加强对零散运力的管理和管制，也要鼓励和引导企业通过资源整合手段进行规模化和集约化运营。

从可行性上看，将道路货运企业零散的挂车运力整合起来，以大中型运输企业的形式进行运营，可以更好地实现价值创造、成本节约和风险规避：①将零散的挂车运力整合起来，以大中型运输企业形式运作能够提高运输的组织化程度和专业化水平，促使运输服务向质量型和效益型转化，为进一步开展信息处理、仓储、流通加工等各种现代物流基本服务提供条件；②零散的挂车运力难以构建运输网络，运输产品单一，很难实现规模经济和范围经济。将零散的挂车运力整合起来以大中型运输企业形式运作，能够实现生产成本和交易成本的节约；③零散的挂车运力对现货市场的依赖性比较大，其业务量会受到现货市场总需求量波动的影响。规模比较大的货运企业通过平衡不同运输波动周期的货物承运量，可以保持业务量的相对稳定，这种稳定性可降低经营风险。

整合道路货运零散的挂车运力有多种方式，一般包括收购、入股、分包与合作等。收购，就是把个体车主的挂车按照评估的现值购入运输企业作为企业资产；入股，就是个体车主以其挂车或其他资产对企业参股入股；分包，就是企业与车主（兼司机）签订中长期的运输业务分包合同；合作，就是企业与车主（兼司机）签订业务合作协议。以收购、入股、分包和合作等方式将现有的零散运输车辆吸收到大中型运输企业内运营，能够节约初期投资，是一种低成本的企业扩张形式。

3.2 道路甩挂运输牵引车运行方案设计

3.2.1 牵引车运行路线

道路甩挂运输牵引车交路是牵引车拖带各种挂车往返行驶的路段，其长度为牵引车交路距离。牵引车交路两端的站场一般应具备为牵引车提供技术检查、简单维护、加油、驾驶员休息等服务的条件。牵引车交路与道路甩挂运输站场的布局、牵引车周转时间、车辆运行速度等密切相关，直接影响着道路甩挂运输的运输效率和经济效益。由于交路类型、运转方式和乘务制度不同，牵引车交路有多种形式，交路距离也各不相同。参考我国铁路机车的运转方式，在此给出如图 3－2 所示的道路甩挂运输牵引车最基本的运转方式。

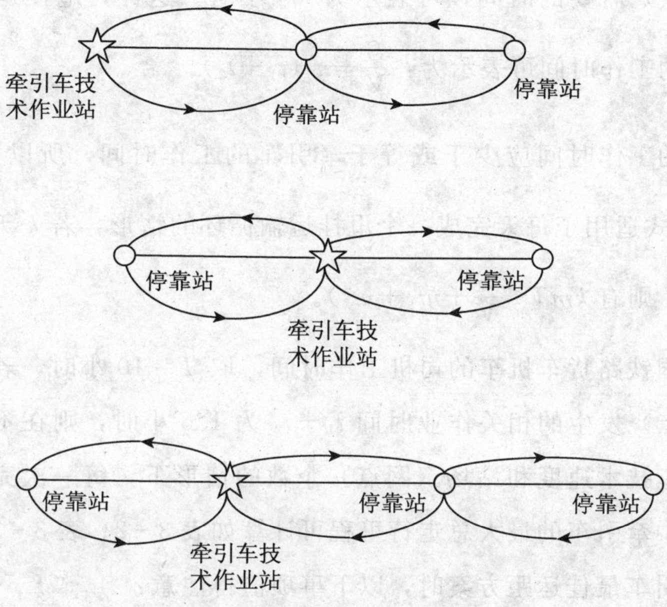

图 3－2　道路甩挂运输牵引车最基本的运转方式

运输距离取决于运输速度与运输时间。在车辆状况良好（车因素）和车辆运行环境适宜（环境因素）的情况下，驾驶员的合理工作时间（人因素）是决定牵引车运行时间的主要方面。

将单一驾驶员每天的合理工作时间以 T（单位：小时）表示，则在同一牵引车上执行运输任务的 m 个驾驶员每天的总工作时间为 mT。

设定牵引车在 n 个站场（网点）间进行甩挂运输生产，摘下并挂上挂车车厢需要 t_1 小时/次，进入并驶出站场（网点）需要 t_2 小时/次，则在每一次完整的甩挂运输生产过程中，牵引车的工作时间包括三部分：①路上行驶时间，可表示为$\frac{S}{V}$小时，其中 S（单位：公里）是甩挂运输生产过程中牵引车的总走行里程，V 是甩挂运输生产过程中牵引车的平均技术速度（单位：公里/小时）；②摘、挂车厢耗用的作业时间，可表示为 nt_1 小时；③进入并驶出站场（网点）需要的时间，可表示为 nt_2 小时。这样，甩挂运输生产全过程中牵引车的工作时间可表示为：$\frac{S}{V}+n(t_1+t_2)$。

驾驶员的工作时间应少于或等于牵引车的工作时间，所以：$mT\leqslant\frac{S}{V}+nt_1+nt_2$（该式适用于每天完成一个甩挂运输循环的情形，若 k 天完成一个甩挂运输循环，则有 $kmT\leqslant\frac{S}{V}+nt_1+nt_2$）。

借鉴我国铁路货车机车的司机工作时间，取 $T=10$ 小时，若设定牵引车由站场（网点）发生的相关作业时间 t_1+t_2 为 1.5 小时，则在不同的驾驶员人数、牵引车技术速度和站场（网点）个数的情形下，每一次完整的甩挂运输生产过程中牵引车的最大总走行里程可计算如表 3－2、表 3－3 所示：

选取牵引车最佳运距方案时，以下事项值得注意：

（1）遵循运输经济学中的“递远递减”规律，应尽可能发挥长交路的优势，为此，每台牵引车上至少配备 2 名驾驶员。

（2）当单一站场/网点上道路货运业务尚未形成货运量上的规模时，采用点对点的甩挂运输组织方案难以实现规模经济；针对这种情形，可使牵引车交路上至少涵盖 3 个站场/网点。

（3）在车辆在途运行时间和站场作业停留时间允许的情况下，牵引车在其运行交路上可适当停靠一定的货运网点，以尽可能集聚货运量并提高车厢利用率。

表 3-2　　每天完成一个甩挂运输循环的牵引车最大单程

驾驶员人数 m	停靠站场个数 n	牵引车技术速度 V	最大总走行里程 S	最大单程	驾驶员人数 m	停靠站场个数 n	牵引车技术速度 V	最大总走行里程 S	最大单程
1	2	35	245	123	2	3	35	543	272
1	2	40	280	140	2	3	40	620	310
1	2	45	315	158	2	3	45	698	349
1	2	50	350	175	2	3	50	775	388
1	2	55	385	193	2	3	55	853	427
1	2	60	420	210	2	3	60	930	465
2	2	35	595	298	0.5	2	35	70	35
2	2	40	680	340	0.5	2	40	80	40
2	2	45	765	383	0.5	2	45	90	45
2	2	50	850	425	0.5	2	50	100	50
2	2	55	935	468	0.5	2	55	110	55
2	2	60	1020	510	0.5	2	60	120	60

注：m 为整数表示每天一个循环，m 为分数表示每天 $1/m$ 个循环。

表 3-3　　两天完成一个甩挂运输循环的牵引车最大单程

驾驶员人数 m	停靠站场个数 n	牵引车技术速度 V	最大总走行里程 S	最大单程	驾驶员人数 m	停靠站场个数 n	牵引车技术速度 V	最大总走行里程 S	最大单程
1	2	35	595	298	2	3	35	1243	622
1	2	40	680	340	2	3	40	1420	710
1	2	45	765	383	2	3	45	1598	799
1	2	50	850	425	2	3	50	1775	888
1	2	55	935	468	2	3	55	1953	977
1	2	60	1020	510	2	3	60	2130	1065
2	2	35	1295	648	2	4	35	1190	595
2	2	40	1480	740	2	4	40	1360	680
2	2	45	1665	833	2	4	45	1530	765

续 表

驾驶员人数 m	停靠站场个数 n	牵引车技术速度 V	最大总走行里程 S	最大单程	驾驶员人数 m	停靠站场个数 n	牵引车技术速度 V	最大总走行里程 S	最大单程
2	2	50	1850	925	2	4	50	1700	850
2	2	55	2035	1018	2	4	55	1870	935
2	2	60	2220	1110	2	4	60	2040	1020

3.2.2 牵引车技术作业站

由于甩挂运输组织技术重在提高车辆动力部分的利用率，所以为车辆动力部分提供保障性的技术作业服务成为甩挂运输组织的关键环节之一，牵引车技术作业站场就是为车辆动力部分以及司乘人员提供保障服务的主要基础设施。

牵引车技术作业站场的主要任务是在甩挂运输牵引车的运行区段上的关键点（如区段的末端、区段上应当进行牵引车检修的地点，主要受牵引车合理运行距离的影响）提供整备作业或更换牵引车驾驶员乘务小组，或为过路车提供简单检修、加油、休息等安全性要求的技术作业。

牵引车技术作业站场在甩挂运输网络上的分布主要决定于下列因素：第一，牵引车运行区段的合理距离。甩挂运输网络上牵引车运行区段的合理距离是根据牵引车的技术经济指标、牵引交路类型及驾驶员乘务小组合理的连续工作时间确定的。第二，甩挂运输网络规划。甩挂运输网络规划受甩挂运输经营主体的业务发展规划的影响，其所确定的牵引车技术作业站场在甩挂运输网络上的位置和作用与周边相邻站场的功能分工等因素有密切关系。一般应把牵引车技术作业站场设在主干快速通道且有一定数量车流集散的地点，如两条高速公路的交叉处、公路与铁路的衔接区。

由于有大量的待拖挂挂车，挂车集散点应当作为牵引车技术作业站的首选。此外，鉴于道路甩挂运输线路主要依托高速公路，而高速公路上不乏有资源明显闲置的服务区、出入口等既有设施，所以，可考虑选取甩挂运输交通流量大的路段和合适的高速公路服务区、出入口作为牵引车技术站。

即使挂车的交流流量不均衡、流向不对称，但在理论上我们仍可以寻找到环路以作为牵引车的运行交路。理由如下：第一，尽管产业梯度转移使得挂车的流向不对称，但根据区域发展模式的梯度发展模式和反梯度发展模式，可以认为区域内交流商品线路有双向交流的潜在市场。第二，根据产业分工原理和超循环理论，区域内商品交流线路必然存在回路。这样，可利用图论的有关方法寻找每两个城市间合适长度的回路，看所有回路所涉及的那些城市，以作为主要的牵引车技术作业站的布局节点。在实践中，依据这样的理论分析方式所获得的牵引车运行交路并不一定具备可操作性。一个最直观的道理是，牵引车运行交路过长，会导致牵引车的实时调度难度加大，不利于道路甩挂运输效益的充分发挥，也不利于运输企业的快速反应。

在牵引车技术作业站布局方案下，牵引车的运行路线可有两种主要的形式：顺（逆）时针式循环（如图 3 - 3 中的①②所示），往复式循环（如图 3 - 3中的③④所示）。

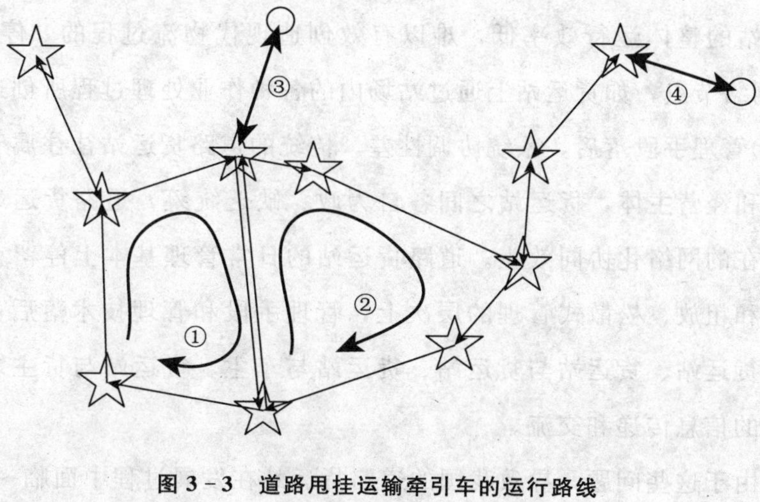

图 3 - 3　道路甩挂运输牵引车的运行路线

3.3 道路甩挂运输站场资源配置

3.3.1 道路甩挂运输挂车基地

1. 道路货运站的发展趋势

近年来，我国道路货运站在规划、建设和运营过程中暴露出很多问题，主要表现在：①供求分布的不均衡。长期以来我国道路货运站场建设投入力度不够、管理水平亟待提升的问题一直没有很好地解决，道路货运站场从数量、规模、等级到服务功能定位和服务辐射范围等都不能满足经济社会运输需求的变化。②技术水平和专业化程度低。在现代物流快速发展的行业背景中，道路运输服务功能的提升要求相应的货运站场与之相配套，以实现在现代物流过程中停顿过程的价值创造。传统道路货运站面临的新问题是满足商品数量多、品种多、周转快，新商品不断涌现提出的新要求。而道路货运站的规划建设一直落后于道路路网的建设，站场所拥有的专业化设施设备少、技术含量低、专业化程度低、布局不科学，特别是高等级的货运站少，导致道路货运站的整体运行效率低，难以有效创造现代物流过程的“停顿价值”（在运输网络节点，如货运站上通过站场内的各种作业处理过程所创造的劳动价值）。③管理手段落后，系统协调性差。传统的道路货运站往往属于不同的投资建设和经营主体，货运站之间各自为政、缺乏统筹，道路货运站之间难以发挥潜在的网络化协同效应。道路货运站的日常管理基本上停留在手工式信息处理和粗放、松散式管理的层次上，管理手段和管理技术落后；公路运输枢纽与货运站、货运站与货运站、货运站与车主、货运站与货主之间往往缺乏有效的信息传递和交流。

正是由于这些问题，导致我国的道路货运站在发展过程中面临一些矛盾，主要表现为：一方面，为了在较低的建设和运营管理水平上求得生存与发展，道路货运站往往投入大量的资源开发道路货运市场客户群，并力求维持在一定的市场占有率水平，道路货运站在特定的区域内大量铺设营业网点，道路货运站经营企业也在有限的交通建设用地资源约束下竭力建设新的货运站；另一方面，道路货物运输过程的灵活性，特别是门到门运输，使得愿意且真正能够进入货运站进行相关作业的货车的比例较低。这导致的一个矛盾现象就是道路货运站的数量众多而适站量比例低，道路货运站场资源的能力利用率低，在有限的资源约束下出现不同程度的土地闲置。

在科学发展、可持续发展的经济社会发展趋势和要求下，我国道路货运站应采取有效措施提高站场资源利用效率，在保证运输服务水平的条件下降低站场对于土地等资源的消耗。实现货运站的集中化、规模化就是一种选择。

与道路甩挂运输的技术经济特征相对应，特别是与开展甩挂运输时所需具备的稳定、大规模货流组织相一致，实现传统道路货运站的集中化、规模化，有利于道路甩挂运输这种较为先进的运输组织形式的开展和发展。

从其生产组织过程看，道路甩挂运输这种组织方式与铁路运输中货物列车的运行组织有很多类似的地方。考察国内外铁路货运站的发展趋势不难发现，世界各国铁路货运站已经或者正在经历集中化的过程。

20 世纪 80 年代以前，世界各国铁路运输变革以调整货运站布局为主，20 世纪 90 年代以后则是在货运站布局调整的基础上以建立货运服务中心为主。受其他运输方式竞争的影响，为降低自身运营成本，国外有些国家铁路的货运站布局调整力度很大，关闭了大量业务量小的货运站，把货运作业（包括调车作业）集中到大型货运站和编组站上办理，以利于组织整列直达列车，加速货物送达，从而有效地提高货运站的作业效率。如：“二战”前，美国开始实行铁路货运业务的集中办理，至 20 世纪 70 年代，美国在 29 条线路上封闭了 8600 余个货运站和众多运量小的专用线；西欧国家从 20 世纪 50 年代起开展货运集中化的工作，法国铁路在将4540余个客货运站减少到了2900余个；英国铁路大量封闭和合并运量少、不赢利、布局不合理的车站，并根据需要新建设部分车站，英国铁路封闭了西部地区所有较小规模地方车站，将全部零担和整车货物集中到16个大的货运站办理；原联邦德国将6000多个零担办理站减至400多个，关闭了日均运量小于2车的3600多个车站；日本国营铁路从1955—1980年，将原有的3510余个车站减少到1000个左右，货运站平均站间距离增加到20公里；苏联从20世纪60年代初开始铁路货运集中化的工作。当时，全路共有8140余个车站和大约1.5万条专用线来办理货运作业，到20世纪80年代末，苏联铁路已把全路的货运业务集中在2600～2800个货运站上办理，并对一些重点的货运站进行了设备更新改造、提高其机械化作业水平。

我国铁路于1984—1985年停办了2047个中间站的零担业务（占原有零担办理站总数的59.4%），停开沿零列车124对，扩能提效的效果明显。全路1996年停办565个每日装卸量在1车以下的中间站的货运业务，1997年停办日均装卸车数在3车以下的1042个车站的货运业务，2000年封闭日均装卸车数在5车以下的车站的货运业务。2006年，我国铁路提出了“两整合一建设”的思路，即指整合零担业务，整合小运量货运站，建设战略装车点。“两整合一建设”是在铁路跨越式发展的背景下提出的，其目标是运输能力的快速扩充，作为挖潜提效的重要途径。

2. 道路甩挂运输挂车基地的定位

在道路甩挂运输所涉及的主要装备中，牵引车的主要工作场所在线路上，挂车的主要工作场所包括线路和站场，尤其是在牵引车和挂车的配备比例在1∶3以及以上时，多半挂车需停靠在站场等节点设施上。所以，如何科学选择挂车停靠的地点，关系到道路甩挂运输资源的合理配置。这里提出并设计被称为“挂车基地”的道路甩挂运输基础设施。

一方面，道路货运站的集中化发展趋势带动了道路货运需求和货运车辆的规模化集结；另一方面，综合物流与供应链管理时代的到来促进了运输业竞争的加剧，运输业的激烈竞争和市场环境的变化决定了单一运输方式应向能够提供综合物流服务的形态发展。道路货运产品的规模化集结和道路货运服务的物流化，促动了挂车基地的形成和发展。

从有形资源的掌握看，挂车基地集结着大量的挂车，配备有充足的牵引车动力，装备布局着其他相关的场内作业设施设备，能够提供各种现代物流服务。一个挂车基地可能由多个传统货运站整合而成，而一个货运站可能拥有多个装车点，挂车基地之间构成道路甩挂运输的骨干网络（如图 3-4 所示）。

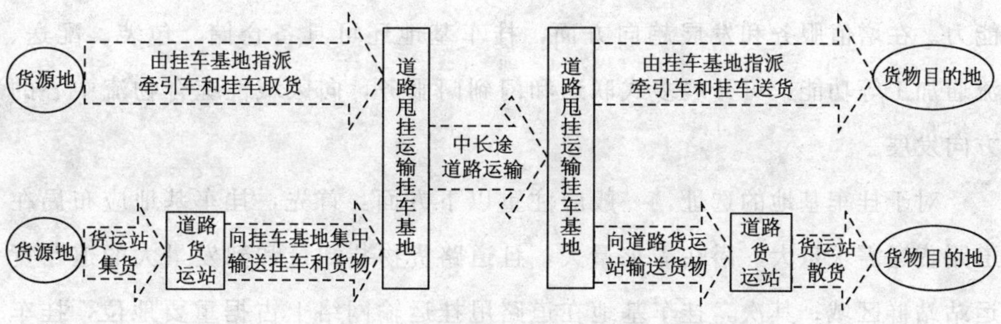

图 3-4 依托道路甩挂运输挂车基地的作业流程

挂车基地的选址充分考虑了挂车基地的空间分布密度、辐射半径以及辐射区域大小。道路甩挂运输的优势在于中长距离的大规模运输，所以挂车基地的空间分布密度较一般货运站的空间分布密度要小得多、辐射半径大、辐射区域广。

从空间分布密度的角度分析，假如某省实现了地级市之间的高速公路连接，高速公路总里程在 4500 公里左右，按照道路甩挂运输具有 400 公里、

700 公里的合理运距来看，该省可设 6～10 个挂车基地；从辐射半径的角度分析，可以以道路甩挂运输具有较强竞争力的 200～300 公里为基础考虑。从辐射区域的角度分析，挂车基地应依托城市或者城镇建立，辐射区域实际指的应该是挂车基地能够辐射到的城镇群，以便货源的集结。此外，挂车基地的确定应与区域经济发展相协调，特别是应与经济区域之间的货物交流规律相协调。

挂车基地内的作业主要包括两大方面：挂车的调度组织和大规模货流的集散。挂车基地内应配备能力充足的货场和仓库、充足的装卸位、充足的挂车停靠面积、充足的装卸搬运设备和充足的场内牵引动力；挂车基地与其辐射范围内的相关道路货运站之间具有便捷的交通线路。更重要的是，挂车基地应有与其功能设计和作业能力相对应的货运市场营销能力和货运信息管理能力。在增值服务和发展趋向方面，挂车基地还可具备仓储、包装、配送、流通加工等功能，可开展多式联运和门到门服务，向区域性综合物流中心的方向发展。

对于挂车基地的选址，一般应注重以下方面：首先，挂车基地应布局在道路货运需求量大、潜在需求量大，且道路货物装卸量和到发量大的道路货运站站群区域；其次，挂车基地在道路甩挂运输网络上占据重要地位，挂车基地的能力应与其线路的集疏运能力相协调，交通流顺畅；再次，挂车基地应与其所辐射范围内的道路货运站有效衔接，且符合区域国土资源规划和城镇发展规划，具备扩展空间和可持续发展的可行性；最后，挂车基地之间应分工合理，辐射范围内的交叉重叠区域小。

3. 道路甩挂运输挂车基地的货运服务中心

道路甩挂运输挂车基地集结着大量的挂车资源、牵引车资源，承载着稳定的客户需求资源，挂车基地将道路货运的供给能力和需求融合在一个载体上，所以，挂车基地的资源协调和科学配置管理成为其运行效果好坏的关键。

为有效地管理挂车基地的各类资源，这里设计一个称为“货运服务中心”的职能部门。

货运服务中心的核心竞争力是服务，也就是依托其能够掌握和调动的各种运力资源，面向客户（包括道路货物运输托运人和收货人、其他的道路货运企业）提供挂车租赁、挂车维护保养、货运业务办理、货物信息查询、费用结算等服务。

货运服务中心的核心业务表现在两方面：一是对于运力资源的调度管理，通过制订牵引车和挂车运用计划，有效地满足各类客户的用车需要；二是对于货物的作业管理，通过采集整理货运需求信息，合理配备各种供给资源，有效地满足各种货运需求。

货运服务中心应具有运输组织、中介代理、通信信息及辅助服务功能。货运服务中心的设立应与挂车基地建设和资源统筹利用相协调，根据货流特点，合理划定货运服务中心的服务区域，确定货运服务中心的作业规模（如图 3－5 所示）。

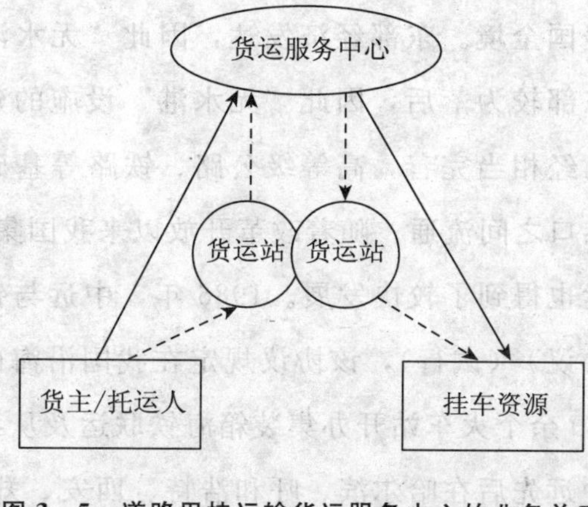

图 3－5 道路甩挂运输货运服务中心的业务关系

甩挂运输所涉及的站场可有多种形式，如果从运输供给与运输需求的角度，可将甩挂运输站场分为牵引车技术作业站场（专为甩挂运输的供给能力，特别是服务于牵引车等动力部分和驾驶人员的站场）、货运站场（专为甩挂运输的需求，即服务于货物的运输组织管理的站场）和综合性站场（兼具牵引车技术作业和货运组织管理的功能）。

3.3.2 “无水无轨港”

随着集装箱多式联运的开展，为使集装箱货源能够顺利通过集装箱运输网络会聚到港口、增加集装箱运输规模、提高经济效益，港口和船公司越来越重视并在内陆腹地建立集装箱运输网络。为集装箱运输网络的形成而建立的内陆基础设施——“无水港”，促进了港口向内陆腹地的辐射力度。在美国，人们开始时把内陆的集装箱设施称为内陆集装箱中转站，1991年，由于这些内陆集装箱中转站经过发展和完善，具备了如同港口（除船舶装卸以外）一样的功能，人们把这种功能完备的集装箱设施称为“无水港”。美国集装箱协会把“无水港”如此定义：无水港是远离港口的内陆集装箱设施，它为进出无水港的集装箱和货物提供集装箱装卸，短期储存和海关检查等服务。美国无水港已经遍布美国全境。东部经济发达，因此“无水港”建设得比较密集；西部经济比其东部较为落后，因此“无水港”设施的建设较少。美国交通基础设施的建设已经相当完善，高等级公路、铁路等基础设施促进了集装箱在“无水港”与港口之间流通。随着改革开放以来我国集装箱运输的发展，我国集装箱多式联运也得到了较快发展。1986年，中远与铁道部签订了《国际集装箱海铁联运协议》（试行），该协议规定在我国沿海的大连、天津、上海等港口和内地的30余个火车站开办集装箱海铁联运及从我国过境的第三国集装箱运输业务。中远先后在哈尔滨、呼和浩特、西安、郑州、武汉、重庆、汕头、南宁、长沙、贵阳、昆明等内陆城市建立了货运机构，开发集装箱多式联运业务。2000年以来，中国各大集装箱港口竞争越来越激烈。港口经营人已经意识到在内陆建立“无水港”的必要性。如宁波港积极的推行其“无水港”战略，先后在义乌、金华、绍兴等地与当地政府合作建立无水港，宁波港港口的功能极大地向内陆延伸。而内陆省份也纷纷推出“无水港”的建设规划。

简单而言，道路甩挂运输“无水无轨港”中的“无水”是指该种运输站场位于非港口地区的内陆，“无轨”是指该种运输站场不需要配备轨道线路和大型装卸机械等资本密集型设施。从水陆联运的角度看，如果说“无水港”定位在服务于港口集装箱海运，那么“无水无轨港”可定位于滚装运输。从站场对各种货物的搬运作业看，“无水港”主要依托各种起重机械设备、公路铁路所涉及装卸搬运设备，“无水无轨港”主要依托道路甩挂运输用牵引车。

“无水无轨港”是道路甩挂运输网络上国际集装箱运输、国内集装箱运输、厢式车运输的枢纽，是适箱、适厢货物的集散地，是甩挂运输牵引车之间、集装箱卡车之间、道路运输与其他运输方式之间的衔接站场。它为进出本“港”的集装箱和厢式车提供集散、装卸搬运、暂时存放以及其他相关业务，它把港口的大部分功能和道路货物运输站场的功能整合在内陆地区，既减轻了集装箱货物对港口的压力、加速了集装箱货物的流通，又在其所辐射的陆域范围内担负着道路货物的集疏运。

与“无水港”相比，“无水无轨港”具有明显的特征：

“无水港”应具备集装箱装卸、运输、集装箱拆箱装箱、海关检验检疫等功能，这些功能和港口的集装箱设施有些相似。“无水无轨港”主要依托道路甩挂运输设备和组织管理技术，能够对集装箱和厢式车进行各种中转作业，它可以服务于国内货物运输，在具备一定条件时也可服务于国际集装箱运输。

“无水港”的建设是一个系统工程，需要交通、海关等行政职能部门、港口企业、船公司和货主等通力合作。“无水无轨港”的建设需要系统化理念做指导，但其一般只需要交通主管部门和道路运输企业的通力合作，一旦建成，

“无水无轨港”就可积极引导经济社会货运需求的相对集中。

“无水港”是一种资本密集型设施，需要有专门的设施和技术设备，如集装箱、集装箱装卸机械、集装箱专用车辆、集装箱堆场和无水港基础建设，其建设费用可以达到上千万甚至达到亿元，“无水港”往往需要吸纳社会资本。“无水无轨港”位于内陆，其所占用土地资源的成本相对低一些，“无水无轨港”可依托道路甩挂运输设备和组织管理技术实现站场内的各种作业（如装卸搬运作业、储存作业），不需要对过多的资本密集型设施设备（特别是装卸搬运机械）进行投入。

“无水港”是大型集装箱枢纽港通过铁路、公路、内河运输等多式联运方式对集装箱货流的吸引范围向内陆延伸的一个辅助手段，应建立起适应集装箱运输的运输组织机构、组织模式和法律法规。“无水无轨港”可以方便地具备“无水港”的一些功能，但更重要的是，其在大大拓展“无水港”的功能，特别是在服务国内货物陆路运输方面的同时，运输组织工艺等的复杂程度大大降低。

3.3.3 道路甩挂运输站场的内部布局

道路甩挂运输站场功能区域布置的基本出发点是要有系统的观点和整合的观点，兼顾各方面要求，合理布局，追求整体效果。一般应遵循以下原则：

（1）以基本业务为中心。道路甩挂运输站场功能区域布置首先应以基本业务为中心，满足基本业务流程的要求。基本业务是甩挂运输站场的主体，与它有密切联系的其他各种业务部门要尽可能与它有方便的联系通道。

（2）符合流程要求。道路甩挂运输站场的业务流程往往要在车流、货物流、作业人员流等的交叉运行条件下展开，各种设施设备的布置应符合甩挂运输工艺流程的要求，保证流程的顺畅。

（3）最优化。道路甩挂运输站场的业务过程是一个有机整体，在满足流程要求的前提下，要尽可能寻求场内车流的最小交通量的布置方案，充分利用科学合理的运输组织模式，提高运输效率，同时充分利用各种并不规则的站场建设用的土地面积。

(4) 适应发展的需要。为了适应道路甩挂运输站场未来发展的需要，在进行设施布置时，必须考虑预留出必要的扩展空间。当然，留有一定的发展空间不应是盲目的，而是在科学的战略和规划指导下进行。此外，发展空间在现状和未来的布局和功能设置上可采用置换的方式实现。

对于道路甩挂运输站场内部功能区的布局，可采用系统设施规划布置方法（Systematic Layout Planning，SLP），该方法是一种设施规划方法。设施规划是根据系统应完成的功能，对系统各项设施、人员、投资等进行系统的规划和设计，设施设计的核心内容是工厂、车间内部的设计与平面布置、设备的布局，以求物流路线系统的合理化，通过改变和调整布置调整和优化生产物流，达到提高整个生产系统经济效益的目的。SLP 法在对企业生产流程、物流量详尽分析的基础上，运用以作业单位物流与非物流的相互关系分析为主线的进行生产设施规划设计的方法，采用一套表达力极强的图例符号和简明表格，通过条理清晰的设计程序进行工厂及厂内设施的布置设计。

SLP 法的基本出发点是用量化的作业单位相互关系密切程度来评定各作业单位之间的相关程度，所以，采用 SLP 法进行平面布置的首要工作是对各作业单位之间的相互关系作分析（包括物流相互关系及非物流相互关系），相互关系密切程度由高至低分别用字母 A、E、I、O、U、X 和相应的 4、3、2、1、0、−1 分值表示（如表 3－4 所示），也可顺便列出导致不同关系的原因，将物流与非物流相互关系进行综合，得到作业单位 i 与其他作业单位 j 之间的关系密切程度 CR_{ij}，并分别求出各作业单位的总的关系密切程度 $TCR_i = \sum_{j=1}^{n} CR_{ij}$ 。在计算 CR_{ij} 时要确定物流关系和非物流关系的权重，一般认为，物流关系与非物流关系之间的比重介于 1∶3～3∶1；当比值小于 1∶3 时，说明物流因素对布局的影响非常小，布置时只考虑非物流的相互关系即可；当比值大于3∶1时，说明物流关系占主导地位，布置时只需考虑物流相互关系的影响。鉴于其生产作业的性质，在道路甩挂运输站场功能区的布置中，物流关系与非物流关系的相对重要性比值一般取$m:n=3:1$。汇总所有作业单元的综合接近程度值TCR_i，得到作业单元综合关系表。根据作业单元综合关系表中各作业单元的综合接近程度安排各作业单位的位置，先行布置TCR_i最高的作业单位，然后布置与该部门相互关系为A级的部门，然后是E级部门……依次布置所有部门，最终得到一张根据相互关系密切程度布置的作业单元位置相关图。

表3-4　　SLP法中对相互关系密切程度的描述

关系密切程度分类						
密切程度	绝　对	特　别	密　切	一　般	不密切	不考虑
代　号	A	E	I	O	U	X
分　值	4	3	2	1	0	−1
密切关系原因						
代　号	1	2	3	4	5	6
密切关系的原因	工作流程连续	共用设备和人员	监督管理	人员文件联系	环境卫生	物流作业

4 道路甩挂运输组织主体

4.1 道路甩挂运输组织主体的一般形式

从道路甩挂运输的实施主体看，甩挂运输可仅局限于某个运输企业内的某个单元，如某交通运输企业（集团）依托其合适的某个子公司开展甩挂运输业务；甩挂运输可在某个运输企业的范围内得以开展，如由传统的道路运输企业转型而来主要从事甩挂运输业务的运输企业；甩挂运输可在运输企业集团的范围内得以开展，此时甩挂运输业务可由运输企业集团的多个分、子公司通过科学合理的分工（如专门从事市场营销业务的分、子公司，专门从事牵引车调度运营的分、子公司，专门从事挂车运营维护的分、子公司等）加以实现；甩挂运输可在运输企业动态联盟的范围上得以开展，此时甩挂运输业务可由多个运输企业通过有效的战略联盟、协作机制和科学合理的分工（如专门从事牵引车调度运营的运输企业，专门从事站场管理的运输企业等）加以实现。

4.2 道路货物运输企业的伪超循环结构及其作用

4.2.1 超循环与伪超循环简介

超循环（Hyercycle）理论是由 1967 年诺贝尔化学奖获得者之一的 Manfred Eigen 于 20 世纪 70 年代创立的，是从生物进化机理研究中得出的具有一定普适性的自组织理论。超循环理论在遵循物理学普遍原理的同时，具备良好的数学理论基础。简而言之，超循环就是以催化循环为基本单位，通过功能耦合所构成的循环圈。

在生物化学领域，超循环是以（二级或更高级的）非线性自催化为基础的。超循环使一组功能上耦合的自复制体整合起来并一起进化，由于是一种具有独特性质的抽象的非线性反应网络模型，人们可方便地使用各种数学工具对其进行分析处理。

Manfred Eigen 在创立超循环理论时特别指出，“在神经组织和社会组织中，也存在超循环的组织形式，超循环理论的许多结论，不仅具有自然科学意义，而且具有社会科学意义”。

如果将人类所建立的各门学科的各种基本理论进行提炼升华并将其核心思想统一起来，则可获得哲学范畴的一些东西。所以，Manfred Eigen 在创立超循环理论时认为超循环理论具备社会科学意义是有道理的。但在把各门学科的各种基本理论进行提炼升华的同时，不同学科的个性化的技术处理过程被忽视了。以超循环理论为例，超循环的观点表明：人类应注意循环和交叉使用系统内部以及系统与环境的物流、能流和信息流，注意多渠道、多思路的交叉创新，注意多层次的交叉循环，注意歧见、成见多样性的作用，这些观点有助于从宏观层面、思想层面指导社会实践活动；但是，超循环理论所用的基本分析方法，特别是大量借助非线性微分方程等数学工具，却很难直接应用于社会实践活动。毕竟，我们对于经济社会实践的观察总是离散的、统计意义上的，观察的结果往往难以符合微分方程等数学工具运算过程的前提条件。

迄今为止，国内外学者对于超循环的研究体现为两个主要的方面：一是针对超循环理论所涉及的数学处理过程的推导分析和数值模拟，这以国外的研究为众，国内的研究不多；二是针对超循环理论在经济社会领域的应用分析，特别是针对超循环思想观点与实践的结合途径的分析，这以国内的研究为众，国外的研究不多。

可见，在将超循环理论，特别是超循环理论所涉及的数学处理方法应用于实践时，国内外学者均意识并认可了基本理论与应用实践之间的鸿沟，这也从一定程度上表明了学术研究中逻辑推理的严密性。即有的研究为我们开展工作提供了良好的基础，我们尝试将超循环理论所涉及的数学处理方法应用于经济现象的分析过程，为此，提出“伪超循环”的概念，以在基本理论与应用实践之间的鸿沟上架设一种过渡方式。超循环和伪循环的比较如表 4-1 所示。

按照概念提出的背景，“伪超循环”脱胎于生物化学中的超循环概念，汲取了超循环的思想精华，但是，“伪超循环”绝不是严格意义上的超循环，它难以满足超循环理论的诸多数学工具分析处理过程的基本要求。另外，“伪超循环”现象更多地表现在经济和社会实践领域中，在表现着超循环表面现象的同时，内在运行机理的刻画手段却与超循环有很大的差异。

伪超循环概念的确定，有利于以下工作的开展：

首先，这个概念可作为化解自然科学基本理论与经济管理科学应用研究之间差异的一种手段，有助于为应用研究提供理论支撑，也有助于逻辑推理严密性的加强。

其次，在应用伪超循环的概念建立相关模型、定量地分析经济社会现象时，必然提出并回答实践中的一些问题，这些问题的分析过程很可能向自然科学基本理论提出新问题。

最后，伪超循环的概念源于超循环概念，生物化学中研究超循环现象所用的技术手段可为经济社会实践应用研究提供新思路。

一般地，伪超循环使相互之间能够产生要素流动联系的生产单元整合起来并协同发展，伪超循环以经济社会实践中的生产单元间的相互作用为基础，通过分布于不同领域或经济地域上的经济要素间的投入产出联系，形成循环圈。由于投入产出联系的广泛性、重叠性、反馈性，经济领域中的伪超循环通常表现为网络模型。

表 4－1　　超循环和伪超循环的比较

<table>
<tr><th>对比项目</th><th>对比项目细分</th><th>超循环</th><th>伪超循环</th></tr>
<tr><td rowspan="4">研究范畴</td><td>针对的现象</td><td>生命起源</td><td>经济现象产生与运行机理</td></tr>
<tr><td>初始解释</td><td>核酸和蛋白质之间表现为因果关系相当于“封闭圈”，即“循环”的一个复杂的等级组织</td><td>将各种经济要素之间的投入产出联系看做因果关系，这些错综复杂的关系形成层级结构</td></tr>
<tr><td>专业理论基础</td><td>物理学、生物化学</td><td>经济学（产业经济学）、管理学</td></tr>
<tr><td>技术方法基础</td><td>非线性微分方程、博弈论、概率论、不动点分析等数学工具</td><td>计量经济学、统计学</td></tr>
<tr><td rowspan="4">基本条件</td><td>存在的意义</td><td>实现蛋白质和核酸的相互合作，促使生命信息的起源和进化</td><td>实现经济要素的相互作用，促使经济现象产生和发展</td></tr>
<tr><td>主要组成</td><td>反应循环、催化循环和超循环三级循环</td><td>投入产出关联</td></tr>
<tr><td>形成原理</td><td>只要循环中有一个环节是自复制单元，此循环就能表现出超循环的特征</td><td>经济各部门间投入（消耗）和产出（产品）之间存在均衡关系，某些经济部门内也存在类似的均衡关系</td></tr>
<tr><td>进化条件</td><td>①以负熵流推动结构的新陈代谢；②以复制能力使系统信息得以积累遗传；③以单元间功能耦合保证结构的存在和发展</td><td>①以自然、社会环境的负熵流推动经济结构的改变；②以相对稳定的生产工艺使经济系统得以累积发展；③以部门间投入产出关联保证经济结构的稳定和发展</td></tr>
</table>

续　表

对比项目	对比项目细分	超循环	伪超循环
基本特征	稳定性	自复制的相似性越强，单向耦合强度越大，组织维护自我、保持稳定性的机会就越多，被其他组织或结构代替的可能性就越小，适应环境、替代其他组织或结构的可能性就越大	生产工艺相对稳定（即使出现技术创新也是温和的），部门间的关联紧密，经济系统保持稳定的概率就高，发生大的经济变革的可能性就小
	耦合性	超循环通过功能耦合，将相互联系的、具有不同功能的子循环聚集成一个循环联系网络，稳定地、受控制地共存，相干地生长和进化	伪超循环通过部门间的投入产出关系，将不同的经济部门聚集为联系网络（网路上有大量的环），使不同部门共生、发展
演化	演化特征	超循环作为一种进化机制，是自然产生的，不需要任何外部驱动，通过超循环的自复制能力和单元间的耦合强度，保持原有特性；同时利用复制差异、内在随机性和外界环境扰动进化发展	伪超循环作为一种经济运行机理，是社会分工的产物，通过伪超循环的相对稳定的生产工艺和经济部门间的密切联系，保持原有状态；同时利用生产工艺改进、内外的随机扰动实现进步发展
	演化途径	①渐进演化。是一种在不打破原结构情况下的演化方式；②突变演化。稳定的超循环结构会经过失稳阶段而进入以不稳定为特征的结构转化期，在新旧结构的交替时期，新结构有了更大的优化选择余地，各种要素和关系通过协同作用建立起新的结构	①渐进模式；②突变模式；③混合模式

4.2.2 道路货物运输企业的伪超循环结构

1. 道路货物运输企业伪超循环结构的形成基础

(1) 由各产业部门组成的国民经济系统中存在数量可观的伪超循环结构

在经济活动中，各产业都需要其他若干产业的产出，以满足其进行生产活动的生产要素需求，同时，又把自己的产出作为一种市场供给提供给其他产业，这就形成了“一对多”、“多对多”的错综复杂的供需关系。若将每个产业部门看做节点（Vertex），部门之间所发生的投入或消耗关系看做边（Edge），则基于国民经济各个产业部门之间的投入产出关系，可建立投入产出关联网络模型，可抽象为由点集 V、边集 E、权集 W 组成的网络 $G=\{V, E, W\}$。其中，点集 V 由所有产业部门组成，网络的节点数记为 $N=\|V\|$。边集 E 由产业部门之间联系的边组成，即如果部门 i 对部门 j 有投入关系，则在部门 i 和部门 j 之间存在一条由部门 i 指向部门 j 的有向边 e_{ij}；如果部门 i 对部门 j 没有投入关系，则有向边 e_{ij} 不存在，其中 i，$j\in\{1, 2, \cdots, N\}$。由于部门之间的投入与消耗在量上有明显的差异，所以边权集 $W=\{w_{ij}\}$ 在该网络模型中表达着重要的信息，其中 w_{ij} 就是部门 i 和部门 j 之间的实际投入量或消耗量（实物量/价值量），绝大多数情况下 $w_{ij}\neq w_{ji}$。此外，有些部门对本部门的产品也有消耗（$w_{ii}\neq 0$），也即该网络中存在自环。以我国现行的 2002 年 42 部门价值型投入产出表为例，我们随机选取第一、第二产业的六个部门，按照以上定义方式形成一个网络图（如图 4－1 所示）示例。可见，投入产出关联网络模型（网络 G）是带有自环的、有向、加权网络。实际上，根据本文给出的伪超循环概念及其产生条件，投入产出关联网络模型包含着大量的伪超循环结构。这些伪超循环结构展现了经济要素的相互作用，并成为社会生产和再生产活动产生和发展的关键内在动因。

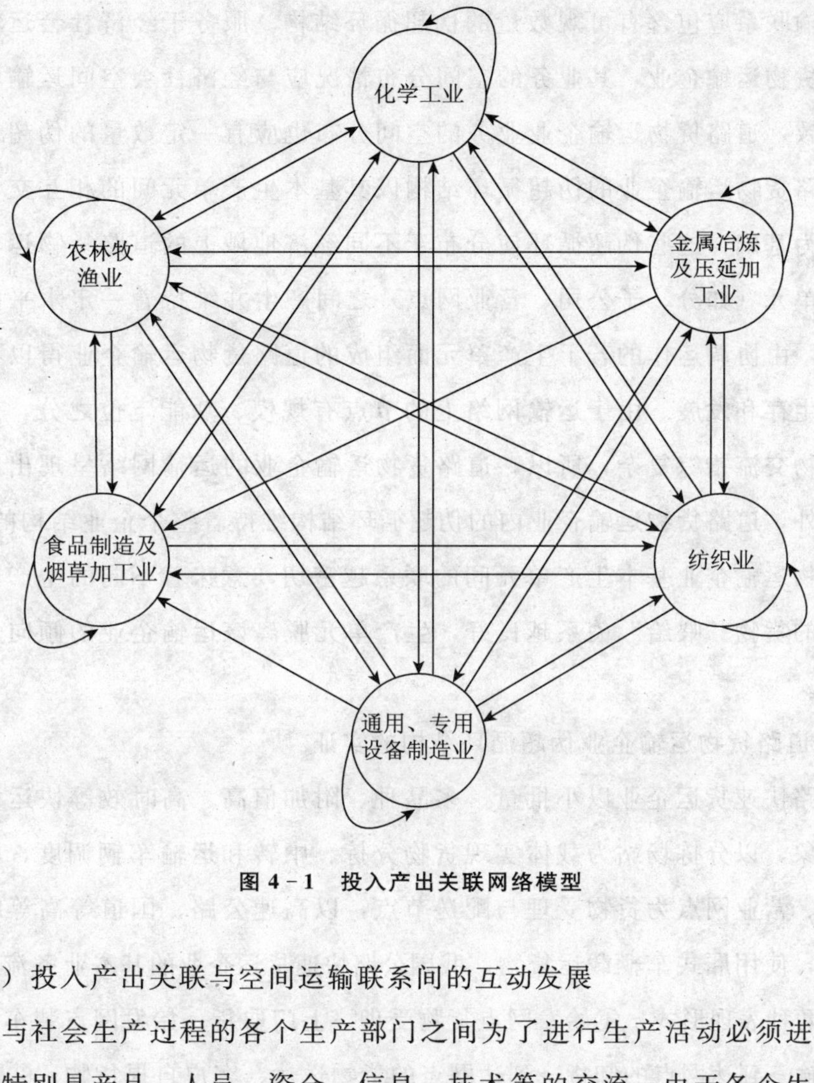

图 4-1　投入产出关联网络模型

(2) 投入产出关联与空间运输联系间的互动发展

参与社会生产过程的各个生产部门之间为了进行生产活动必须进行各种联系，特别是产品、人员、资金、信息、技术等的交流。由于各个生产部门分布在不同的空间区域，部门之间的联系必然要求空间转移，从而使各部门之间在空间上形成种种联络路线。从其演变过程看，经济活动的专业化分工及其空间分布和空间运输联系及运输网络的布局之间存在密切的互动关系。

既然国民经济各产业部门之间的投入产出关联中有数量可观的伪超循环结构、投入产出关联与空间运输联系之间体现出密切的互动作用机制，那么空间运输联系应包含有可观数量的伪超循环结构。服务于经济社会运输需求的道路货物运输企业，其业务的空间分布情况应与经济社会空间运输联系状况相一致，道路货物运输企业业务的空间分布也应有一定数量的伪超循环结构。道路货物运输企业的伪超循环结构以其基本生产单元间的相互交流和协调配合为基础，这些伪超循环使分布于不同经济地域上的道路货物运输企业的生产单元（如分、子公司、营业网点）之间产生并维持着一定水平的货物交流量，由协调运作的若干生产单元而组成的道路货物运输企业得以在运输市场上生存和发展。由于运输网络上的节点有规模、功能定位之分，节点之间的货物交流错综复杂，所以，道路货物运输企业的运输网络呈现出层级结构。此外，道路货物运输企业内的伪超循环结构维持着整个企业结构的稳定，道路货物运输企业基本生产单元间的联系越密切，意味着不同的生产单元之间存在的货物“喂给”关系越良好，生产单元脱离该运输企业的倾向性就越不明显。

2. 道路货物运输企业伪超循环结构的实证

公路快速货运企业以小批量、多品种、附加值高、高时效等快运货物为服务对象，以分拣场站为载体实现货物分拣、中转和运输车辆调度，以地方分支机、营业网点为货物受理与配送节点，以高速公路、国道等高等级公路为纽带，使用厢式车辆载运货物。我国公路快速货运企业的基本业务流程主要有以下两种表现形式：①始发网点货物受理、上门取货→始发网点装车发运→干线运输→到达网点的卸货→到达网点的货物送达、客户自提货物；②始发网点货物受理、上门取货→始发网点装车发运→干线运输→分拨场站的装卸分拣作业→干线运输→到达网点的卸货→到达网点的货物送达、客户自提货物。从空间维度看，第①种形式仅发生于两个网点之间，运输组织方式简单，是众多专线运输企业选择的运输组织模式；第②种形式涉及多个网点和分拨场站，形成了网状的运输组织形式（多数情况下表现为以分拣场站为根节点的树状结构)。对公路快速货运企业的供给能力而言，在第①种形式下供给能力是网点受理能力与干线车辆运输能力的较小值；在第②种形式下供给能力是网点受理能力、分拨场站的装卸分拣能力和干线车辆运输能力的最小值。

这里以山东省某中小型公路快速货运企业（简称为“SDXX”）为实证分析对象，其基本状况如下：该企业属于股份制企业，成立于 2003 年 12 月。截至 2008 年 12 月，该企业在山东省（下辖济南、德州、聊城、泰安、莱芜、济宁、菏泽、枣庄、临沂、日照、青岛、烟台、威海、潍坊、淄博、滨州、东营等 17 个地级市）的 16 个地市设立了分、子公司，每天使用 12 台 8T 车和 4 台 17T 车进行干线运输。

以 SDXX 的济南分公司与其他分、子公司间货物发送、到达量（使用 2005 年 9 月 1 日至 2007 年 6 月 29 日的每天的数据）的因果关系计算为例（如表 4－2 所示），可见，济南分公司的货物发送量是青岛、菏泽、潍坊分公司货物到达量的 Granger 原因。不妨认为：济南分公司的“投入”（即经济社会的货物运输需求投向该企业的部分）与青岛、菏泽、潍坊分公司“产出”（即该企业经过作业过程向经济社会产出的货物运输服务）之间存在密切的关联关系。依据同样思路，将 SDXX 的所有分、子公司之间的货物发送、到达量之间的 Granger 因果关系进行发掘，结果如表 4－3 所示。

表 4－2　SDXX 的济南分公司与其他分、子公司间货物发送、到达量的因果关系

货物发、到的分、子公司		序列类型	ADF 检验值	显著水平（1%）	因果关系：济南公司的发送量是××公司到达量的 Granger 原因
装车公司：济南		I（0）序列	－9.678475	－3.4451	
卸车公司	青　岛	I（0）序列	－5.834890	－3.4451	yes
	日　照	I（0）序列	－7.426128	－3.4464	no
	淄　博	I（0）序列	－5.492413	－3.4466	no

续　表

货物发、到的分、子公司		序列类型	ADF 检验值	显著水平（1%）	因果关系：济南公司的发送量是××公司到达量的 Granger 原因
卸车公司	东　营	I（0）序列	－8.326662	－3.4469	no
	滨　州	I（0）序列	－4.678109	－3.4465	no
	泰　安	I（0）序列	－6.750090	－3.4466	no
	德　州	I（0）序列	－5.532645	－3.4456	no
	菏　泽	I（0）序列	－6.223791	－3.4455	yes
	临　沂	I（0）序列	－6.031464	－3.4467	no
	枣　庄	I（0）序列	－7.901966	－3.4458	no
	聊　城	I（0）序列	－7.233248	－3.4463	no
	济　宁	I（0）序列	－8.276425	－3.4451	no
	莱　芜	I（0）序列	－8.619960	－3.4453	no
	潍　坊	I（0）序列	－7.931807	－3.4457	yes
	烟　台	I（0）序列	－6.785363	－3.4459	no

表 4－3　SDXX 的所有分、子公司之间的货物发送、到达量之间的 Granger 因果关系

到达 发送	滨州	德州	东营	菏泽	济南	济宁	莱芜	聊城	临沂	青岛	日照	泰安	潍坊	烟台	枣庄	淄博
滨州	y								y				y	y		
德州									y							
东营	y			y		y			y	y			y	y	y	y
菏泽			y										y			
济南				y						y			y			
济宁				y						y						
莱芜	y			y	y											y

续 表

到达 发送	滨州	德州	东营	菏泽	济南	济宁	莱芜	聊城	临沂	青岛	日照	泰安	潍坊	烟台	枣庄	淄博
聊城								y				y				
临沂		y	y										y	y		
青岛										y				y		
日照										y			y	y		
泰安	y			y		y	y									y
潍坊	y	y							y	y	y	y		y		y
烟台	y	y		y					y	y		y	y	y		y
枣庄										y						
淄博	y						y					y		y		y

使用各个公司发送量与其他公司的到达量之间是否存在因果关系，构建网络（如图 4－2 所示）。

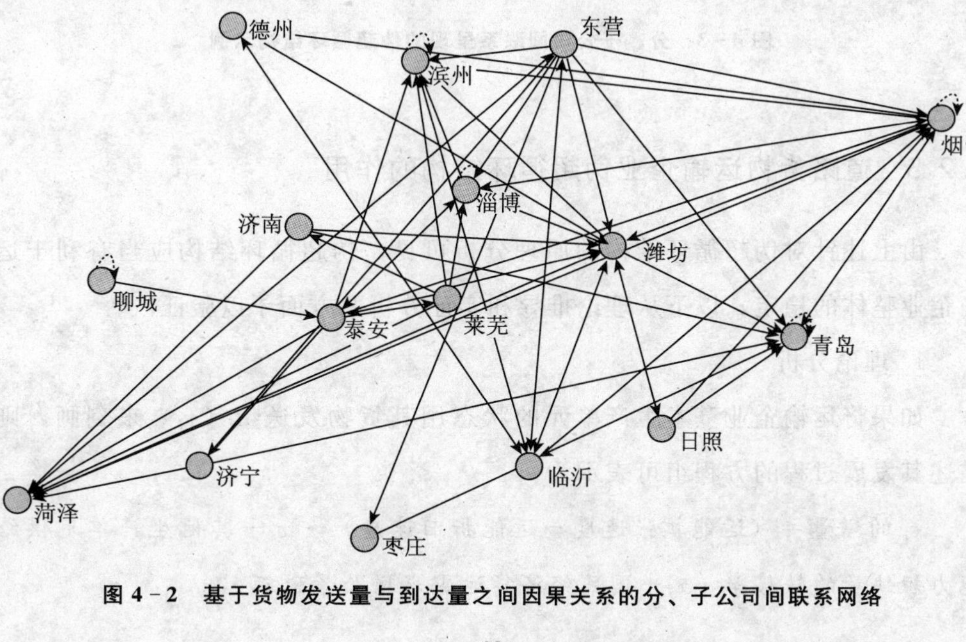

图 4－2 基于货物发送量与到达量之间因果关系的分、子公司间联系网络

不难发现，在该企业的运输业务分布网络中，存在一些一般形式的循环圈结构，如烟台—德州—临沂—烟台循环，也存在一些伪超循环的结构，如烟台—青岛超循环、烟台—滨州超循环、烟台—淄博超循环（如图 4－3 所示）。

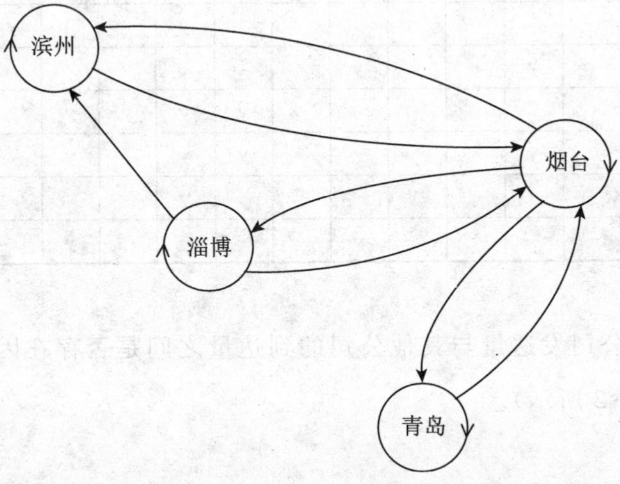

图 4－3　分、子公司间联系呈现的伪超循环结构示例

4.2.3　道路货物运输企业伪超循环结构的作用

由上述针对伪超循环结构的原理分析可见，伪超循环结构应当有利于运输企业整体的稳定，以下从理论推导和实证分析两方面予以验证：

1. 理论分析

如果将运输企业基本生产单元的状态用其货物发送量（x_i）来刻画，则描述其发展过程的方程组可表示为：

x_i 的增量＝（运能扩张速度－运能折旧速度）・x_i＋其他生产单元供给能力短缺量的转移率・x_j＋国民经济货运需求增长量配额・x_i

所以，

$$x_i\ (t) = \int_0^t [\ (\text{运能扩张速度}-\text{运能折旧速度})\ \cdot x_i + \text{其他生产单元供给能力短缺量的转移率} \cdot x_j + \text{国民经济货运需求增长量配额} \cdot x_i]\ \mathrm{d}t$$

可见，该方程组的形式与生物化学领域的进化方程很类似。不同的是，生物化学领域的进化方程可借助数学工具进行理论上的较为严密的推导分析，而这里的演化方程中很多参数的确定需借助统计、参数估计手段加以确立，并主要借助数值模拟的方式进行分析。

x_i 由三部分组成：固有部分，由于环境影响而产生的部分，由于其他生产单元影响而产生的部分。以 i 和 j 两个生产单元为例，其相互作用过程可简单表示为图 4-4。由于 x_i 和 x_j 是对称的，我们只考察其中之一即可。为简化，不妨认为 D_i、D_j 均为小于 1 的常量。

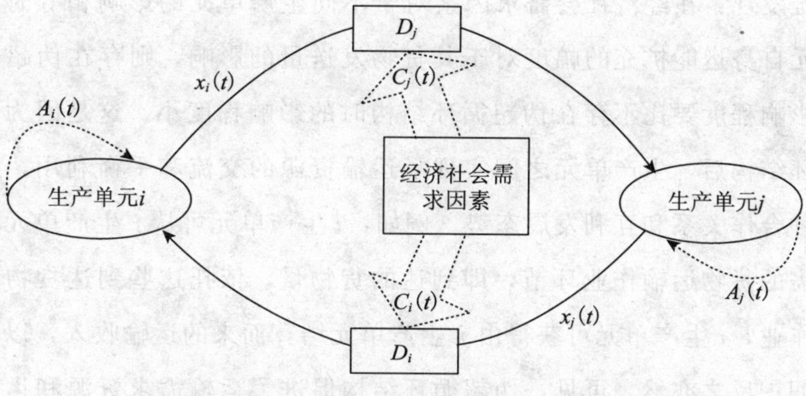

图 4-4　货运企业两个生产单元之间相互作用过程

考虑经济社会需求因素对于不同生产单元的影响相似甚至相等的情况，也即当 $D_iC_i\ (t) = D_jC_j\ (t)$ 时，

①在形成伪超循环的状态下，两个生产单元的货物发送量分别为：

$x_i\ (t) = A_i\ (t) + D_iC_i\ (t) + D_ix_j\ (t)$

$x_j(t)=A_j(t)+D_jC_j(t)+D_jx_i(t)$

则 $(1+D_i)x_j(t)-(1+D_j)x_i(t)=A_j(t)-A_i(t)$

所以有 $x_j(t)=\dfrac{A_j(t)-A_i(t)+(1+D_j)x_i(t)}{1+D_i}$

增长率 $\dfrac{\mathrm{d}x_j(t)}{\mathrm{d}t}=\dfrac{\mathrm{d}(A_j(t)-A_i(t))+(1+D_j)\mathrm{d}x_i(t)}{(1+D_i)\mathrm{d}t}$

②当两个生产单元之间没有形成超循环结构时，不妨将两个生产单元的货物发送量分别表示为：

$x_i(t)=A_i(t)+D_iC_i(t)$，$x_j(t)=A_j(t)+D_jC_j(t)+D_jx_i(t)$

此时 $x_j(t)-(1+D_j)x_i(t)=A_j(t)-A_i(t)$

所以有 $x_j(t)=A_j(t)-A_i(t)+(1+D_j)x_i(t)$

增长率 $\dfrac{\mathrm{d}x_j(t)}{\mathrm{d}t}=\dfrac{\mathrm{d}(A_j(t)-A_i(t))+(1+D_j)\mathrm{d}x_i(t)}{\mathrm{d}t}$

不难发现：在经济社会需求因素对于不同生产单元的影响相等时，考察生产单元自身运能扩充的幅度对于其货物发送量的影响，则存在伪超循环结构时的影响程度要比不存在伪超循环结构时的影响程度小。这是因为，形成伪超循环结构后，生产单元之间实现了运输资源的交流和平衡利用，从而形成了一种合作关系和互利发展态势。例如：i 生产单元可从 j 生产单元处获取自己所需的货物运输作业环节，即到达的货物量，依托这些到达货物开展末端配送作业，i 生产单元可获得由 j 生产单元结算而来的运输收入，以形成一部分利润；反之亦然。可见，伪超循环结构促进了运输需求资源和运输效益在运输企业内部生产单元之间的均衡，有利于运输资源利用率的最大化。一旦这样的均衡状态得以形成，生产单元的运能利用率达到较高水平，则这种伪超循环结构就具备了稳定发展的条件。

2. 实证分析

对于货物运输企业而言，保持相对稳定的市场占有率和业务空间分布状态，有利于企业维护良好的客户关系资源、制订并遵循相对稳健的运能资源调度配置方案。所以，货物运输企业应力求其运输网络在适应市场变化环境下的稳定状态。公路货物运输企业一旦培育并确立了某条线路上的班次及运力配备，就需要尽可能地稳定货源，保证车辆的实载率。运输网络上有很多节点和班线运营线路，要确保运输网络的稳定，就需要节点之间货物交流量的稳定。

一般地，可从实载率、企业运营绩效等方面比较伪超循环结构出现前后所起的作用，考虑到上述实例的现实背景，以下采用云理论的相关概念考察伪超循环结构对于运输企业保持稳定发展的作用。云模型及其所设计的一些概念，特别是云的数字特征（包括期望值 Ex、熵 En 和超熵 He），有助于对时间序列随机性的考察。

云是用语言值描述的某个定性概念与其数值表示之间的不确定性转换模型，云模型是定性定量间转换的不确定性模型。设 U 是一个论域 $U=\{x\}$，T 是与 U 相联系的语言值。U 中的元素 x 对于 T 所表达的定性概念的隶属度 $C_T(x)$（或称 x 与 T 的相容度）是一个具有稳定倾向的随机数，隶属度在论域上的分布称为隶属云，简称为云。

$C_T(x)$ 在 $[0,1]$ 中取值，云是从论域 U 到区间 $[0,1]$ 的映射，即：

$$C_T(x): U \to [0,1], \forall x \in U, x \to C_T(x)$$

云的几何形状有助于理解定性与定量间转换的不确定性：第一，所有 $x \in U$ 到区间 $[0,1]$ 的映射是一对多的转换，x 对于 T 的隶属度是一个概率分布而非固定值，从而产生了云（不是一条明晰的隶属曲线）。第二，云由许多云滴组成，一个云滴是定性概念在数量上的一次实现，单个云滴可能无足轻重，但云的整体形状反映了定性概念的基本特征。第三，从模糊集理论的观点看，云的数学期望曲线（Mathematical Expected Curve，MEC）是其隶属曲线。第四，云的“厚度”是不均匀的，腰部最分散，“厚度”最大，而顶部和底部会聚性好，“厚度”小。云的“厚度”反映了隶属度的随机性的大小，靠近概念中心或远离概念中心处隶属度的随机性较小，而离概念中心不近不远的位置隶属度的随机性大。

云的数字特征用期望值 Ex（Expected Value）、熵 En（Entropy）、超熵 He（Hyper Entropy）三个数值来表征。云模型的三个数字特征值把模糊性（定性概念的亦此亦彼性）和随机性（隶属度的随机性）完全集成到一起，构成定性和定量相互间的映射。

期望值 Ex：是概念在论域中的中心值，是最能代表这个定性概念的值，它100%地隶属于这个定性概念。

熵 En：是定性概念模糊度的度量，反映了在论域中可被这个概念所接受的数值范围，体现了定性概念亦此亦彼的裕度。熵越大，概念所接受的数值范围也越大，概念越模糊。

超熵 He：即熵 En 的熵，反映了云滴的离散程度。超熵越大，云滴离散度越大，隶属度的随机性越大，云的“厚度”也越大。

给定符合某一正态云分布规律的一组云滴作为样本（x_i，μ_i），产生云所描述的定性概念的三个数字特征值（Ex，En，He），即从定量到定性转换的软件或硬件实现称为逆向云发生器。逆向云发生器算法如下（式中 *mean*（）、*stdev*（）分别表示求均值和标准差的函数）：

（1）$Ex = mean(x_i)$

（2）$En = stdev(x_i)$

（3）$En'_i = \sqrt{\dfrac{-(x_i - Ex)^2}{2\ln(\mu_i)}}$；$He = stdev(En'_i)$

由于各个分、子公司的运力在考察期内保持不变，货运量不会超过运力的最大值，货运量呈现出随机波动状态。从货物发送、到达量数据序列的演变趋势看，这样的时间序列不具备计算云模型数字特征的条件，必须预先做些处理。

记时间序列为 a_j（$j=1, 2, \cdots$），时间序列中所有数值的总和记为 A，时间序列的均值记为 $\bar{a}$。根据该均值取与其最接近（甚至完全相等）的 a_m，选取一个数值 Δ（为保证后续数据区间的数量，Δ 一般较 a_m 要小得多）。使用 a_m 和 Δ 构造若干个数据区间：$\cdots$，$[a_m-(k+1)\Delta, a_m-k\Delta]$，$\cdots$，$[a_m-\Delta, a_m]$，$[a_m, a_m+\Delta]$，$\cdots$，$[a_m+k\Delta, a_m+(k+1)\Delta]$，$\cdots$，设时间序列 a_j 中落在数值区间 $[a_m-(k+1)\Delta, a_m-k\Delta]$ 上的数据个数为 n_{k+1}，这样，与数据区间 $[a_m-(k+1)\Delta, a_m-k\Delta]$ 的中值 $a_m-(k+0.5)\Delta$ 对应的时间序列 a_j 在该区间上的出现概率为 $n_{k+1}/\sum n_{k+1}$。通过这样处理，可以得到 (x_i, μ_i) 形式的一系列数组，其中 x_i 为数据区间的中值［如 $a_m-(k+0.5)\Delta$］，μ_i 为时间序列 a_j 在该预定区间上的出现概率（如 $n_{k+1}/\sum n_{k+1}$）。不难发现，这里所进行的计算过程与云模型基本原理有所差异：这里用数据的出现概率代替了云模型中的隶属度，显然这里的“隶属度”不可能达到最大值 1。但是，统计数据处理结果显示，这里的“隶属度”仍表现出正态分布曲线的形态（但与正态分布有明显区别）。

根据逆向云发生器算法，可计算云模型的数字特征估计值（如表 4-4 所示）。

表 4-4　　时间序列基于云理论的计算结果

云模型数字特征值 / 统计数据序列	Ex	En	He	He/Ex
整个企业总到达量	107860	22804	3554	0.033
去掉伪超循环后的总到达量	78400	19916	3077	0.039
整个企业总发送量	104830	22804	3445	0.033
去掉伪超循环后的总发送量	73650	18184	2793	0.038

在进行不同时间序列的 Ex 与 En 对比时，其意义是明确的：Ex 能够反映出时间序列的一般水平（即每天货物量的平均水平），En 能够反映出时间序列的变动状况（即每天货物量的波动范围），而 He 的计算结果要受到 Ex 水平的影响。为便于直接进行横向对比，考虑以 He/Ex 的方式消除 Ex 的影响，He/Ex 是一个相对数，无量纲。

可见，伪超循环结构上的分、子公司的货物发送、到达量，对于整个企业的货物发送、到达量而言具有稳定作用。

4.3 传统道路运输企业的集团化

所谓传统道路运输企业，在我国更多地是国有运输企业。由于历史延续，这类企业都积累了大量的资源，包括车辆装备、货运站场等有形资产和人力资源、运营网络、企业信誉、知名度以及管理经验等无形资产，这些存量资源都是非常可观的经营基础条件。伴随着改革开放以来市场经济体制建设过程，大多数道路运输企业按照现代企业制度成立或已进行过改制，部分道路运输企业的国有资本仍处于控股地位。改革开放三十多年来，道路运输企业改革与发展取得了明显的成绩，但与其他行业相比，道路运输企业在规模、品牌、效益方面还存在很大差距。货运业的发展，尤其是用现代物流的理念整合资源、改造传统的货运业务方面，尚欠缺跨越式的步伐。

传统道路运输企业具有较好发展基础，但由于长期以来形成的经营观念、管理体制滞后等方面的原因，虽然近年来通过拓宽经营范围，取得一定进展，但总体经营状况不佳。另外，由于大量小型、民营个体运输企业的存在，使道路运输企业整体呈现出多、小、散、弱的局面，无法形成规模优势。主要表现为以下几个方面：

首先，运力结构不合理。目前，道路运输市场处于买方市场，由于供需不平衡，导致货运车辆空驶严重，运力浪费明显；部分车辆严重超载，道路损坏严重，存在较大安全隐患；货运运价偏低，形成恶性竞争。从营业性车辆结构看普通货车比重过大，专用货车比重偏小，中型货车比重较大，重型货车比重过小。车辆结构性矛盾与国民经济和社会发展不适应。

其次，站场建设相对滞后，经营管理方式落后，信息化程度较低。道路运输站场作为基础设施，具有投资大、收益低、回收期较长等特点。以前，在投资上，主要以国家投资为主、企业投资为辅，企业受到投资收益及资金限制，独立投资建站较少，由于投资渠道单一，资金受限，影响了站场建设速度。主要表现在：有规模的货运站场和区域物流中心建设相对滞后，数量较少，现代化程度低，不适应现代道路货运及现代物流发展的需要。经营管理落后、信息化水平低，主要表现为已有站场仍采用传统的运营模式和管理方式，管理水平落后，信息化程度较低，站场功能发挥不足。

最后，运输市场集中度低，整体竞争力不强。主要表现为多、小、散、弱。道路运输业虽已形成国有、集体、民营、个体、外资等多种经济成分并存的格局，但民营、外资等经济成分由于受体制、政策等因素影响，市场占有率低，发展速度较慢。国有运输企业在市场中仍处于主导地位，但国有企业由于历史等原因虽占有一定市场资源，由于受体制、机制等因素影响，发展缓慢，赢利能力较差，致使整个运输市场主体多、小、散、弱，市场集中度较低，整体竞争能力不强。究其原因，一是社会生产力水平和社会化大生产程度低的直接结果；二是计划经济向市场经济体制转型过程的必然产物。由于道路运输业具有投资少、见效快、易操作等特点，道路运输市场放开后，市场投资多元化，准入标准的降低使社会剩余劳动力和资本发生转移，致使多种经济成分快速进入道路运输行业。从体制和主观上看，一方面，市场主体投资实行市场化运作与运输市场资源配置实行计划配置相互矛盾；相应配套改革措施不完善、不到位，管理方式方法不适应市场经济规律，造成各种经济成分在市场资源占有上不平衡；另一方面，国有运输企业管理体制和经营机制与市场经济体制不适应，尚未真正建立起与市场经济体制相适应的现代企业制度，企业内部没有形成规范的法人治理结构，管理思想和方式仍然落后，导致机制不灵活，活力不足。

4.3.1 我国企业集团发展的总体背景

就其理论意义而言，国内外学者从不同的角度、运用不同的方法对企业集团及其相关问题进行了广泛的研究，并取得了丰硕的成果。企业集团这种法人联合体的组织形态，在调整企业集团规模和范围、提高整体经营效率上有其异于单个企业的做法，即不是通过要素交易来实现，而是借助频繁的企业组织交易来完成，衍生出一系列值得研究的问题。我国学术界近年来掀起了公司治理研究的热潮，但有关公司治理问题方面的研究主要针对单一企业而言，不涉及多个单一企业的治理和相互间的协调问题。而对于作为多个法人联合体的企业集团的关注主要集中在财务、多元化经营、规模与边界等问题上，涉及公司治理方面的问题散见于其中。

从实践的角度来讲，当今世界国与国之间的竞争集中体现在经济实力的竞争，国家的经济实力又是通过企业实力，特别是大企业和企业集团的经济实力来体现。世界500强集中显示了发达国家的经济竞争力。综观世界主要经济发达国家的发展历程，无不依靠该国的企业集团尤其是大型企业集团的发展、壮大，人们往往把一国企业集团的兴衰看做是国家经济实力兴衰的象征。

中国是一个独特的处于经济社会转型期的国家，其经济转型的过程不仅包括了从计划经济向市场经济的转变，而且包括了从农业社会向工业社会的转变以及从封闭社会向开放社会的转变。在中国经济转型过程中出现的大量企业集团在中国经济高速发展中发挥了显著的作用。中国作为一个发展中国家，经济竞争力不够强，关键在于缺乏世界级水平的大企业、大公司。要提高国际竞争力，就必须发展我国自己的“经济航母”，就必须贯彻执行党中央“抓大放小”的方针，发展一批大企业集团。我国已经走过了多年的组建和发展企业集团的历程，也形成了一批有一定技术创新能力、有一定市场开拓能力、有一定经营管理能力、劳动生产率和净资产收益率等主要经济指标都接近或达到国际同行业先进水平、规模效益稳定、具有持续的赢利能力和抗御风险能力的大型企业集团。但是，在我国企业集团中存在的问题依然显而易见，主要表现在：缺乏竞争力、运作不规范、效益差等方面。组建企业集团必然要求相关企业在管理方面做出创新性举措。企业管理创新是企业根据市场和社会环境的变化，重新整合人才、资本和技术等要素，以适应、满足和创造市场需求，达到自身的经济效益目标和完成社会责任的过程。也即，根据市场经济条件下企业生产经营的客观规律和现代科技的发展态势，对传统的管理模式及相应的管理方式方法进行改进、改革，创建新的管理模式、方式和方法。企业的管理创新可归结为一个将资源从低效率向高效率使用转化的过程。

4.3.2 博弈模型的前提

前提1：仅以两个不同的道路运输企业为分析对象的做法具有普遍意义。

实践中，即使是在同一个经济地理空间范围内，道路运输企业数目也是可观的。在理论分析中，为使分析过程简洁、经济，可以只取两个道路运输企业为分析对象。为使这样的处理方式具备普遍意义，可以从如下角度给出解释：在同一个经济地理空间范围内，总可以采取一定的评价指标和评价方法对众多的道路运输企业进行排序，根据排序的结果以及企业的实际情况，按照同样的标准（如企业生产过程的相似、企业网络的重叠程度、企业客户群的类同等）对所有企业进行分类定位，分类定位过程中融入自相似的特点。

根据这种思路得到的道路运输企业分类结果可如图 4－5 所示。所以，在这样的研究方式下，以两个不同道路运输企业为分析对象的做法具备代表性。

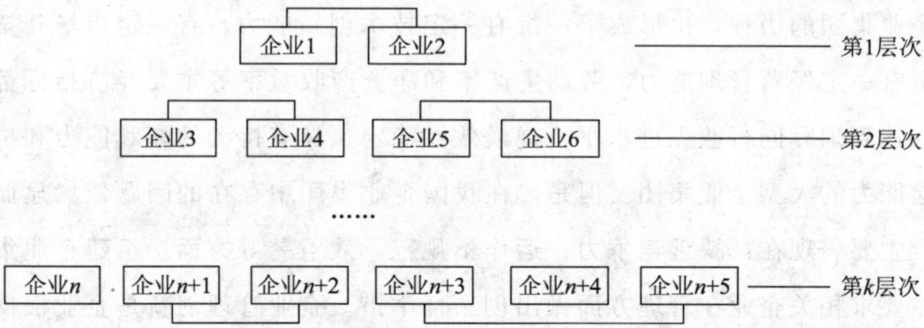

图 4－5　众多道路运输企业排序后的层次分布

前提 2：作为运输市场主体的一种表现形式的道路运输企业，其单位运量的成本变化趋势可用幂函数表示。

无论从理论推导还是从统计数据看，都呈现出运输成本与运输量时间序列之间的“单位运量的运输成本是运量的减函数”的特点，这种减函数可以用幂函数 $y=j\cdot x^{-\lambda}$（$0<\lambda<1$，λ 为常数）予以表达。

前提 3：道路货运市场上的货运服务价格可用运量的幂函数表示。

根据一般的运输经济规律，道路运输企业通过其运力，在市场上能够提供并实现的运量越多，市场价格就会越低（如图 4－6 所示）。为表示这样的规律，不妨用幂函数（甚至线性函数）予以简单表示。

前提 4：道路运输企业在市场竞争中自发寻求纳什均衡。

博弈论研究决策主体的行为发生直接相互作用时的决策以及这种决策的均衡问题。博弈的标准表述又称为战略式表述，包括以下三个要素：

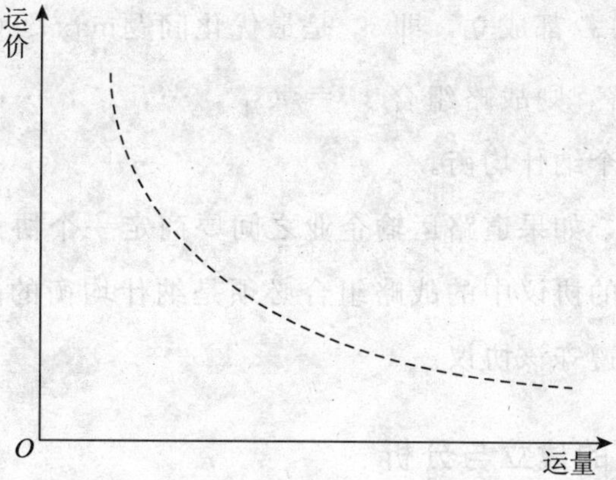

图 4-6 货运运价与运量间的关系

①博弈的参与者集合 $i\in\Gamma$，$\Gamma=\{1, 2, \cdots, n\}$；

②每个参与者的战略空间 S_i，$i=1, 2, \cdots, n$；

③每个参与者的收益函数 $u_i(s_1, \cdots, s_i, \cdots, s_n)$，$i=2, 3, \cdots, n$。

标准式表述用 $G=\{S_1, \cdots, S_n; u_1, \cdots, u_n\}$ 表示此博弈。

设想博弈理论对道路货运市场上 n 个道路运输企业博弈中的每一个企业选定一个战略，预测的博弈结果为 $s^*=(s_1^*, \cdots, s_i^*, \cdots, s_n^*)$，其中 s_i^* 是理论上推导出的企业 i 的战略。首先，理论上确定的每个企业要选择的战略必须是针对其他企业选择战略的最优反应；其次，遵循理论结果产生的效用不会小于偏离理论结果时的效用，即没有企业愿意单独偏离理论给他选定的战略。这种理论导出的结果是一种战略相对稳定的状态，即纳什均衡。将道路运输企业的纳什均衡定义如下：

在 n 个道路运输企业标准式博弈 $G=\{S_1, \cdots, S_n; u_1, \cdots, u_n\}$ 中，如果对于每一个企业 i，s_i^* 是针对其他 $n-1$ 个企业所选战略 $(s_1^*, \cdots, s_{i-1}^*, s_{i+1}^*, \cdots, s_n^*)$ 的最优反应战略，即

$$u_i(s_1^*, \cdots, s_{i-1}^*, s_i^*, s_{i+1}^*, \cdots, s_n^*) \geqslant u_i(s_1^*, \cdots, s_{i-1}^*, s_i, s_{i+1}^*, \cdots, s_n^*)$$

若 S_i 中所有的 s_i 都成立，即 s_i^* 是最优化问题 $\max\limits_{s_i \in S_i} u_i$（$s_1^*$，…，$s_{i-1}^*$，$s_i$，$s_{i+1}^*$，…，$s_n^*$）的解，则战略组合 $s^* =$（s_1^*，…，s_i^*，…，s_n^*）称为该道路运输企业博弈的一个纳什均衡。

对给定的博弈，如果道路运输企业之间要商定一个协议决定博弈如何进行，那么一个有效的协议中的战略组合必须是纳什均衡的战略组合，否则至少有一个企业会不遵守该协议。

4.3.3 博弈模型的建立与分析

情形（1） 在某经济地理空间内仅有一个道路运输企业

将某道路运输企业的运量表示为 Q。此时，将货运市场价格表示为实际运量的幂函数形式，不妨表示为 $P(Q)=\frac{a}{Q^{\lambda}}$（$a>0$，$\lambda>0$）；将单位成本表示为 $C(Q)=c\cdot Q^{-\alpha}$。

利润函数为 $u(Q)=Q\cdot P(Q)-Q\cdot C(Q)=a\cdot Q^{1-\lambda}-c\cdot Q^{1-\alpha}$

令 $\frac{\partial u}{\partial Q}=0$，可得 $Q^*=\sqrt[\lambda-\alpha]{\frac{a}{c}}$，$u(Q^*)=a\cdot\left(\frac{a}{c}\right)^{\frac{1-\lambda}{\lambda-\alpha}}-c\cdot\left(\frac{a}{c}\right)^{\frac{1-\alpha}{\lambda-\alpha}}$

以山东省某道路运输企业（公司总部在济南）为实证分析对象，对于各个参数的取值方法如下：

对于 λ 的取值：λ 与道路运输企业的运输价格和运量相关，由于实践中供求关系波动的影响，价格表现出一定的波动趋势（如图 4-7 所示）。在确定 λ 时，不考虑这种波动趋势，也即，剔除不符合运输价格和运量之间倒数关系的异常点。使用山东省某道路运输企业在 2005 年 9 月～2006 年 12 月的数据，如图 4-7 所示。可见，λ 值可取为 1.1684。

对于 a 的取值：a 与道路运输企业的运输价格和运量相关，由于实践中供求关系波动的影响，价格表现出一定的波动趋势。在确定 a 时，不考虑这种波动趋势，即，剔除不符合运输价格和运量之间倒数关系的异常点。使用某道路运输企业在 2005 年 9 月～2006 年 12 月的数据，如图 4－8 所示。

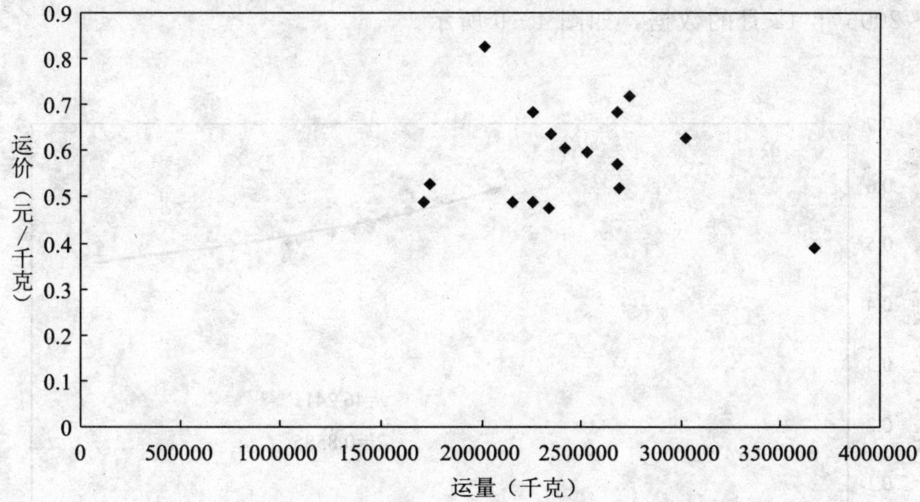

图 4－7　剔除异常数据前某道路运输企业运价与运量间关系

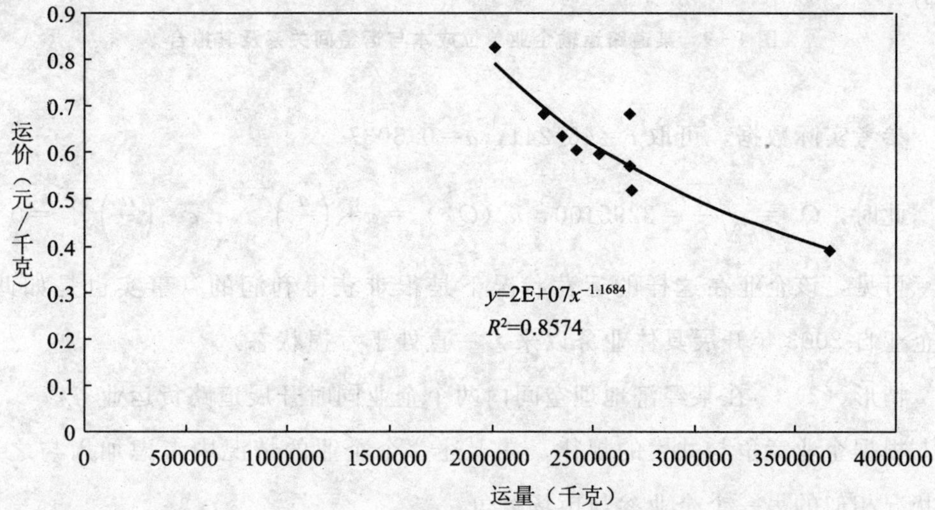

图 4－8　剔除异常数据后某道路运输企业运价与运量间关系及其拟合

参考实际数据，可取 $a=20000000$。

对于单位成本与运量的关系，仍使用山东省某道路运输企业在 2005 年 9 月～2006 年 12 月的数据，如图 4－9 所示。

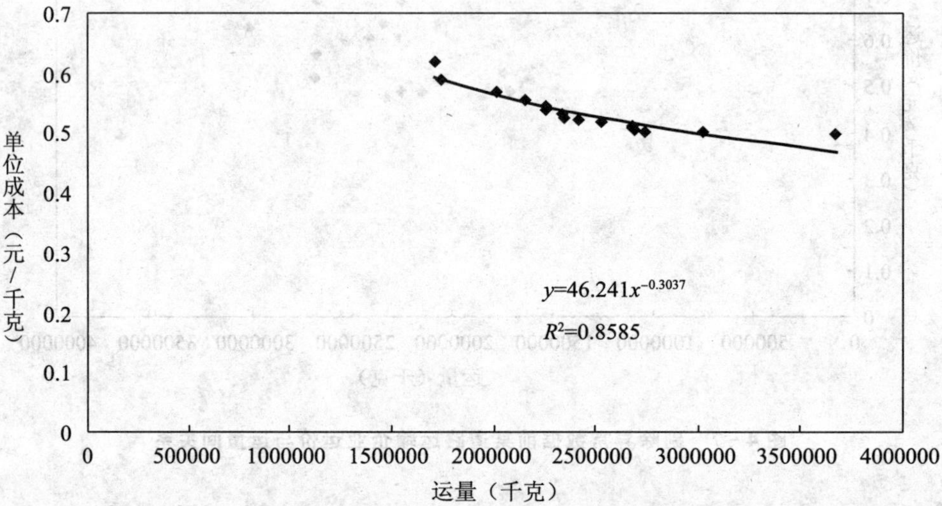

图 4－9　某道路运输企业单位成本与运量间关系及其拟合

参考实际数据，可取 $c=46.241$，$\alpha=0.3037$。

此时，$Q^*=\sqrt[\lambda-\alpha]{\dfrac{a}{c}}=3295100$，$u(Q^*)=a\cdot\left(\dfrac{a}{c}\right)^{\frac{1-\lambda}{\lambda-\alpha}}-c\cdot\left(\dfrac{a}{c}\right)^{\frac{1-\alpha}{\lambda-\alpha}}=0$

可见，该企业在这样的运营状况下是很难获得利润的（事实也是如此，该企业自 2003 年开展具体业务以来，一直处于亏损状态）。

情形（2）　在某经济地理空间内两个企业同时开展道路货运业务

根据企业竞争与共生的规律，在上述一个企业的情况中考虑加入与之业务状况相似的另一个企业参与市场竞争。

不妨设分析对象为在同样的经济地理空间内同时开展道路货运业务的两个企业 1 与 2，且在该经济地理空间内仅有这两个企业开展道路货运业务。它们能够实现的运量分别为 x_1 和 x_2（x_1 和 x_2 都非负），则该经济地理空间内道路货运业务总量为 $Q=x_1+x_2$。

根据前提 3，将道路货运价格函数表示为 $P(Q)=\frac{a}{Q}$（$a>0$）。

根据前提 2，将每个道路运输企业的单位成本表示为 $C_i(x_i)=c\cdot x_i^{-\alpha}$（其中 $i=1, 2, 0<\alpha<1$）。

则每个道路运输企业能够实现的利润可表示为：

$$\begin{cases} u_1(x_1, x_2)=x_1\cdot P(Q)-x_1\cdot c\cdot x_1^{-\alpha} \\ u_2(x_1, x_2)=x_2\cdot P(Q)-x_2\cdot c\cdot x_2^{-\alpha} \end{cases}$$

根据博弈论相关原理，如果战略组合（x_1^*, x_2^*）是纳什均衡，则应该有

$$\begin{cases} u_1(x_1^*, x_2^*)\geqslant u_1(x_1, x_2^*) \\ u_2(x_1^*, x_2^*)\geqslant u_1(x_1^*, x_2) \end{cases}$$

对所有的符合非负条件的 x_1 和 x_2 都成立。

利用微积分求极值的方法，对每个企业的利润函数求一阶导数并令其为 0，则：

$$\begin{cases} \dfrac{\partial u_1}{\partial x_1}=\dfrac{ax_2}{(x_1+x_2)^2}-c(1-\alpha)x_1^{-\alpha}=0 \\ \dfrac{\partial u_2}{\partial x_2}=\dfrac{ax_1}{(x_1+x_2)^2}-c(1-\alpha)x_2^{-\alpha}=0 \end{cases}$$

由此方程组可得到 $x_1^*=x_2^*=\sqrt[\alpha-1]{\dfrac{4c(1-\alpha)}{a}}$

此时，$\dfrac{\partial^2 u_1}{\partial x_1^2}=\dfrac{2a(\alpha-1)}{8x_1^2}<0$，$\dfrac{\partial^2 u_2}{\partial x_2^2}=\dfrac{2a(\alpha-1)}{8x_2^2}<0$，说明 $x_1^*=x_2^*=\sqrt[\alpha-1]{\dfrac{4c(1-\alpha)}{a}}$ 是该问题的一个纳什均衡解。

这样，每个企业的利润为 $u_1(x_1^*, x_2^*)=u_2(x_1^*, x_2^*)=\dfrac{a(1-2\alpha)}{4(1-\alpha)}$

结合理论推导结论与根据实际数据获得的各参数的取值，可计算得到每个道路运输企业在纳什均衡条件下的运量为 $x_1^* = x_2^* = \sqrt[\alpha-1]{\frac{4c\ (1-\alpha)}{a}} = 28532000$（千克/月），企业的利润为 $u_1\ (x_1^*,\ x_2^*) = u_2\ (x_1^*,\ x_2^*) = \frac{a\ (1-2\alpha)}{4\ (1-\alpha)} = 2820000$（元/月）。

可见，在所研究的时间段内，道路运输企业的运量远未达到纳什均衡状态。

情形（1）与（2）的简单比较

比较上述两种情况的总运量和总利润，可使用以下公式：

$$\Delta_{运量} = (x_1^* + x_2^*) - Q^* = 2 \cdot \sqrt[\alpha-1]{\frac{4c\ (1-\alpha)}{a}} - \sqrt[\lambda-\alpha]{\frac{a}{c}}$$

$$\Delta_{利润} = u_1\ (x_1^*,\ x_2^*) + u_2\ (x_1^*,\ x_2^*) - u\ (Q^*) = 2 \cdot \frac{a\ (1-2\alpha)}{4\ (1-\alpha)} - \left(a \cdot \left(\frac{a}{c}\right)^{\frac{1-\lambda}{\lambda-\alpha}} - c \cdot \left(\frac{a}{c}\right)^{\frac{1-\alpha}{\lambda-\alpha}}\right)$$

根据上述实证分析中各个参数的取值：$c = 46.241$，$a = 20000000$，$\alpha = 0.3037$，$\lambda = 1.1684$。则：

$$\Delta_{运量} = (x_1^* + x_2^*) - Q^* = 53769000\text{（千克/月）}$$

$$\Delta_{利润} = u_1\ (x_1^*,\ x_2^*) + u_2\ (x_1^*,\ x_2^*) - u\ (Q^*) = 5638400\text{（元/月）}$$

4.3.4 博弈模型的启示——集团化经营

根据以上分析的中间过程与结果，作为实证分析对象的山东省某道路运输企业目前远未达到良好的发展状态，在目前的运营水平上其能够实现的利润是非常有限的。为走出这种困境，可借鉴理论模型的有关约束条件，在一定的成本、运价水平上实现某一合理运量。

鉴于实际运量与理论运量之间的巨大差距，不妨分多个发展阶段使实际运量逐步接近理论运量水平。在不同的运量水平上，运输成本和运价是受到运量的影响的。这样，若该企业的运输成本、运价、运量的发展演变遵循如图 4－10、图 4－11 所示的趋势，该企业就可逐步实现理论预期的利润水平。

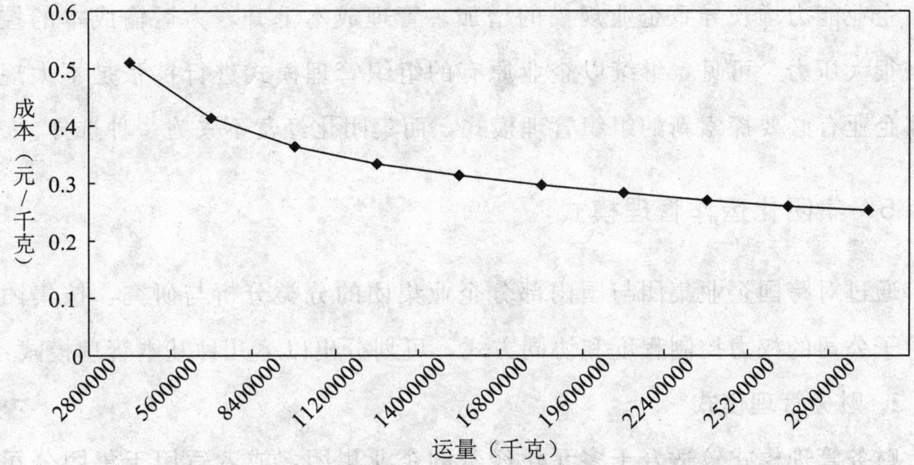

图 4－10　某道路运输企业的理想化运量与成本关系

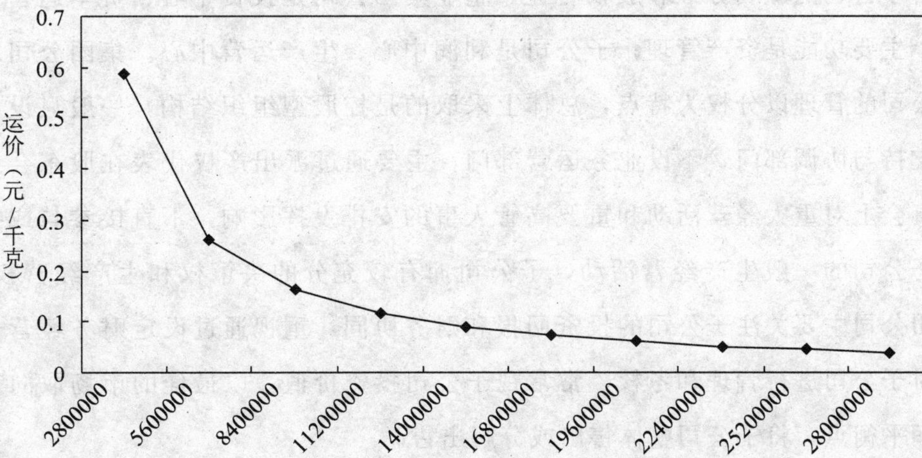

图 4－11　某道路运输企业的理想化运量与运价关系

不难发现，实践中较难实现的是对于运量增长的有效支撑和对运输成本的有力控制。运量要在既有水平上实现近10倍的增长，而运输成本要实现近50%的压缩。如果要在10年内实现运量的10倍增长，则年均增长率在30%，这对于一个中小企业而言难度是比较大的。并且，运量增长引起企业能力增长，企业能力增长导致企业规模的增加、管理成本上升，为运输成本的控制带来很大压力。可见，继续以企业原有的组织管理模式进行扩张是不太现实的。企业有必要探索新的组织管理模式，而集团化经营不失为一种选择。

4.3.5 集团化运作管理模式

通过对跨国企业集团与国内部分企业集团的分类分析与研究，按集团公司对子公司的权力控制程度和协同方式，可划分出以下几种基本管理模式：

1. 财务管理模式

财务管理模式较适合于多元化经营的企业集团，或者适用于集团公司对与核心主业关联性不大的产业管理。集团公司以资本增值为目标，收益主要来自子公司的赢利分红和股权转让。企业集团公司是投资中心、资本运营中心，主要功能是资产管理；子公司是利润中心、生产运营中心。集团公司对子公司的管理以分权为特点，总体上采取的是控股型组织结构，一般只设职能支持与协调部门，不设业务运营部门，主要通过派出产权代表在股东会或董事会上对重大经营活动和重要高管人事的安排发挥影响，不直接参与或指挥子公司的一般生产经营活动，子公司拥有较充分的决策权和生产经营权。集团公司主要关注子公司的投资回报和财务协同，重视通过设定财务经营目标对子公司进行管理和考核，常常视子公司投资价值，以最佳的市场取向和利润平衡点，将子公司整体售出或分解出售。

该管理模式的主要优点表现在：①在法律上集团公司与子公司是平等的法人实体，两者之间资产关系明确、产权清晰；②集团公司借用股权杠杆，逐级控股，以较少的资本控制巨大的资源；③集团公司与子公司之间以资本为纽带，集团公司以其出资额对子公司承担有限责任，可以较好地控制风险，获取较高的收益；④集团公司专注于资本经营与宏观控制，子公司负责生产经营，这样既有利于整个企业集团的长远发展，减少管理成本，又能有利于调动子公司的积极性、创造性，减少两者之间的利益冲突。

该管理模式的主要缺点表现在：①如果子公司有多个利益投资主体，容易导致企业集团公司与子公司的发展目标不一致，不利于发挥集团的整体优势；②集团公司主要通过董事会发挥对子公司的影响，过程监控管理较为薄弱，内部统一协调较为困难；③企业集团分权管理，容易造成集团公司与子公司之间信息不对称，滋生子公司“内部人控制”现象；④各子公司分别纳税，不利于集团内部盈亏相抵降低所得税税负；⑤集团内部的联保放大了债务风险。

2. 战略管理模式

战略管理模式主要适合于相关性或单一产业领域内的企业集团。集团公司是重大决策的决策中心、投资中心和战略发展中心，子公司是运营中心、利润中心。集团公司以资本增值与战略资源最优配置为双重目标，其核心功能是资产管理与战略协同，集团公司管理以分权与集权相结合为特点，总体上采取的是事业部制或类似的组织结构，设有职能支持与协调部门，特别是设有战略规划部门，不直接设立业务运营部门，有多个子公司为战略业务单元的设有事业部。集团公司除了通过对子公司股东会、董事会施加影响外，主要通过战略规划、财务预算、经营报告、重大投资决策权对子公司进行管理和考核。集团公司主要关注战略协调效应的培育、投资业务的战略优化和协调，要求子公司的发展战略服从企业集团发展的总体战略，但不直接参与或指挥子公司的日常生产经营，子公司被授予较大的经营决策权。

该管理模式的主要优点表现在：①集团公司专注于战略规划、协调以及战略性资源的配置，子公司在授权范围内有较大生产经营自主权，有利于发挥母子公司两个法人主体的积极性；②子公司的发展战略服从于企业集团的总体发展战略，有利于企业集团战略性资源的优化配置，促进企业集团的整体发展；③集团公司为子公司提供人力资源、财务、法律、信息等相关支持服务，有利于人才的培养和子公司节约管理成本，有利于加快集团内部管理技能的共享。

该管理模式的主要缺点表现在：①集团公司与子公司的集权与分权的程度很难把握，对企业集团内部管理要求比较高；②集团公司配备的人员及机关较多，管理层级也相对较多，管理费用较高；③集团公司负责总体战略规划和子公司战略的控制，并主导集团对外投资，对集团公司的人员素质、机构运作效率和决策能力要求较高；④集团公司把握子公司的发展方向，对母子公司信息畅通要求高。

3. 运营管理模式

运营管理模式主要适宜于业务和产品单一，对生产操作协调要求高的企业集团。集团公司直接从事生产经营，是投资中心、运营中心、利润中心，分、子公司是成本中心。集团公司对分、子公司的管理以集权为特点，统一经营、两级核算、共负盈亏。对主生产线实行集中管理，主生产线上的二级厂属于车间性生产单位，不具有法人资格，没有对外经营权。对具有法人地位的核心子公司，实行人、财、物、产、供、销集中管理，而将后勤、服务等采取分散管理。总体来看，主要采取直线职能制组织结构，设有相应的职能支持部门和业务运营部门。

该管理模式的主要优势表现在：①集团公司垂直指挥，命令统一，行动迅速；②集团公司各职能部门与子公司相应职能部门有控制关系，信息反馈及时，集团公司对子公司的生产经营情况比较了解，能实现全过程控制；③集团公司职能部门强大，对子公司经营活动能提供强力支持，能有效调配各子公司的资源。

该管理模式的主要缺点表现在：①集团公司与子公司资产、经营一体化，企业集团经营风险增大；②集团公司直接组织生产经营，母子公司关系协调复杂，管理成本高，对集团公司的运营能力要求高；③集团公司全面控制权力，子公司自主经营权有限，容易导致子公司积极性不高、行为短期化。

4. 营销平台管理模式

营销平台管理模式主要适用于需要建立跨地域销售网络体系的企业集团。企业集团管理以集权为特点，为了销售等特定目的，以全资或绝对控股的方式在目标区域投资设立子公司。这些子公司按照集团公司的总体安排，配合集团公司各事业部产品在其区域作业平台上开展销售活动。集团公司是决策中心、投资中心、利润中心，子公司是执行中心、成本中心，总体上采取矩阵制组织结构，设有相应的职能支持部门、业务运营部门及产品事业部。子公司部门设置简单，主要设财务和销售职能部门。集团公司控制了生产、经营和决策权，子公司的行政、财务、人事上受集团公司管理，并接受集团公司下属各产品事业部指导，没有产品营销决策权，按集团公司既定的市场策划、经营方针开展销售活动和售后服务。

该管理模式的主要优点表现在：①子公司投资少，管理成本低，企业集团可迅速在各地建立销售网络，扩大产品销售在空间上的覆盖面；②子公司在集团公司的营销方针下统一营销行动，并为用户提供售后增值服务，有利于减少销售中间环节和销售成本，维护产品市场秩序，树立集团良好形象；③子公司是企业集团在各地的窗口，它要负责向企业集团反馈市场信息，有利于企业集团贴近市场、贴近用户，迅速调整产品结构、经营方针。

该管理模式的缺点主要是，子公司自主权限小，基本上要按照企业集团的统一部署来行动，穷于应付，主观能动性发挥受影响。尤其是企业集团靠汇报了解市场，有时不如子公司对区域市场动态把握得那么真切，有可能在出台的营销政策上与子公司的认识产生冲突。

5. 建议方案

实际上，我国多数的交通运输企业集团拥有规模可观的道路货运站场资源、挂车和半挂车运力资源，并且各自开展着甩挂运输业务。鉴于交通运输企业集团的发展现状，在交通主管部门的引导下采用股权联合模式依托交通运输企业集团组建以资本为纽带、以需求为导向、以资源互补为目的的道路甩挂运输企业时，面临的一个关键问题是，在道路甩挂运输企业成立之初，如何划分确定新企业与股东企业之间的市场定位和利益关系。如果这一问题不能妥善解决，则新企业在面对市场上为数众多的中小型民营货运企业竞争压力的同时，还要面对股东企业的竞争压力。综合考虑集团化管理模式和交通运输企业集团的发展现状，给出以下针对道路甩挂运输集团化管理的建议方案（如图 4－12 所示），该方案提供了进行道路甩挂运输集团化管理时可供选择的管理模式的演进策略。

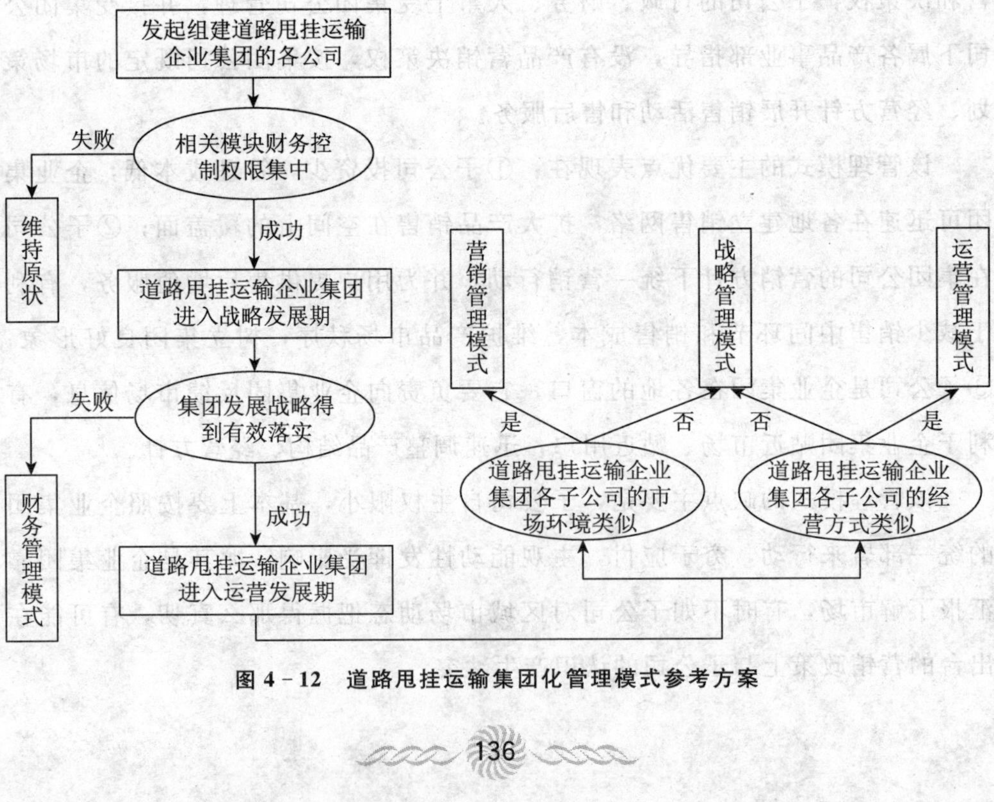

图 4－12　道路甩挂运输集团化管理模式参考方案

4.4 道路甩挂运输装备租赁公司

4.4.1 甩挂运输运能资源的专用性与通用性

在新古典经济学中，经济人对市场变化能够迅速地作出反应的前提条件是其所掌控的资产具有通用性，也就是资产可以很容易地转移到其他交易活动中或者能被方便地处置掉，同时不会引起资产价值的损失，因而通用性资产的再配置成本几乎为零。从一定意义上说，市场调节下企业对其通用性资产进行调整时不发生交易成本。

在交易成本理论中，资产专用性是作为一个假设提出的。专用性资产的存在意味着持有专用性资产的企业不会对市场调节作出迅速反应，如果要按市场变化进行实时调整，就需要付出较大的调整成本。专用性资产一旦形成，就难以转向其他用途，即使能够再配置也将以重大经济价值损失为代价，这种资产对企业构成了“沉没成本”。

专用性资产是指由特定的经济主体拥有或控制的，通过特定的使用方法，能够给经济主体带来经济利益的资源。这种资产有两个显著特征：由特定的经济主体拥有或控制；只能用于特定的用途，如果转到其他用途或由他人使用，则其创造的价值就会降低。

某种资产的专用性与其转移使用后的生产价值损失程度成正比，当这种损失为零时，这种资产就成为了通用性资产。对于专用性资产而言，其专用性程度可以表现为该资产的流动性和可转换能力，流动性和可转换能力强的资产专用性差、通用性强；流动性和可转换能力差的资产专用性强、通用性差。

甩挂运输运能资源涉及面较广，但主要的资源不外乎四个方面：运输基础设施（包括道路和站场）、载运工具（包括牵引车和挂车等）、组织管理技术（特别是运能资源配置技术）和运输需求者群体。这些资源既表现出专用性，又表现出通用性。表 4－5 简要比较了甩挂运输运能资源的专用性与通用性。

表 4－5　甩挂运输运能资源的专用性与通用性

甩挂运输运能资源分类	主要用途/资源的表现	专用性	通用性
高速公路、国道等运输线路设施	用于道路客运、道路货运的干/支线运输	一般	好
道路甩挂运输站场	用于道路货运作业；或者用于甩挂运输车辆技术作业	一般	一般
牵引车和挂车	道路甩挂运输的载运工具	好	一般
道路甩挂运输组织管理技术	科学合理配置甩挂运输运能资源	好	一般
道路货运需求	道路货运企业的客户群	一般	好
人力资源	道路货运企业的劳动者	一般	好
道路运输企业的品牌	道路货运企业的文化与社会形象	好	一般

如果道路货运企业拥有的运能资源绝大部分属于专用性资产，那么运输企业不可能对运输市场需求变化的信号作出迅速反应（例如：当运输市场上供大于求时，运输市场给货运企业发出其运力已过剩，需要通过调整货运产品结构或者减少运力等途径谋求发展时，其货运运力的专用性决定了运输企业不能迅速地调整其运力资源），由此导致的对市场变化没有及时反应的状况就形成了额外的市场交易成本。

一般而言，在企业达到一定规模和市场占有率达到一定水平的前提下，拥有专用性资产越多的运输企业，其市场支配力也越大，其垄断性结构特征就越明显；反之，拥有专用性资产越少的运输企业，其市场支配力也就越小，其竞争性市场特性就越显著。我国的铁路路网是典型的专用性强的资产，所以，铁路路网具有高度的垄断性。

基于运输产业资产专用性的类型特征，并根据资产的专用性与通用性程度及其组合的不同，我们可以将运输业者予以分类（如表 4-6 所示）。一般地，资产专用性程度越高，运输市场的进入门槛就越高，新的企业进入市场的可能性就越低。

表 4-6　基于资产专用性程度不同的运输业者类型

运输业者及其资源	资源规模、市场占有率	支配市场的能力	举　例
所掌控的资源 100%为专用性资产	在特定的经济地理范围内占据绝对优势	强	高速公路集团
所掌控的资源一半以上为专用性资产	规模大，市场占有率高	很强	我国的铁路运输
专用性资产与通用性资产比重相近	规模一般，市场占有率较高	一般	道路货运企业
所掌控的资源一半以上为通用性资产	规模较小，市场占有率一般	弱	出租车运输企业
所掌控的资源 100%为通用性资产	规模小，市场占有率小	几乎没有	内河水运

4.4.2　网运分离与网运协同

“网运分离”来自欧盟 91/440 号决议，其意为“基础设施管理与运输经营分离”，就是把具有自然垄断性的干线路网基础设施与具有竞争性的客货运输分离开，形成统一的路网基础设施以及若干个适应市场需求、实行专业化规模化经营的运输企业。在“网运分离”状态下，政府着力于公益性建设和宏观调控，运输经营则由市场调节。网运分离对于当代综合运输体系中的不同运输方式而言具有不同的指导或借鉴意义。

（1）对于铁路运输而言，网运分离更多地表现为指导铁路运输提高效率。在世界各国实施铁路重组以前，大多数国家普遍采用国有的“纵向、横向一体化”模式，即铁路的路网部分和运营部分由政府直接经营。该模式虽然能保证国家对铁路的高度控制力，便于在铁路各部门之间相互协调和统一操作，但是，内部财务清算产生了大量的公共租金，无法通过市场产生有效的激励；政企职能混杂，经营目标不明确等。进入 20 世纪 90 年代，世界各国依其国情和经济环境，重新构造铁路企业边界，产生出不同的契约关系和规制类型。可供选择的铁路改革模式主要包括两种——横向分离（横向分离即区域分割，是指将全国性垄断企业划分为若干个区域性一体化企业，这种重组方式引入了区域间竞争机制，它不是处在特定市场中企业与企业之间的直接竞争，而是各地区垄断企业之间的间接竞争）和网运分离。网运分离是将一体化的铁路产业中的路网基础设施部分和运营部分分离，重组为不同的企业路网统一管理和经营，并向客货运公司开放，收取线路使用费，运营公司之间开展竞争。网运分离模式的最大优点在于不仅保证了铁路的路网效率不被分割和破坏，又使基于路网的运营服务具备了市场内竞争的可能性。由于铁路改革中企业的边界划分不同而派生出不同类型的网运分离：①“网运有限分离”模式和“纵向分离，横向一体化”模式。“网运有限分离”模式主要包括“客网合一、货运分离”或“货网合一、客运分离”等，就是在一体化公司存在的基础上，引入一个或若干独立的运营企业，与一体化公司的运营业务进行竞争。在该模式下，竞争可以是同类运输服务之间的竞争，也可以是客运与货运对路网资源使用权的竞争。“纵向分离，横向一体化”模式是指按路网部分和运营部分将“一体化”的铁路企业分割成线路公司和铁路运输公司。在实施纵向分离后，一国路网由一家线路公司独家经营，同时存在一家客货合一的铁路运输公司。由于线路公司和运营公司的固定资本存在完全互补关系，这种分离模式会影响当事人事后讨价还价的地位，产生了大量的交易界面而没有提供足够的市场激励，同时，不存在铁路企业之间的竞争。②“纵向分离，横向竞争”模式。“纵向分离，横向竞争”模式是指将铁路产业按业务细分为多个定义清晰的市场，使各个专业公司的目标市场更为集中明确。在这种模式下，运营公司与线路公司间的契约关系十分复杂，在运营公司间引入竞争的同时，也增加了交易成本。③“网络分割，纵向分离”模式。“网络分割，纵向分离”模式是分割最为彻底的铁路组织模式，它是将铁路路网横向分割成若干线路公司，而运营部分也拆分为若干运营公司的模式。这种模式会产生巨大的交易成本。

(2) 对于道路运输而言，网运分离更多地表现为借鉴意义。世界各国公路的建设与养护，通常由政府列入预算，道路运输企业一般不直接负担其资本支出。可见，道路运输的“网运分离”特征明显。对于铁路运输，网运合一的运行模式导致铁路运输缺乏市场竞争、效率低等的问题，网运分离的主要目的是创造一些市场竞争环境。对于公路运输，基础设施建设与客货运输业务的彻底分离在鼓励道路运输市场竞争的同时，也使得公路运输的“网”与“运”之间缺乏协同。以道路运输网络节点的规划建设和运营为例：专门从事道路建设与养护的市场主体（如高速公路集团）可以依据交通流量等因素在线路上规划建设一些网络节点（如高速公路服务区），这些节点的经营管理目标主要是为线路上的交通流服务。而专门从事道路客货运输的市场主体（如交通运输集团）往往依据道路运输市场需求的分布等因素在经济地理空间的合适地址建设运输站场（如汽车客运站、货运站），这些站场的经营目标主要是为其所辐射服务范围内经济社会的客货运输需求者提供服务。在本质上隶属于不同市场主体的站场都是道路运输网络的有机组成部分，这些节点的空间布局往往使得节点之间存在相互作用，所以，道路运输站场的规划、建设和经营应统筹兼顾各种因素以节约经济成本和社会成本。实际上，我国道路运输的“网”与“运”之间缺乏统筹和协同，以山东省为例，一方面，山东省高速公路的飞速发展为客货交流提供了便利，高速公路服务区遍布全省，高速公路预留用地充足，甚至导致有的服务区车流量很小、有的高速公路出入口大片预留地闲置；另一方面，山东省的道路运输企业在站场建设用地方面需求旺盛而土地资源供应不足。如果能够有效发挥市场体制和政府调控的双重的作用，使专门从事道路建设与养护的市场主体和专门从事道路客货运输的市场主体平等谈判，共同创造条件发挥“网”与“运”的协同作用，则不失为改善当前运输资源配置不均衡现状的一种思路。

4.4.3 国外挂车租赁企业概况

国外挂车租赁企业数量较多，且经营历史较长，以下是北美几家挂车租赁企业的大体情况：

(1) American Trailer Exchange 公司位于亚特兰大（美国佐治亚州首府）20 号州际公路边，是一家专门从事挂车和二手挂车保管、买卖、租赁的企业。

(2) XTRA Lease 公司是北美最大的挂车租赁企业之一，成立于 1992 年，由两个区域性挂车租赁企业（AJF Leasing 和 Strick Lease）合并而成。拥有遍布美国和加拿大的 80 多个场站，总部位于美国密苏里州。企业有 600 余员工，拥有一支由 10 万辆挂车组成的车队，包括厢式挂车、底盘车、平板车、仓储用挂车和恒温车。提供的服务产品包括：挂车跟踪和定位服务、全天候道路应急服务、提供企业解决方案、挂车的集散服务、基于租赁与被租赁的融资服务、挂车上牌和登记服务。值得指出的是，该企业是行业内首个能够提供 24 小时公路应急服务的企业，使用企业自主开发操作的公路监测系统（没有外包），能够监控所有在路上行驶的厢式挂车，并提供在线租赁服务

（在线查询挂车信息、在线填写租赁申请等）。

（3）Newrent 公司是一家经营了40余年的家族式企业，服务于新泽西、宾夕法尼亚、纽约等州的运输企业。提供各种类型挂车的租赁服务，并出售若干种品牌的挂车。拥有车辆保养修理点，以保证供租赁的车辆处于最好的状态。提供的服务产品包括：运输用挂车的长、短期租赁，仓储用挂车和集装箱的长、短期租赁，挂车保养维修，挂车的集散。长期购置或者允许挂靠挂车或者车队。

（4）Great Western Leasing & Sales 公司自1971年开始在美国犹他州盐湖城开展挂车的销售和租赁业务。1997年更名为现在的名称，主要从事卡车和挂车的销售和租赁服务；Sennett Semi-Trailer 公司有40多年的经营历史，从事新挂车和二手挂车的销售、检修、租赁、融资服务。拥有数百辆新挂车和二手挂车，能够提供遍布加拿大全国的运输服务。最主要的业务是二手半挂车的销售，擅长于二手半挂车的整修和专用化定制；Semi-Trailer Sales & Leasing 公司经营了近40年，是美国北达科他州某一型号挂车独家租赁企业；Trailers-Online 公司是一家有50多年历史的家族式企业，提供二手半挂车的买卖服务。

（5）Ryder System 公司是一家有近80年历史的国际性物流运输企业，提供的服务包括：车辆管理解决方案（向客户提供卡车、牵引车、挂车的租赁、维护服务），供应链解决方案（从原材料到产品的全程物流供应链服务），个性化合同运输服务，其客户遍布北美、拉丁美洲、欧洲和亚洲，年收入近50亿美元，其租赁业务最早出现于1938年。

由上述国外半挂车租赁、销售企业的基本情况，可得到以下几点：

（1）从其发展看，最早成立的企业有近80年的历史，多数企业有40～50年的历史，也即出现于20世纪60～70年代，距20世纪40年代甩挂运输形式的大量采用晚20～30年。

(2) 从事半挂车买卖和租赁的企业在设置场站时，场站一般位于主要交通线路附近，场站多用于停放挂车，场站内的布局较为简单（多数面积为挂车停车场)，场站的占地面积视需求而定。

(3) 该种类型企业主要定位于半挂车的租赁，也可提供诸如半挂车买卖、维护、融资、上牌、运行过程监控等服务。

(4) 该种类型企业一般借助电子商务网站实现与客户的信息交互，通过网站，客户可方便地获得半挂车的保有信息、该种类型企业的需求信息等。

(5) 该种类型企业往往要形成一定的规模。拥有大量半挂车和遍布较大区域的该种类型企业，可方便地面向大区域客户提供运输服务。

(6) 该种类型企业可提供挂车租赁服务，企业的竞争优势体现在：①能够向客户提供短期的挂车使用服务。当运输企业或工商企业处于运输需求高峰，或开发了新的运输客户、或自身运力出现短缺时，可向挂车租赁企业短期租赁挂车。②客户可使用其自身保有的挂车作为抵押，向挂车租赁企业寻求融资。③当客户要对用于车辆的新技术（如车辆跟踪技术）进行试验测试，以决定是否购置该新技术时，可借助挂车租赁企业的车辆进行新技术的试验。

(7) 该种类型企业经营的半挂车类型多样，且企业一般应掌握一些核心的技术，如挂车维修保养技术、挂车改装技术、车辆运行过程监控技术。

4.4.4 道路甩挂运输装备租赁公司方案设计

一般地，开展道路甩挂运输涉及的装备主要包括两大类：载运工具（牵引车、挂车）和装卸搬运机具。由于这些装备往往属于资金密集型产品，资金实力一般的中小道路运输企业往往难以具备大量购置和保养的能力。但是，一旦道路甩挂运输得以开展，其能够产生的规模经济效益往往是很可观的。既然道路运输体系的组成部分之一——线路基础设施部分可由独立的市场主体进行建设、经营和管理，那么可否考虑将道路运输体系的另一组成部分——运输工具也由独立的市场主体进行购置和管理？我们尝试设计一种道路甩挂运输装备租赁公司。

1. 道路甩挂运输装备租赁公司的市场定位

道路甩挂运输装备租赁公司应拥有牵引车及其基地、挂车及其基地，可以拥有货场堆场、站台、仓库及办公房屋等，主要开展装备租赁业务，也可开展道路货运服务。道路货运市场上的大量的中小运输企业可根据其业务情况灵活租赁牵引车、挂车。道路甩挂运输装备租赁公司负责所购置的牵引车、挂车的管理、运用和维修。

道路甩挂运输装备租赁公司的运力可以通过新购置允许社会车辆挂靠等方式进行扩充，无论采用哪种扩充方式，最根本的一点是道路甩挂运输装备租赁公司应具备强有力的运力调控能力，一方面保证向各种道路货运企业提供可靠的运力服务，另一方面保障自身的尽可能低的运营成本。

从其业务关系看，道路甩挂运输装备租赁公司介于传统的各种中小型道路运输企业和道路基础设施建设与养护企业之间（如图 4－13 所示）。传统的各种中小型道路运输企业往往与道路货运市场的需求方（客户群）保持稳定、密切的供需关系，掌握大量的货源直接与运输需求方接触是这些企业的关键优势；但由于自身实力（包括购置新的运力和整合既有的运力方面）不足，传统的各种中小型道路运输企业在运力扩张方面存在障碍，而道路甩挂运输装备租赁公司正好可以为其提供合理的运力资源。传统的各种中小型道路运输企业在使用高速公路以及其他收费公路时，往往处于被动地位，必须按规定缴纳各种通行费；道路甩挂运输装备租赁公司的出现，使得在高速公路以及其他收费公路上通行的交通流呈现出有组织、有一定规律的特征，这些交通流往往带有规模性，由此产生了道路甩挂运输装备租赁公司相对于道路基础设施建设与养护企业的一种议价能力。可见，道路甩挂运输装备租赁公司的出现很有可能促进道路货运成本的降低，从而提升道路货运服务的利润空间。

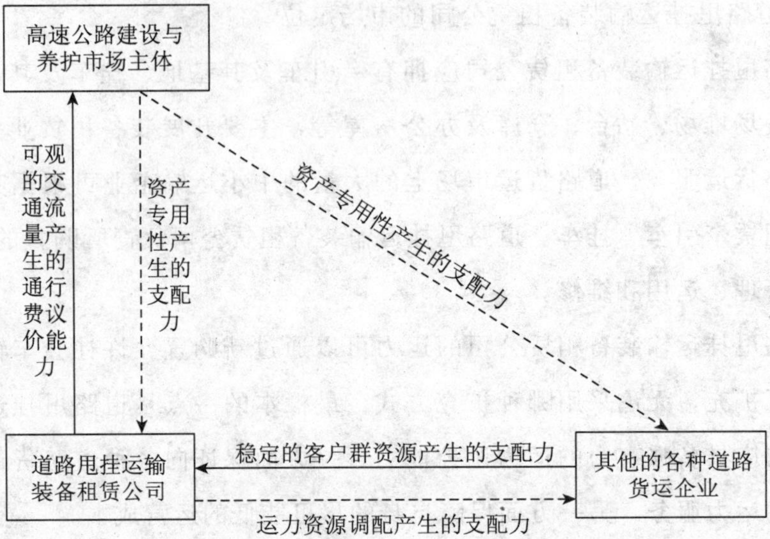

图 4－13　道路甩挂运输装备租赁公司的市场地位

注：实线表示占主导地位的力量，虚线表示占次要地位的力量。

2. 道路甩挂运输装备租赁公司的经营

道路甩挂运输装备租赁公司的收入与成本发生主体间的关系如图 4－14 所示。道路甩挂运输装备租赁公司的收入来源主要是为其他各种道路货运企业提供载运工具租赁业务而获得的各种作业费用清算，如果道路甩挂运输装备租赁公司能够依托其运力资源开展一些货运服务，则直接的货运收入也可成为其收入的一部分。道路甩挂运输装备租赁公司的成本主要体现为以下方面：①是道路甩挂运输装备的购置投入、折旧、日常维修等费用，也就是为货物运输服务以及货车车厢和牵引车的购置、运用维修而发生的各种耗费；②是道路甩挂运输装备所需站场的运营管理、资产折旧等费用；③是甩挂运输车辆的通行费等变动费用（当然该部分费用应与运力租赁者协商确定分担的比例)；④是牵引车动力费用；⑤是其他各种可能的费用，如租赁某道路运输企业既有站场的租赁费等。

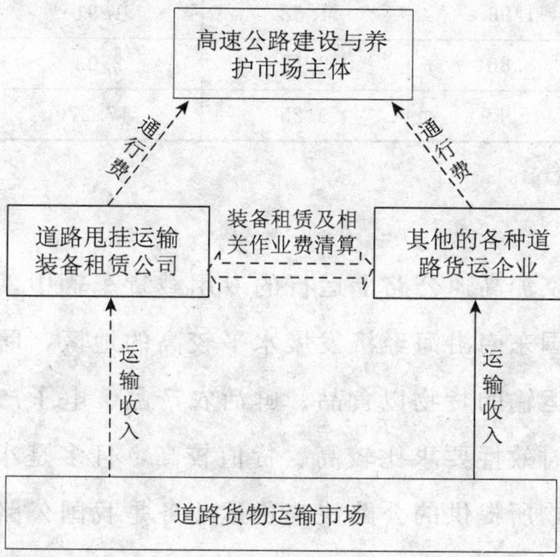

图 4－14　道路甩挂运输装备租赁公司的收入与成本

道路甩挂运输装备租赁公司的主力车型应符合我国经济社会发展和运输技术进步的整体趋向。随着我国工业化进程，我国经济总量和经济发展水平显著提升，由此带来大规模的货物集散需求，在大规模需求的驱动下，专业化长途厢式道路货运企业开始涌现，一直以来散户形式的运输组织形式开始受到冲击。运输服务形式的改善可以提高道路货运车辆的使用效率，有利于加快货运车辆的专用化进程。近年来，越来越多的专用货车被投放到道路货运市场，厢式货车、罐式货车、冷藏车等逐渐成为在我国道路上运行的主要车型。

2005 年 4 月～6 月在京沪高速公路运输量统计调查中，部分路段专用货车的比例结构如表 4－7 所示。

表 4-7　　京沪高速公路部分路段专用货车的比例　　（单位：%）

车　型	北京段	天津段	江苏段	上海段
厢式运输车	4.77	5.56	13.33	22.92
罐式运输车	1.96	1.58	1.91	3.32
集装箱运输车	8.86	2.11	2.03	2.66
合　计	15.59	9.25	17.27	28.90

资料来源：参考文献［15］

可以看出，在京沪高速公路上运行的专用载货车辆中，厢式货车占了较大的比例，越往我国东南沿海经济发展水平较高的地区，厢式货车所占的比重越大。厢式货车运输的货物以食品、鲜活农产品、电子产品和各种零担货物为主，这些货物时效性要求比较高、货值较高，且多是小批量。值得指出的是，针对零担货物所提供的公路快速货运业务是我国公路货运业中比较高端的一种服务形式，广泛采用厢式货车。公路快速货运车辆大多使用金属厢式车，这可保证货物运输过程中的安全性，减少甚至免除货物的流通包装费用。

3. 道路甩挂运输装备租赁公司的核心能力

道路甩挂运输装备租赁公司应具备的核心能力之一是对于货运车辆的调度管理，这其中如何加速货运车辆的周转、提高货运车辆运用效率是关键。一般地，货运车辆在循环使用过程中，要经过一些主要环节，例如：在始发站上的装车作业，载重运行过程，载重车辆在甩挂运输作业站场上进行的各种中转作业，在终点站上的卸车作业，由于货物流向不均衡导致的空驶运行过程等。货运车辆在循环使用的各个环节上都要消耗一些时间，这些时间的总和构成了货运车辆的周转时间。周转时间与运用效率之间存在密切的联系，提高货运车辆运用效率一般可从周转时间入手。

在实践中，不妨借鉴我国铁路运输中对于加速货车循环的一些组织管理技术。纵观世界铁路运输，采用压缩货车周转时间来提高运输能力和货车运用效率的国家很少。无论是欧美经济发达的国家，还是俄罗斯、印度，都是把货车周转时间作为一般性数据，并未加以特别重视，也未纳入铁路运输绩效考核体系。究其原因，是由于这些国家铁路运力资源充足，货车保有量大，无须通过加快货车周转实现扩能提效，有的国家甚至“以车代库”。与世界上其他国家铁路运输对于货车利用的定位不同的是，由于运力资源紧张，我国铁路运输在加速货车循环方面做了大量工作，积累了丰富的经验。

第2部分 道路甩挂运输组织技术应用实践

——省域案例分析研究

从国内外的实践状况看，国外甩挂运输的发展水平要高于国内。从国内外针对甩挂运输的研究情况看，主要研究成果可分为两大类：一类是针对甩挂运输所涉及装备的分析，特别是针对挂车销售、挂车发展趋势、挂车装载等的分析成果较多；另一类是针对甩挂运输组织的研究，特别是针对道路甩挂运输组织、滚装运输组织的研究。

山东省甩挂运输实践多年的经验积累与理论研究成果积累为本篇内容提供了重要的基础。本部分立足于现阶段山东省甩挂运输发展的现状、必要性和可行性，借助本书提供的若干道路甩挂运输组织关键技术，旨在遵循提高投入产出效益的前提下，以创新的手段，通过甩挂运输的开展促进交通运输服务水平的提升，为山东省在全力实现交通现代化的进程中提供重要的理论指导和实践参考。本部分所提出的引导和推进甩挂运输发展的策略结论有望为相关决策者提供明确的参考依据，所提供的甩挂运输分析相关的技术与方案有望为道路运输市场主体发挥重要的引导作用。

5 山东省发展道路甩挂运输的基础

5.1 山东省道路甩挂运输发展概况

5.1.1 道路货物运输概况

根据交通运输部《全国公路水路运输量专项调查主要数据公报》，2008年，全国营业性货运车辆完成货运量 191.7 亿吨，货物周转量 32868.2 亿吨公里，平均运距为 171.5 公里。按货物流向分，2008 年全国各省的省内货运量 160.1 亿吨，占全国公路货运量的 83.5%。山东省营业性货运车辆实现的货运量在全国各省市区中是最多的，占全国的比例为 11.3%（如表 5－1 所示），较历史水平有明显的提升（如表 5－2 所示）。

表 5－1 2008 年我国营业性货运车辆完成的货运量

指　标	货运量（万吨）	货物周转量（万吨公里）	指　标	货运量（万吨）	货物周转量（万吨公里）
全　国	1916759	328681863	河　南	118198	29951526
北　京	18689	840878	湖　北	52759	7893707
天　津	18160	1782900	湖　南	98759	10850609
河　北	91342	25480052	广　东	101428	12253034

续 表

指 标	货运量（万吨）	货物周转量（万吨公里）	指 标	货运量（万吨）	货物周转量（万吨公里）
山 西	66710	11022284	广 西	64884	7999621
内蒙古	60941	16373695	海 南	9489	663826
辽 宁	92938	13542411	重 庆	54589	4531553
吉 林	23558	5635833	四 川	103068	8278480
黑龙江	35424	6531648	贵 州	25272	2303562
上 海	40328	2529512	云 南	39119	4686340
江 苏	95625	8850946	西 藏	711	287949
浙 江	91625	11145043	陕 西	60713	9045201
安 徽	140381	37732925	甘 肃	18201	4748432
福 建	38367	4835657	青 海	6805	1866003
江 西	70270	14941575	宁 夏	21762	4778724
山 东	216604	51179246	新 疆	40039	6118689

资料来源：交通运输部《全国公路水路运输量专项调查主要数据公报》

表 5-2　　山东省公路货运量与全国水平的比较

年 份	全国货运量（万吨）	山东省货运量（万吨）	山东省占全国的比例（%）
1991	985793	44145	4.478
1992	1045899	47676	4.558
1993	1115902	51250	4.593
1994	1180396	57187	4.845
1995	1234937	66546	5.389
1996	1298421	70664	5.442
1997	1278218	72780	5.694
1998	1267427	76813	6.061

续　表

年　份	全国货运量（万吨）	山东省货运量（万吨）	山东省占全国的比例（%）
1999	1293008	80212	6.204
2000	1358682	92483	6.807
2001	1401786	99464	7.096
2002	1483446	107454	7.244
2003	1564491	117712	7.524
2004	1706412	132036	7.738
2005	1862066	147999	7.948
2006	2037059	167511	8.223
2007	2275821	198507	8.722

山东省道路货物运输生产稳步增长。2009 年，全省共完成道路货运量 25.16 亿吨，货运周转量 6045.02 亿吨公里，分别比 2008 年增长 16.2%和 18.1%，分别比 1990 年增长 670.9%和 3749.1%，在山东省综合运输体系所实现的运输量中所占的比重分别达到 89.5%和 55.2%。

山东省的道路货物运输中占据较大比例的货物品类是大宗散件货物，特别是煤炭、粮食、钢铁、矿石、建筑材料等低附加值产品占大多数。这些货物从自身价值、运输时效性等方面往往与道路运输的技术经济特征并不相符。

山东省高速公路网络流量观测点所获取的数据显示（如图 5 - 1 所示），山东省高速公路上拖挂车的流量分布呈现出明显的分布不均衡的特点：京沪高速山东段、济青高速以及青岛市环胶州湾专用公路上拖挂车流量大，其他路段的拖挂车流量相对小一些。

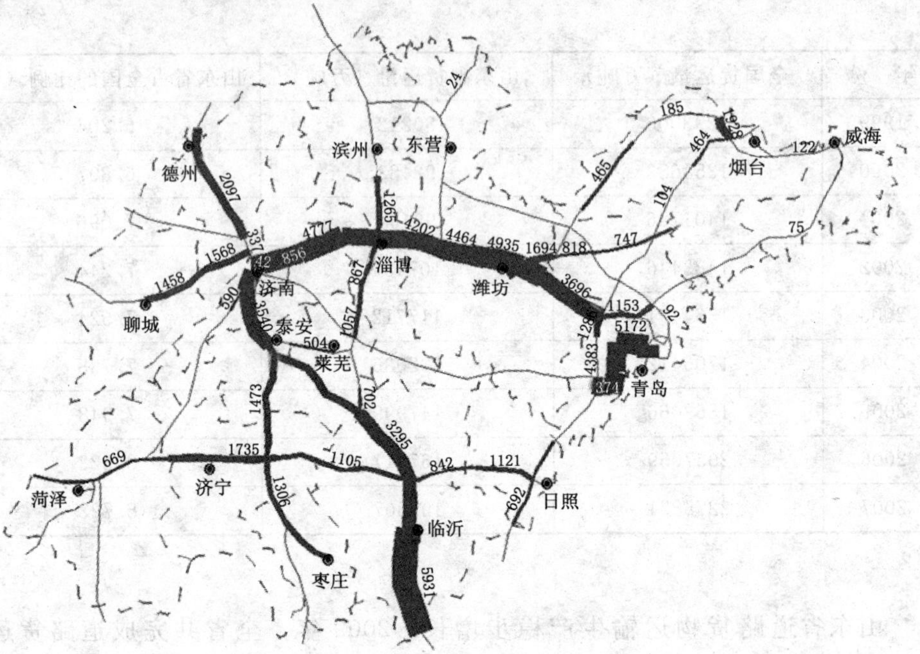

图 5－1　2008 年山东省高速公路上拖挂车流量（辆/日）分布

5.1.2　线路基础设施

根据交通运输部发布的《2009 年公路水路交通运输行业发展统计公报》，2009 年年底，全国农村公路（含县道、乡道、村道）里程达到 336.91 万公里，农村公路里程超过 10 万公里的省（区）为 17 个，分别是：四川（22.52 万公里）、河南（21.82 万公里）、山东（20.01 万公里）、湖北（17.89 万公里）、湖南（17.55 万公里）、云南（17.37 万公里）、广东（16.33 万公里）、安徽（13.59 万公里）、江苏（13.10 万公里）、贵州（13.08 万公里）、河北（13.08 万公里）、陕西（13.02 万公里）、内蒙古（12.61 万公里）、黑龙江（12.58 万公里）、江西（12.29 万公里）、新疆（11.52 万公里）和山西（11.24 万公里）。高速公路突破 3000 公里的省为 7 个，分别是：河南（4861

公里）、山东（4285 公里）、广东（4035 公里）、江苏（3755 公里）、河北（3303 公里）、浙江（3298 公里）和湖北（3283 公里）。

改革开放以来，山东省的交通运输建设快速发展。到 2009 年年底，山东省公路里程达到 226692.9 公里，其中高速公路 4284.9 公里，公路密度为每百平方公里 144.28 公里。全省二级以上公路里程、沥青（水泥）路面里程、等级公路所占比例、国省干线沥青（水泥）路面铺装率、乡镇通达率等指标均居全国前列。全省基本形成以高速公路为主框架，以国道、省道为依托，以县乡公路及通村公路为基础，四通八达、高效畅通的公路网络，构筑起了以省会济南为中心的“半日生活圈”的道路基础设施，总体超前于经济社会发展水平（如表 5－3、图 5－2 所示）。

表 5－3　　2009 年山东省和全国公路基础设施情况对比

指标	全国	山东		指标	全国	山东
		绝对数	占全国的比例			
公路里程（万公里）	386.08	22.67	5.87%	等级公路里程占公路总里程比例	79.2%	98.8%
高速公路里程（公里）	65100	4285	6.58%	二级及以上高等级公路里程占公路总里程比例	11.0%	15.8%
等级公路里程（万公里）	305.63	22.40	7.33%	有铺装路面和简易铺装路面公路里程占公路总里程比例	58.3%	89.1%
二级及以上高等级公路里程（万公里）	42.52	3.58	8.42%	通公路的乡（镇）占乡（镇）总数比例	99.60%	100%
有铺装路面和简易铺装路面公路里程（万公里）	225.25	20.20	8.97%	通公路的建制村占建制村总数比例	95.77%	99.91%
公路密度（公里/百平方公里）	40.22	144.28	358.73%			

资料来源：《2009 年公路水路交通运输行业发展统计公报》、《2009 山东省交通统计资料摘要》

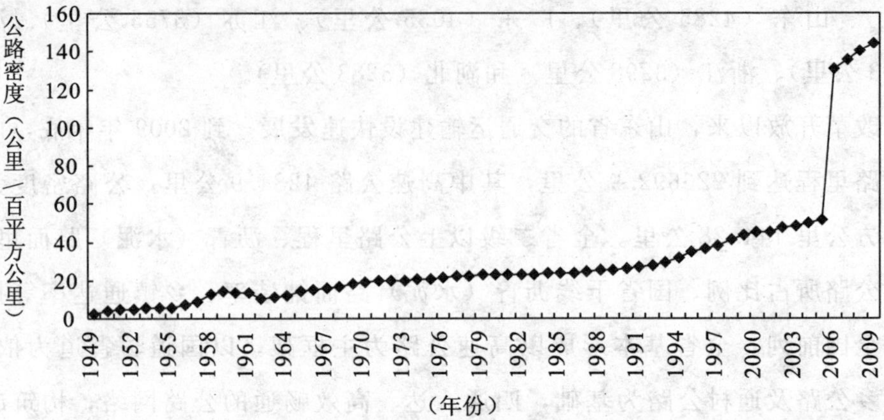

图 5－2　山东省公路密度的变化（2006 年起村道纳入统计范围）

山东省国民经济与社会发展“十一五”规划提出：“围绕完善‘五纵四横一环’高速公路网，突出半岛城市群交通一体化、中心城市连接、舒展出省通道等重点路段，建设荣城至乌海、滨州德州至衡水、青岛至银川、济青南线和青岛至兰州、日菏至新乡、德州至商丘、东营潍坊至连云港省际运输通道和沿海高速公路等重点项目。2010 年高速公路通车里程达到 5000 公里以上”。

公路基础设施的规划与建设归根结底是为经济社会发展所需的人和货物的空间移动服务。公路基础设施最基本的表征指标之一是公路总里程，而公路基础设施所提供的货运服务产品的最基本的表征指标之一是货物周转量，本项目以“公路货运效率”指标简要考察公路基础设施的运行情况，其计算公式为：公路货运效率＝公路货物周转量÷公路总里程。图 5－3 和图 5－4 显示了山东省历年的公路货运效率演变情况和美国历年的公路货运效率演变情况。从其绝对量看，山东省的公路货运效率要高于美国的公路货运效率。

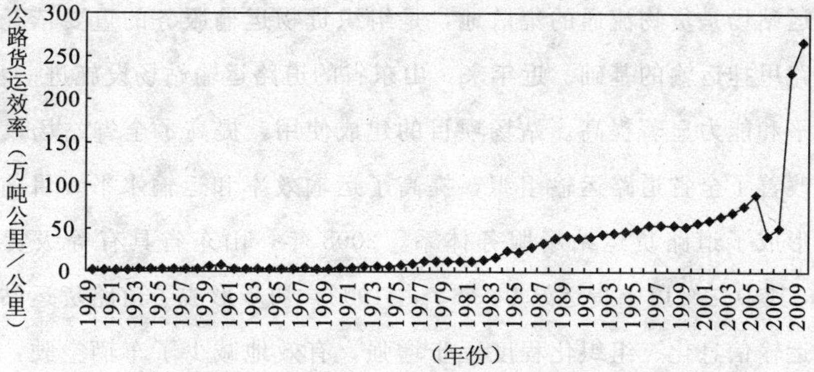

图 5－3　山东省公路货运效率的变化（2006 年起村道纳入统计范围，2008 年货物周转量根据交通运输专项调查结果予以修正）

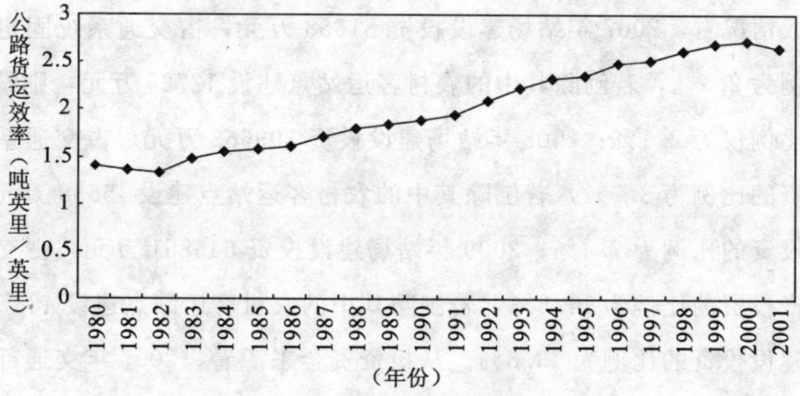

图 5－4　美国公路货运效率的变化

5.1.3　交通运输站场

交通运输站场是交通运输网络上各种节点的统称。对于道路交通运输网络而言，站场的种类很多，从其功能定位上看有货运站场、客运站场和客货综合站场；从其规模上看有大型、中型、小型站场；从其分布看有位于城市中心的集散点、有位于城市边缘的园区、有位于高速公路沿线的服务区，等等。

货运站场是货物流通的集散地，是组织货物运输服务的重要依托，也是开展道路甩挂运输的基础。近年来，山东省的道路运输站场设施进一步完善，服务水平和能力显著提高。站场项目的建成使用，提高了全省站场设施档次水平，改善了全省道路运输组织，提高了运输效率和运输水平。目前，山东省初步形成了道路货运站场服务体系。2008 年，山东省具有等级货运站场 488 个，其中二级以上货运站 94 个，占 19%，初步形成了道路货运站场服务体系。运输信息化、组织化程度逐步增强，有效地减少了车辆空驶，通过有效整合社会运力资源，明显提高了运输效率。

但是，目前山东省现有货运站场大多还没有实现向现代物流中心的转型，建设和更新改造进程较公路线路建设和更新改造进程有所滞后。从固定资产投资完成情况看，2007 年站场建设投资 81658 万元，占交通系统固定资产投资的比例为 2.5%，若刨除其中的农村客运站点建设 12725 万元，则站场建设投资的比例仅为 2.1%；2008 年站场建设投资 299662 万元，占交通系统固定资产投资的比例为 8.7%，若刨除其中的农村客运站点建设 45638 万元，则站场建设投资的比例为 7.4%；2009 年站场建设投资 646851 万元，占交通系统固定资产投资的比例为 14.8%，若刨除其中的农村客运站点建设 43373 万元，则站场建设投资的比例为 13.8%。从投资资金来源看，2007 年交通部投资和交通厅投资分别占站场建设资金总量的 1.6%和 11.1%；2008 年交通部投资和交通厅投资分别占站场建设资金总量的 3.0%和 7.3%；2009 年交通部投资和交通厅投资分别占站场建设资金总量的 1.5%和 3.7%。

考虑到道路甩挂运输的技术经济优势发挥，本项目将关注高速公路沿线的服务区或者出入口预留土地资源在甩挂运输发展中所能起的作用。为此，高速公路服务区被看做道路运输站场的一种重要的类型。

目前在遍布山东省全境的高速公路网络上分布着 70 余对服务区。这些服务区的主管部门主要为三种：一是山东高速集团，二是山东省公路局，三是服务区所在市的公路局（交通委）。相邻服务区之间的高速公路里程在 7～98 公里，以 40～60 公里居多。以“拥挤”、“一般”、“宽松”衡量目前各个服务区的资源使用情况，则有 25.3%的服务区是拥挤的、有 49.3%的服务区是一般拥挤的、有 25.3%的服务区是宽松的（如图 5－5 所示）。服务区的平均占地面积在 7.5 万平方米左右，最大占地面积为 23 万多平方米，最小占地面积为 1 万多平方米。停车场面积平均为 2.7 万平方米，最大的停车场占地 9 万多平方米，最小的停车场占地 0.14 万平方米。维修车间平均面积为 642.6 平方米，最大的维修车间 3255 平方米，最小的维修车间 50 平方米。一般配备 8～18台加油机，以 12 台、16 台加油机居多。

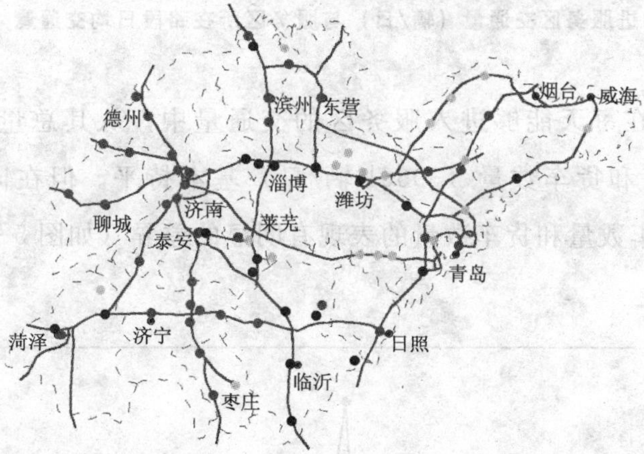

图 5－5　山东省高速公路各个服务区的拥挤程度

注：实心圆点代表服务区的空间位置；圆点的深浅表示拥挤程度，黑色表示服务区拥挤，灰色表示一般拥挤，浅灰色表示宽松。

从 2009 年服务区所在路段的交通流量和每天能够进入服务区的车辆数量看，单位路段交通流量所产生的进“区”量差别较大。图 5－6 展示了“日均进服务区交通量（辆/日）”与“服务区所在路段日均交通量（辆/日）”两者的比值，可见，该比值的变化从 1.5～37，幅度很大。

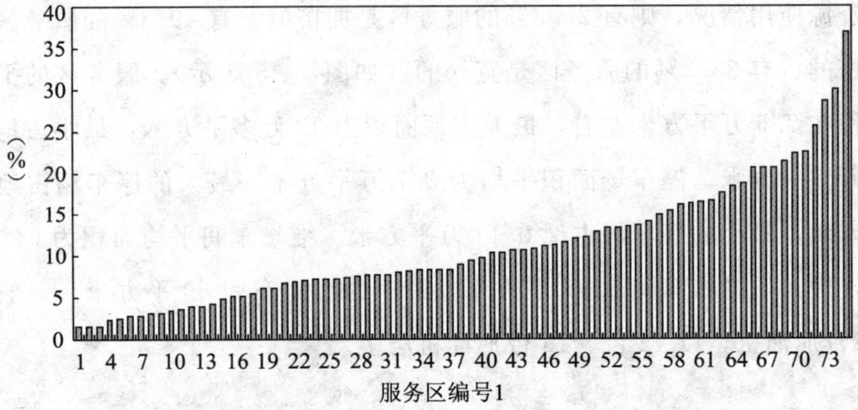

图 5-6　日均进服务区交通量（辆/日）与服务区所在路段日均交通量（辆/日）之比

2009 年，在每天能够进入服务区的交通量中，从其总量看，客车数量（36395 辆/日）和货车数量（39661 辆/日）基本持平。但在同一服务区内，能够进入的客车数量和货车数量的表现有明显的差异（如图 5-7 所示）。

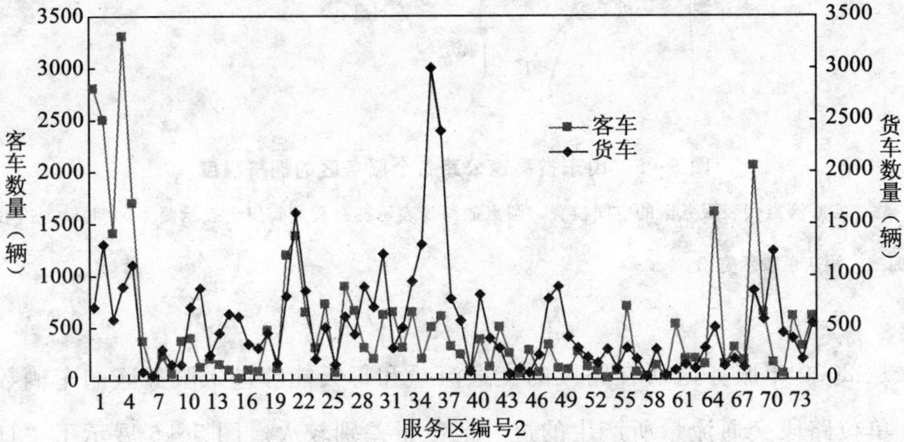

图 5-7　进入服务区的客车数量和货车数量分布

从服务区土地资源的承载能力的表现看，本项目以服务区在其占地面积上所承载的每天能够进入服务区的交通量状况考察。2009 年，服务区的单位占地面积上每天进入的车辆数量的最大值为 796 辆/（日・万平方米），最小值为 20 辆/（日・万平方米）（如图 5-8 所示）。可见，从一定程度上讲，各个服务区的土地资源利用效率、土地资源效能发挥水平有很大的差异。

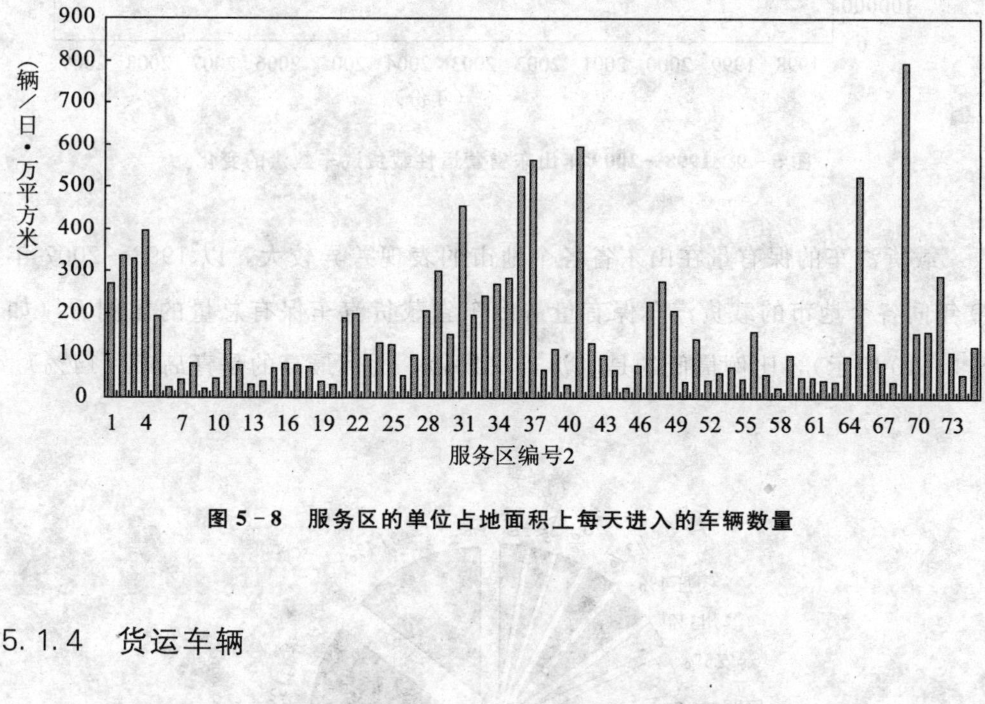

图 5-8 服务区的单位占地面积上每天进入的车辆数量

5.1.4 货运车辆

2009 年年末，山东省共有营运性载货汽车 67.08 万辆，总吨位 435.95 万吨。“大、专、特”货车发展加快，重型货车、集装箱运输车、厢式货车均高于普通货车的增幅。从车辆构成情况可知，货运车型比较齐全，基本能够满足各户多方面的需求。尤其是近几年，车辆种类逐渐增多，车型越来越齐全。从绝对量的变化看，山东省营运性载货汽车的保有量呈现稳定增长的态势（如图 5-9 所示）。

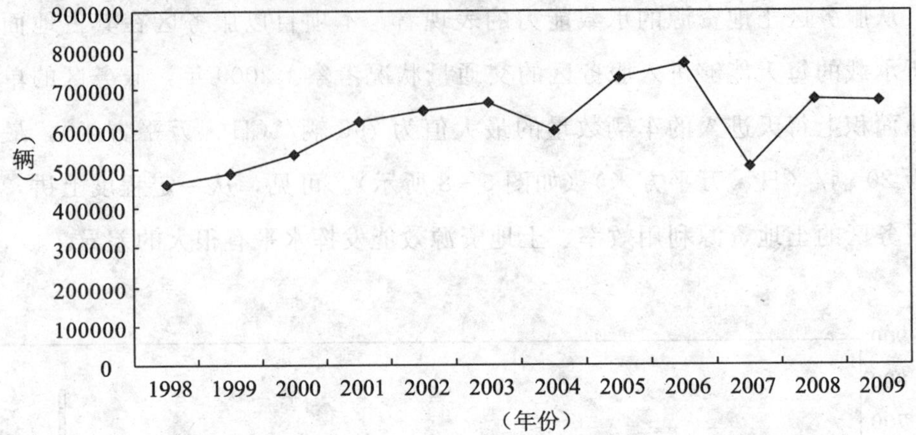

图 5-9　1998—2009 年山东省营运性载货汽车数量的变化

载货汽车的保有量在山东省各个地市的表现差异较大，以 1998—2007 年 10 年间各个地市的载货汽车保有量占山东省载货汽车保有总量的比例看（如图 5-10 所示），比例最低的是临沂市（1%），比例最高的是青岛市（14%）。

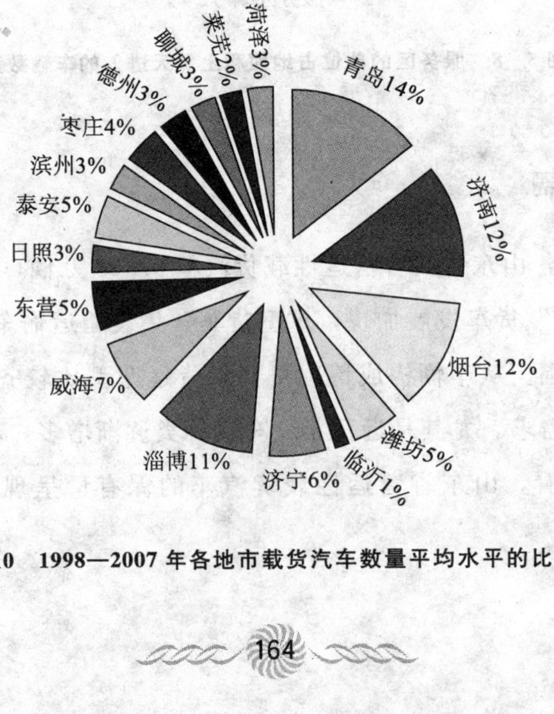

图 5-10　1998—2007 年各地市载货汽车数量平均水平的比例分布

济青沿线带状地区上分布的各个城市的载货汽车保有量占山东省载货汽车保有总量的比例在42%。从2008年的情况看（如图5-11所示），各个地市的载货汽车保有量占山东省载货汽车保有总量的比例最低的为莱芜市（1.6%）、最高的为青岛市（15.1%）。济青沿线带状地区上分布的各个城市的载货汽车保有量占山东省载货汽车保有总量的比例在40%。

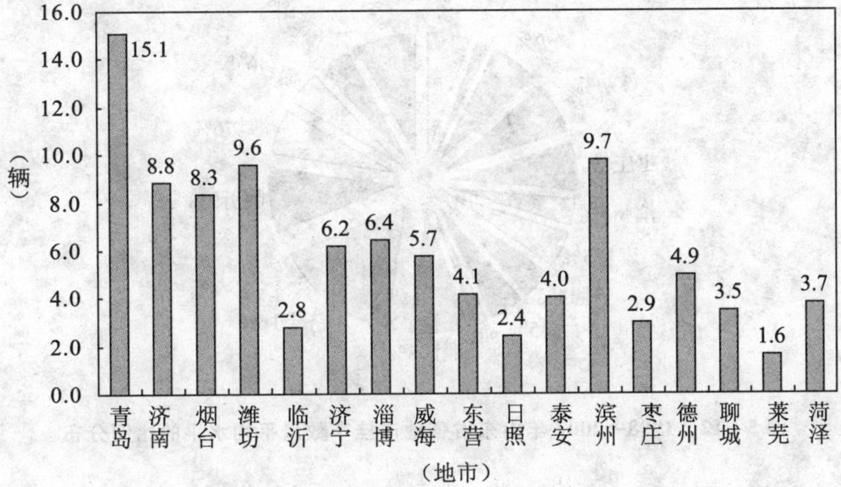

图5-11　2008年各地市载货汽车数量的比例分布

挂车的保有量在山东省各个地市的表现差异较大，以1998—2007年10年间各个地市的载货汽车保有量占山东省载货汽车保有总量的比例看（如图5-12所示），比例最低的是威海市（1%），比例最高的是济宁市（14%）。济青沿线带状地区上分布的各个城市的载货汽车保有量占山东省载货汽车保有总量的比例在26%。从2008年的情况看（如图5-13所示），各个地市的载货汽车保有量占山东省载货汽车保有总量的比例最底的为莱芜市（1.2%）、最高的为济宁市（14.9%）。济青沿线带状地区上分布的各个城市的载货汽车保有量占山东省载货汽车保有总量的比例在25%。

值得注意的是，山东省的拖挂比例是很低的。根据《2008 山东省交通统计资料摘要》和《2009 山东省交通统计资料摘要》提供的数据，全省牵引车与挂车数量之比在 2008 年的水平为 1∶0.9883，全省牵引车与挂车数量之比在 2009 年的水平为 1∶1.0252。

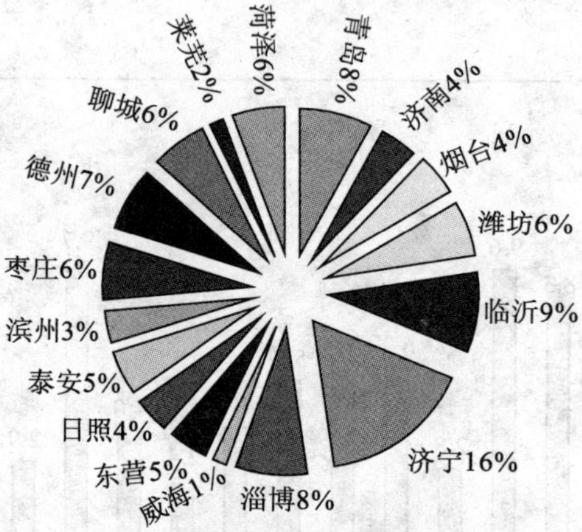

图 5－12　1998—2007 年山东省各地市挂车数量平均水平的比例分布

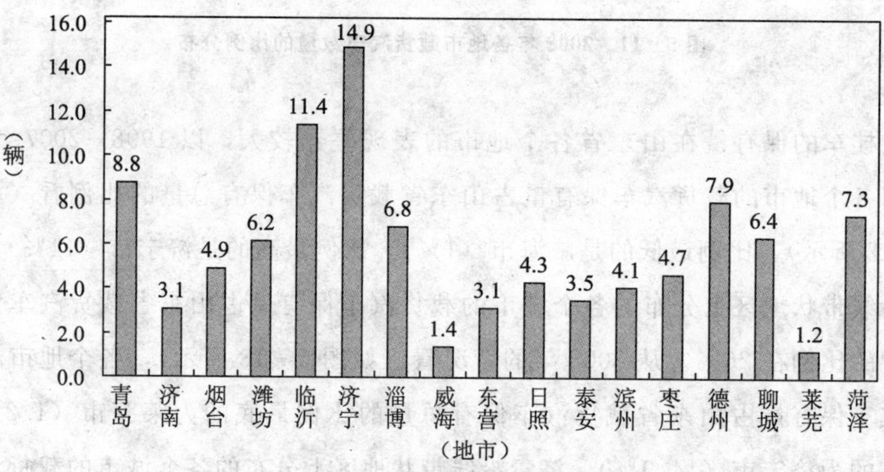

图 5－13　2008 年山东省各地市挂车数量的比例分布

5.1.5 山东省道路甩挂运输存在的问题

根据对全省 17 个地市的调查，在道路货物运输企业中，迄今开展道路甩挂运输的企业数量较少；即使在这些少量的开展道路甩挂运输的企业中，甩挂运输作业量也较少。

以华宇物流集团潍坊分公司为例，该公司在潍坊至北京、潍坊至青岛、潍坊至上海三条货运线路上采用甩挂运输方式，3 辆牵引车拖带 6 辆挂车。

淄博、东营、潍坊和泰安的若干家经营危险货物运输（如液化气体特别是天然气）的道路货运企业也采用了甩挂运输组织形式。经营天然气运输的企业，直接以罐车储存加气站点的气源，减少了天然气在加气站点的倒罐环节，降低了流通环节中的“滴、漏”，提高了运输效率和运输质量；同时，加气站点天然气存储设施相关的投资也有所节省。

自 2008 年年初开展试点到 2009 年年底，以烟台打捞局为试点主体，专门注册成立了烟台鲁辽甩挂物流有限公司，渤海湾烟大航线陆海甩挂运输已成功甩挂车辆 11000 余辆次，取得了较好的安全、经济效益，初步探索出了一套陆海两种运输方式相结合的甩挂运输组织模式。随着甩挂运输影响力的逐步扩大，烟台啤酒、欣和调味品、润达物流、港兴物流、顺远物流、淄博安泰公铁联运、寿光德福物流等多家生产、物流企业已陆续参与了陆海甩挂运输。目前，稳定运行在烟大航线的陆海甩挂车辆达 400 余辆，已初具规模。

山东省的道路甩挂运输一直处于尝试、探索的发展状态，这一方面受到我国交通运输行业发展进程、交通运输主管部门将山东省作为甩挂运输试点省份的定位的影响，另一方面受到山东省道路货物运输发展基础的影响。

1. 运力结构问题

山东省道路货运的运力供给与运输市场需求不相适应，结构性矛盾依然突出。主要表现在：道路货运车辆以中、小吨位车型为主（如图 5 - 14 所示），载重8吨以上的中、重型车辆比例过低，不仅不利于运输生产率的提高，也不利于节能减排；以敞式车辆为主，厢式车辆比例低，厢式车辆比例偏低不仅不利于现代货运服务业乃至现代物流业的发展，也不利于提高运输安全性、降低流通环节的包装等费用；以普通车辆为主，专用车辆比例低，与山东省经济结构和产业发展特征不相适应。

运力结构问题导致山东省道路甩挂运输的发展缺乏最基本的市场运作基础。众多的中、小吨位车型分布于众多的道路货运经营主体，在这样的基础上向甩挂运输组织方式转变难度很大：车型吨位的升级和车辆数量的减少符合甩挂运输的基本要求，也便于发挥甩挂运输的固有经济技术优势；但车型和车辆数量的变化势必引起道路货运经营主体对其业务开展的大幅度调整。

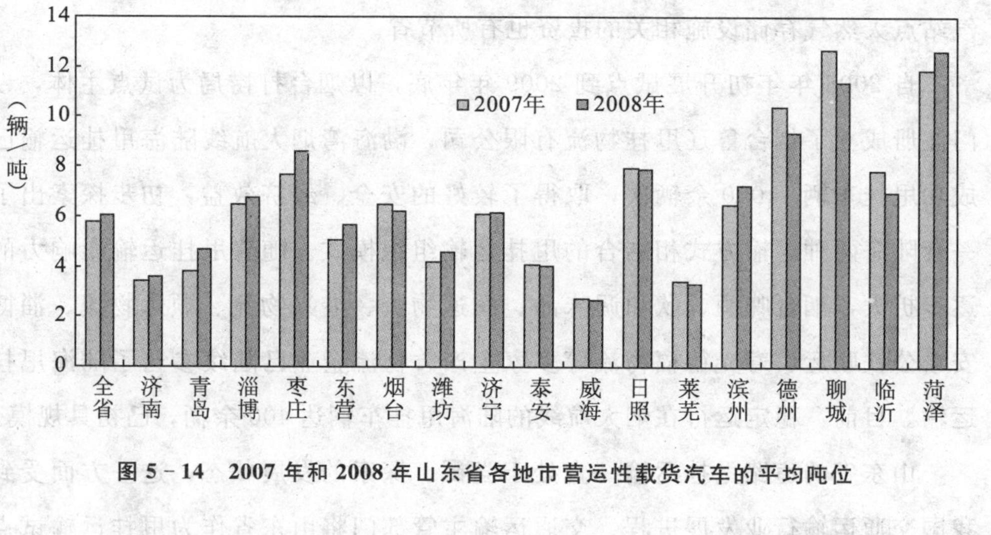

图5-14　2007年和2008年山东省各地市营运性载货汽车的平均吨位

2. 道路货运企业经营规模问题

山东省道路货运企业的规模普遍偏小，这大大制约了甩挂运输的开展。改革开放以来，山东省道路货运业经历了曲折的发展历程。全面开放道路货运市场政策虽然繁荣了道路货物运输经济，激活了道路货运业的竞争机制，但由于种种原因，山东省原有的大、中型道路运输企业重客运、轻货运的现象依然存在，道路货运向现代运输业升级改造的速度缓慢。市场主体以中小型运输业户为主，现有道路货运企业规模小、数量多、经营分散、市场竞争能力弱（如表 5 - 4 所示）。行业集中度低，导致低层次的同质竞争激烈，经营行为不规范、恶性竞争等现象时有发生；道路货运企业业务模式单一，运输网络化程度较低、运输距离较短。从事运输、仓储或货运代理等单项服务的企业占绝对多数，能提供物流服务等增值服务的企业少，能够形成覆盖全省的货运服务网络的企业更少。企业货源的组织能力较差，缺少主动开拓市场的策略和措施；企业之间缺少合作，很难形成专业化、规模化、集约化和网络化的经营体系。

表 5 - 4　　山东省道路运输业户情况

年 份	道路货物运输业户数	其中：普通货运业户数	其中：货物专用运输业户数	集装箱运输业户数	道路运输相关业务经营业户数	其中：物流服务	其中：车辆租赁
2007	624376	606256	1125	595	27880	832	—
2008	812982	350136	1200	669	5031	1022	63

甩挂运输适宜于运量规模较大、网络化经营的货物运输企业。在当前这种多、小、散、弱的道路货运市场结构下，相对落后的管理手段以及客户运输需求的随机性和临时性，如果缺少强有力的来自外界的引导和扶持措施，道路货运企业是难具备实施甩挂运输的基本条件的。

3. “孤岛”现象普遍

完善的基础设施和货运网络以及往返货物的有机结合是甩挂运输顺利发展的基础，没有区域间以及企业间的相互合作，甩挂运输的既有技术经济优势和效益就难以充分发挥。但山东省开展甩挂运输面临的是东西部地区间的发展不平衡、区域之间缺少合作等不协调的局面。山东省沿海经济发展较快，适合开展甩挂运输的运量大，而中西部地区由于经济发展相对薄弱，适合甩挂运输的货运量偏低。地区发展的不均衡影响了货物的集中和运能资源的配置，特别是缺少稳定的双向货源，必然影响山东省道路甩挂运输发展的进程。此外，虽然我国省际之间的公路货运交流量所占比例不大（不足两成），但省际之间的货运交流不畅仍然是影响道路甩挂运输发展的因素之一。山东省与周边省份没有相应的开展甩挂运输的合作机制，容易导致甩挂运输车辆在运输通道上出现运输成本和运行协调等方面的问题。

4. 道路货运行业基础建设力度欠缺

一方面，站场是道路货物运输网络的节点，是实现货物门到门运输和直接为货主和车主提供多种服务的场所。在道路甩挂运输市场中，站场起着停放车辆、运行组织、货物集散以及其他综合服务等作用。山东省既有的等级货运站场一般是综合性货运站，以普通货物运输、仓储等为主，开展甩挂运输时必须对其进行功能改造升级。

另一方面，山东省道路货运业信息化仍处于较低的水平，整个道路货运行业尚未建立起有效的网络信息平台，信息资源共享程度低，信息传递仍采用传统传递方式，全球卫星定位系统（GPS）、地理信息系统（GIS）在整个行业中的应用比例较低；道路货运企业内部的信息化建设也较相对缓慢，许多企业没有完备的信息管理系统，对货物、车辆、客户一般采用传统的电话通信、计算机网络以及其他现代信息技术手段的应用偏少。

5.2 山东省发展道路甩挂运输的必要性

推行甩挂运输是一项创新性、战略性的工作，对培育发展现代物流、促进道路货物运行行业的升级改造、建设节约环保可持续发展的道路货运产业具有重要的意义。

(1) 发展现代物流、降低物流成本已成为影响国民经济的增长质量的关键问题之一。不仅要做好企业物流，更要做好社会化、专业化的第三方物流，也只有第三方物流发展了，现代物流对经济发展的意义才能充分体现出来。当前发达国家物流成本仅占 GDP 的 10%左右，而我国物流成本占 GDP 的 20%左右，社会公共资源浪费严重。甩挂运输以其高效、经济、节能、环保的优势被发达国家所普遍采用。因此，发展现代物流必须高度重视甩挂运输的发展，把甩挂运输作为优化现代物流各环节政策环境的一个重点，使其在经济更好更快发展进程中发挥重要的、积极的作用。

(2) 推行甩挂运输是促进道路货运产业升级换代的重要途径。山东省道路货运总体上一直处于多、小、散、弱、乱的状态，道路货运较低的产业水平在很大程度上影响了国民经济稳定增长的需求，在与其他运输方式的竞争中也处于劣势。甩挂运输是企业运营网络或企业间运营网络内的甩挂，运用甩挂运输，可以提高车辆的营运效率和效益。

(3) 推行甩挂运输是国民经济节约、环保、和谐发展的客观要求。随着国民经济的快速发展，资源相对紧缺性的特点日趋明显，节约、环保、和谐是社会和经济发展的主题。道路运输是资源消耗较大的行业之一，理应在节约、环保、和谐发展的进程中作出应有的、积极的贡献。甩挂运输的发展，一是可以提高牵引车的工作率和挂车的吨位利用率，在较大程度上节约能源消耗；二是通过科学高效生产组织，可以大大提高货物的流转速度，创造出更高的时间价值；三是挂车待装待卸时的仓储功能可以相对减少库房面积，节省资金投入，节约建筑材料，减少土地占用；四是现行一主一挂的运输生产组织模式中的装卸时间变成了甩挂运输的运行时间，可以大大提高驾驶人员的工作效率，同时最大限度地消除了不同站场装卸效率的差异，为开展限时运输服务提供了条件。

5.3 山东省发展道路甩挂运输的可行性

山东省经济总量的快速发展给道路运输业带来了充足的货源，经济实力的增强保证了运输基础设施建设和装备水平提高的投入，也扩大了对产成品等的运输需求，为开展甩挂运输提供了良好的外部环境。随着山东省产业结构的调整，高附加值、高技术含量的产品比重增加，适合甩挂运输的货物比例随之增加；同时，随着山东省外向型经济向更大范围、更广领域的扩展，外贸进出口规模不断扩大，外贸运输进一步发展，这都为山东省发展甩挂运输提供了重要支撑。从货运需求的角度看，随着山东省产业结构和产品结构的优化，高新技术含量和高附加产品比重不断提高，适合甩挂运输的货物将随之增长。山东省最近五年的工业产品产量中，能源、化工、冶金、建材、机械、纺织、食品等稳定增长，其中大多都可以采用甩挂运输的方式。随着农产品加工业的壮大，电子、信息产业的发展，电子类、食品类产品会随之增加，这些也是适宜开展汽车甩挂运输的货源。

道路线路基础设施、站场设施、运输车辆、装卸搬运设备、运输服务网络、信息网络、企业管理方法等硬件设施和软件环境条件是保证甩挂运输发展的基础，是直接影响汽车甩挂运输服务质量高低的重要因素。山东省道路基础设施的指标，如公路通车里程、高速公路通车里程、公路密度、等级公路所占比例、国省干线路面铺装率、乡镇通达率等指标位居国内前列。山东省等级货运站场、物流园区不论数量上还是从建设标准和现代化建设程度上，经过适当改造，都能够基本满足网络化的综合运输服务体系的需要。良好的道路、站场等基础设施条件为开展汽车甩挂运输提供了可靠的物质基础。原大中型国有道路运输企业正进一步深化改革，进行企业转制，不少企业进行了股份制、民营化改革，建立了现代企业制度；大中型道路运输企业由传统型的运输企业向现代化物流企业转变，向仓储、包装、配送等综合性物流服务延伸；一些大中型道路运输企业正在积极加快运输信息系统建设，保证了货物和车辆安全，提高了货运质量。

5.4 山东省发展道路甩挂运输的SWOT分析

SWOT分析是根据企业自身的既定内在条件进行分析，找出企业的优势、劣势及核心竞争力所在，从而将企业的战略与其内部资源、外部环境有机结合。其中，S代表Strength（优势），W代表Weakness（弱势），O代表Opportunity（机会），T代表Threat（威胁），S、W是内部因素，O、T是外部因素。SWOT分析有助于清晰地把握全局，分析资源方面的优势与劣势，把握环境提供的机会，防范可能存在的风险与威胁。

进行SWOT分析时可遵循以下步骤：①罗列企业的优势和劣势，可能的机会与威胁。②优势、劣势与机会、威胁相组合，形成SO、ST、WO、WT策略。SO策略即依靠内部优势，利用外部机会；WO策略即利用外部机会，弥补内部劣势；ST策略即利用内部优势，规避外部威胁；WT策略即减少内部劣势，规避外部威胁。③对SO、ST、WO、WT策略进行判别和选择，确定企业应该采取的具体战略与策略。

基于SWOT分析，可获得针对山东省发展道路甩挂运输采用的发展战略，如表5-5所示。

开展甩挂运输不是一蹴而就的，它的发展与经济的发展、社会的进步、运输需求的变化等因素密不可分。在不同的经济社会发展时期，甩挂运输有不同的发展特征，由此可划分为甩挂运输发展的不同阶段。在不同的发展阶段可采取不同的发展策略。

在甩挂运输发展的起步阶段，可选择WO战略（转向型战略）。可在山东省内选择若干家货物运输企业或物流企业开展试点，将拓宽甩挂运输的业务量，逐渐形成甩挂运输固定货源作为发展重点。通过充分的货源调查，分析适合汽车甩挂运输货源的分布，组织人力、物力拓展货源渠道，逐步扩大甩挂运输运量。与此同时，利用现有的站场、仓储等基础设施，初步形成开展甩挂运输的基础设施网络；对现有货运站进行必要的功能升级改造，配备相应的装卸搬运设备。交通运输行政主管部门可根据甩挂运输的发展状况，确定发展规划，建立市场准入与退出机制，针对开展甩挂运输的试点企业制定鼓励与扶持政策。

在甩挂运输的发展壮大阶段，可选择SO战略（增强型战略）。通过拓展甩挂运输网络，在货源集中地区将原有货运站场改造成为甩挂运输专用货运站场，并进一步提高甩挂运输装备技术水平、继续加大装备投资，实现对车辆和货物的实时跟踪。在这个阶段，交通运输行政主管部门应建立和健全汽车甩挂运输市场监管机制和政策体系，初步建立相应市场机制和政策体系。

经过前两个阶段的形成和发展壮大后，相关道路货运企业应向规模化、集约化、网络化和效率化方向发展，甩挂运输货运站场向多功能、覆盖面广且节约的方向发展，完善的甩挂运输网络和先进的信息系统已经形成。在该阶段，交通运输行政主管部门应加强监督，逐步建立起公平、合理、有序、健康的甩挂运输市场机制和完善的政策体系。

表 5-5　　针对山东省发展道路甩挂运输的 SWOT 分析

优势与劣势 机会与威胁	优势 ●道路基础设施建设水平高、管理人才和管理技能有所储备、发展资金和技术积累良好 ●道路货运市场发展进入整合阶段，市场化水平提升 ●主要的道路货运企业形成了比较完整的实体网络，运输组织过程流程化	劣势 ●道路货运运力结构、道路货运企业规模和数量有待优化调整 ●道路货运从业人员的观念和技能需要进一步更新和提升 ●道路货运信息管理水平和控制能力待提升
机会 ●应对气候变化、节能减排、科学发展等宏观经济社会背景极大地鼓励了高效、低碳运输的发展，为道路甩挂运输的发展提供了政策保障 ●道路运输基础设施建设和车辆制造技术水平不断提高 ●山东省已进入工业化中期，产业结构优化进程加快，道路货运需求旺盛	SO 战略 ●凭借既有的各种运输资源，抢先试点并积极推广甩挂运输，力争对我国道路运输市场开展甩挂运输起到示范作用（增强型战略）	WO 战略 ●试点并尝试推广甩挂运输的理念，更新行业知识资源，逐渐引导增加挂车数量及其在车辆总量中的比例，鼓励企业增加牵引车有效工作时间（转向型战略）
威胁 ●区域经济和行政管理差异导致跨地区的市场难以统一和融合 ●外资竞争者的服务能力和实力造成较大的竞争压力，民营竞争者的服务能力和定位造成较低层次的市场竞争	ST 战略 ●瞄准条件较成熟的地区，以点带线、以线带面地开展甩挂运输（多样化战略）	WT 战略 ●在既有的发展基础上，引导企业更新道路货运装备和运输组织方式，提升企业的市场生存能力和行业的竞争力（防御型战略）

6 山东省道路甩挂运输市场需求分析

6.1 山东省道路甩挂运输发展的经济背景

6.1.1 山东省工业化发展阶段

依据人均 GDP 水平粗略估算山东省工业化所处的阶段：由既有研究成果所显示的人均 GDP 与工业化阶段的对应规律，粗略推算 2008 年的工业化发展阶段所对应的人均 GDP 水平如表 6-1 所示。

表 6-1　　人均 GDP 对工业化阶段的判断标准　　（单位：美元）

<table>
<tr><th rowspan="2">阶段</th><th colspan="4">人均 GDP（按汇率法测算）</th><th colspan="2" rowspan="2">发展阶段描述</th></tr>
<tr><th>1970 年</th><th>1980 年</th><th>1998 年</th><th>2008 年</th></tr>
<tr><td>1</td><td>140～280</td><td>300～600</td><td>530～1200</td><td>1000～2400</td><td colspan="2">初级产品生产阶段</td></tr>
<tr><td>2</td><td>280～560</td><td>600～1200</td><td>1200～2400</td><td>2400～4800</td><td>工业化初级阶段</td><td rowspan="3">工业化</td></tr>
<tr><td>3</td><td>560～1120</td><td>1200～2400</td><td>2400～4800</td><td>4800～9600</td><td>工业化中级阶段</td></tr>
<tr><td>4</td><td>1120～2100</td><td>2400～4500</td><td>4800～9000</td><td>9600～18000</td><td>工业化高级阶段</td></tr>
<tr><td>5</td><td>2100～3300</td><td>4500～7200</td><td>9000～16600</td><td>18000～33200</td><td>发达经济初级阶段</td><td rowspan="2">发达经济</td></tr>
<tr><td>6</td><td>3300～5040</td><td>7200～10800</td><td>16600～25000</td><td>33200～50000</td><td>发达经济高级阶段</td></tr>
</table>

山东省 2008 年的人均 GDP 在 4800～5000 美元，可见山东省处于工业化

中级阶段。

再依据产业结构粗略估算山东省工业化所处的阶段：由既有的相关研究成果，要达到工业化中级阶段乃至发达经济阶段，服务业增加值的比重应达到 40%（实际上，当前世界上处于发达经济阶段的国家的服务业增加值的比重已远远超过了 40%，很多已经接近甚至超过了 70%），而山东省服务业比重一直处于 36%以下（如图 6－1 所示），根据预测（《2007 年山东省国民经济和社会发展报告》），即使到 2015 年，服务业比重仍在 36%以下。可见，山东省将需要较长的时期完成工业化进程。

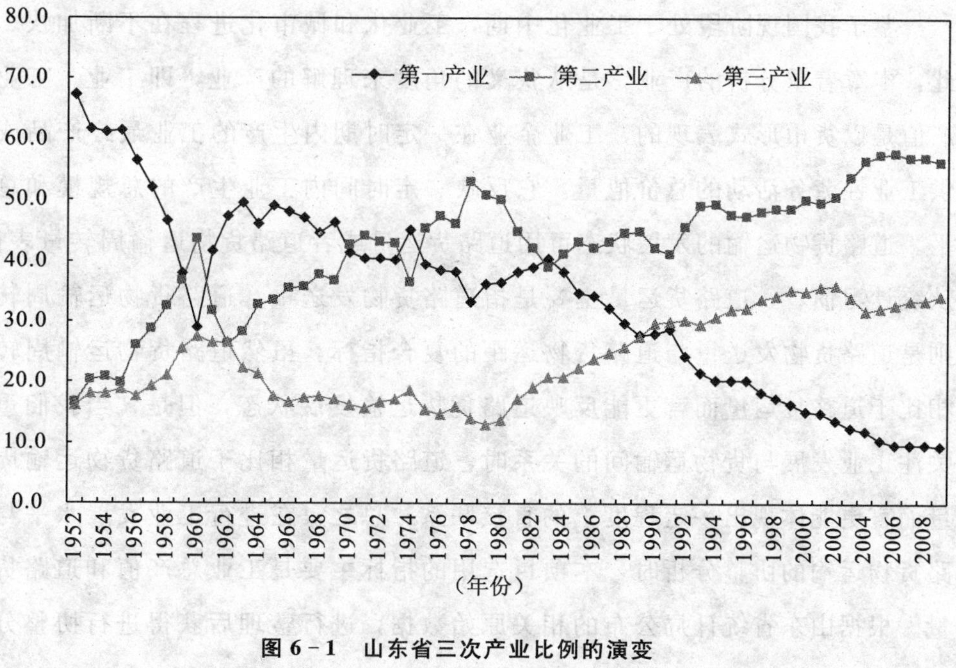

图 6－1 山东省三次产业比例的演变

6.1.2 山东省工业与道路货物运输发展之间的密切关系

协整理论旨在探求非平稳经济变量间蕴涵的长期均衡关系，协整理论所指出的长期均衡，实质上也就是非平稳变量之间的长期稳定性，长期均衡反映的是系统内部各变量之间保持一种平衡关系，系统内部变量尽管是非平稳的，但其组成的变量会沿着某种稳定路径做同向运动以达到系统均衡。这种长期均衡并非指某一时刻的静态均衡，而是指变量间的动态均衡。协整分析一般借助单位根检验、Granger 因果关系检验等协整检验方法，考察一组非平稳序列的线性组合是否具有协整关系。其原理是：使用单位根检验考察序列的平稳性；使用 Granger 因果关系考察一个变量的滞后项是否可以引入到其他某个变量方程中，如果这个变量受到引入变量的滞后项影响，就说明这两个变量之间具有 Granger 因果关系。

鉴于我国现阶段处于工业化中期，工业化和城市化进程在不断加快。因此，本章着重分析的产业，是从狭义的角度来理解的产业，即工业。工业总产值是以货币形式表现的，工业企业在一定时期内生产的工业最终产品或提供工业性劳务活动的总价值量。它反映一定时间内工业生产的总规模和总水平。道路货物运输的发展状态可用道路货运量或者道路货物运输周转量表征。从统计习惯看，道路货运量主要是指道路货物发送量，道路货物运输周转量则是道路货物发送量与道路货物运距的复合指标。虽然道路货物运输周转量相比于道路货运量而言更能反映道路货物运输发展状态，但是，当我们重点关注工业发展与货物运输间的关系时，道路货运量相比于道路货物运输周转量而言更能体现出一定程度上的直接联系。总之，在进行工业发展水平与道路货物运输的协整分析时，本项目选用的指标主要是工业总产值和道路货运量。根据山东省统计局公布的相关原始数据，进行整理后获得进行协整分析的数据（如表 6-2 所示）。

表 6－2　　山东省工业总产值与道路货运量统计数据的整理

年 份	工业总产值（亿元）	工业总产值增量（亿元）	公路货运量（万吨）	公路货运量增量（万吨）	年 份	工业总产值（亿元）	工业总产值增量（亿元）	公路货运量（万吨）	公路货运量增量（万吨）
1951	0.1468	0.0161	233	22	1974	0.9892	－0.3530	7107	－1763
1952	0.1774	0.0306	1029	796	1975	1.5620	0.5728	9781	2674
1953	0.2174	0.0400	1692	663	1976	1.8077	0.2457	11732	1951
1954	0.2428	0.0254	1643	－49	1977	2.1584	0.3507	15255	3523
1955	0.2492	0.0064	2013	370	1978	2.4349	0.2765	16128	873
1956	0.3257	0.0765	2942	929	1979	2.5598	0.1249	15748	－380
1957	0.3524	0.0267	2973	31	1980	2.6402	0.0804	15629	－119
1958	0.5684	0.2160	5400	2427	1981	2.7315	0.0913	14427	－1202
1959	0.7553	0.1869	9821	4421	1982	2.9699	0.2384	15413	986
1960	0.7915	0.0362	9677	－144	1983	3.2585	0.2886	17216	1803
1961	0.4186	－0.3729	3840	－5837	1984	3.8874	0.6289	18389	1173
1962	0.3457	－0.0729	2419	－1421	1985	4.5640	0.6766	20105	1716
1963	0.3762	0.0305	2777	358	1986	5.0181	0.4541	24619	4514
1964	0.4593	0.0831	3335	558	1987	6.1081	1.0900	28008	3389
1965	0.5720	0.1127	4339	1004	1988	7.2508	1.1427	31670	3662
1966	0.7195	0.1475	4805	466	1989	8.1569	0.9061	34331	2661
1967	0.7835	0.0640	4823	18	1990	9.0384	0.8815	32654	－1677
1968	0.8436	0.0601	4728	－95	1991	10.1769	1.1385	34587	1933
1969	0.8601	0.0165	4487	－241	1992	11.4203	1.2434	37684	3097
1970	1.1604	0.3003	5693	1206	1993	15.3334	3.9131	40820	3136
1971	1.2164	0.0560	6803	1110	1994	18.5114	3.1780	46485	5665
1972	1.2658	0.0494	8100	1297	1995	19.9655	1.4541	55669	9184
1973	1.3422	0.0764	8870	770	1996	18.6639	－1.3016	58270	2601

续　表

年　份	工业总产值（亿元）	工业总产值增量（亿元）	公路货运量（万吨）	公路货运量增量（万吨）	年　份	工业总产值（亿元）	工业总产值增量（亿元）	公路货运量（万吨）	公路货运量增量（万吨）
1997	19.8649	1.2010	60340	2070	2003	39.1566	8.1346	95900	6186
1998	21.1753	1.3104	64716	4376	2004	49.9625	10.8059	106887	10987
1999	22.5669	1.3916	67696	2980	2005	66.1200	16.1575	120455	13568
2000	25.1650	2.5981	76778	9082	2006	81.2065	15.0865	136750	16295
2001	26.2399	1.0749	81574	4796	2007	96.4356	15.2291	163959	27209
2002	31.0220	4.7821	89714	8140	2008	105.9373	9.5017	216604	52645

注：工业总产值系消除物价因素后的数据（这里使用居民消费价格总指数进行物价因素的消除）。

资料来源：山东统计年鉴

山东省公路货运量增量时间序列的单位根检验采用 Augmented Dickey-Fuller 方法，检验结果如表 6－3 所示。

表 6－3　　山东省公路货运量增量时间序列的单位根检验

检验类型	ADF 检验值	显著水平	临界值	检验结果
公路货运量增量时间序列的二阶差分	－6.211777	1%	－4.1348	平　稳
		5%	－3.4935	平　稳
		10%	－3.1753	平　稳
DW 值：1.724879				
公路货运量增量时间序列的一阶差分	－1.340352	1%	－4.1314	不平稳
		5%	－3.4919	不平稳
		10%	－3.1744	不平稳
DW 值：1.654445				

续 表

检验类型	ADF 检验值	显著水平	临界值	检验结果
公路货运量增量时间序列	3.632087	1%	−4.1281	不平稳
		5%	−3.4904	不平稳
		10%	−3.1735	不平稳
DW 值：1.850991				

可见，山东省公路货运量增量时间序列在显著水平 1%下存在单位根，经一阶差分后检验在 1%显著水平下仍存在单位根，均为不平稳序列；经二阶差分后检验在 1%显著水平下不存在单位根。所以，山东省公路货运量增量时间序列为 I（2）序列。

山东省工业总产值增量时间序列的单位根检验采用 Augmented Dickey-Fuller 方法，检验结果如表 6－4 所示。

表 6－4　山东省工业总产值增量时间序列的单位根检验

检验类型	ADF 检验值	显著水平	临界值	检验结果
工业总产值增量时间序列的二阶差分	−5.449214	1%	−4.1348	平　稳
		5%	−3.4935	平　稳
		10%	−3.1753	平　稳
DW 值：1.853284				
工业总产值增量时间序列的一阶差分	−2.854420	1%	−4.1314	不平稳
		5%	−3.4919	不平稳
		10%	−3.1744	不平稳
DW 值：1.611492				
工业总产值增量时间序列	−2.401677	1%	−4.1281	不平稳
		5%	−3.4904	不平稳
		10%	−3.1735	不平稳
DW 值：2.035013				

可见，山东省工业总产值增量时间序列在显著水平1%下存在单位根，经一阶差分后检验在1%显著水平下仍存在单位根，均为不平稳序列；经二阶差分后检验在1%显著水平下不存在单位根。所以，山东省工业总产值增量时间序列为I（2）序列。

将山东省工业总产值增量时间序列与公路货运量增量时间序列进行协整检验，结果如表6-5所示。

表6-5　　工业总产值与公路货运量Granger因果关系检验结果

零假设	自由度	F值	P值
公路货运量增量不能Granger引起工业总产值增量	56	5.51454	0.00679
工业总产值增量不能Granger引起公路货运量增量		7.47149	0.00143

可见，“公路货运量增量不能Granger引起工业总产值增量”和“工业总产值增量不能Granger引起公路货运量增量”的零假设都被拒绝了。可以认为，山东省公路货运量增量和工业总产值增量之间存在双向的Granger因果关系。

6.1.3　甩挂运输与工业化

良好的政策为甩挂运输与工业间链式关系的形成提供了鼓励环境。如：《山东省现代物流业振兴发展规划（2009—2011年）》指出，山东省的重点工业在不同环节、不同层次采用物流管理方式的企业占78.02%，运输、仓储等实施外包的占54.9%，可降低物流成本10%以上。《山东省人民政府关于加快发展生产性服务业的意见》（鲁政发［2009］87号）指出，积极推动制造业企业物流业务外包，鼓励制造业和物流业融合互动发展，集中力量培育一批重点物流企业，加快发展第三方、第四方物流，鼓励现代物流企业实现集团化发展、连锁化经营、网络化管理，不断提高物流业的社会化、专业化、标准化、信息化服务水平。

此外，对于我国当前的工业化进程，广泛推行甩挂运输组织形式有助于从一定程度上缓解经济社会的快速发展与资源消耗之间的矛盾，以下从燃料消耗与土地资源消耗两方面予以简要分析：

第一，根据《2007 年山东省国民经济和社会发展报告》，山东省汽油 80％以上都消耗在运输业上，其中道路运输的能源消耗量占整个交通运输能源消费量的 50％以上。2006 年，公路运输通过实施计重收费和经济调节，鼓励车辆结构调整，山东省车辆平均吨位已上升到 4.2 吨，而大吨位货车的平均油耗下降了 10％。实际上，我国的汽车燃料价格并没有处于世界各国汽车燃料价格的高水平上（如表 6－6 所示）。可见，仅从甩挂运输带动的大吨位车辆的广泛使用方面，其能够间接节省的燃料成本是很可观的。

表 6－6　　世界各国汽车燃料价格　　（单位：美分/升）

国家和地区	高级汽油价格				柴油价格			
	2000 年	2002 年	2004 年	2006 年	2000 年	2002 年	2004 年	2006 年
中　国	40	42	48	69	45	37	43	78
中国香港	146	147	154	169	80	77	100	106
印　度	60	66	87	101	39	41	62	75
日　本	106	91	126	109	76	66	95	90
韩　国	92	109	135	165	66	64	95	133
新加坡	84	85	89	92	38	38	55	63
加拿大	58	51	68	84	47	43	68	78
墨西哥	61	62	59	74	45	47	45	52
美　国	47	40	54	63	48	39	57	69
巴　西	92	55	84	126	34	31	49	84

续　表

国家和地区	高级汽油价格				柴油价格			
	2000 年	2002 年	2004 年	2006 年	2000 年	2002 年	2004 年	2006 年
法　国	99	105	142	148	82	80	125	133
意大利	97	105	153	156	83	86	131	149
荷　兰	103	112	162	170	78	81	123	132
波　兰	76	83	120	130	65	68	109	130
俄罗斯联邦	33	35	55	77	29	25	45	66
西班牙	73	83	121	115	65	72	110	110
英　国	117	118	156	163	122	120	160	173
澳大利亚	57	50	85	93	57	48	83	94

资料来源：国际公路协会《世界公路统计》2008 年

第二，《山东省“十一五”国土资源规划》指出，山东省耕地保护与经济建设用地之间的矛盾非常突出。山东省人均土地 0.17 公顷（2.55 亩），不到全国人均土地的 20%；人均耕地 0.082 公顷（1.23 亩），仅为全国平均水平的 89%，有 5 个市、47 个县（市、区）人均耕地低于 1 亩。可供开发为耕地的后备资源不足。各项建设占用、生态退耕、农业结构调整等减少耕地的趋势还将继续。“十一五”期间国土资源规划的主要预期指标包括：耕地保有量不低于 735 万公顷（1.1025 亿亩）；基本农田不少于 667 万公顷（1.0005 亿亩）；新增建设用地总量控制在 13.3 万公顷（200 万亩）以内，其中占用耕地控制在 10 万公顷（150 万亩）之内。实际上，山东省各地市的交通用地在土地调查面积中的比例基本在 1.0%左右（如图 6－2 所示），山东省各地市交通用地在建设用地中的比例基本在 6.5%（如图 6－3 所示），所以，土地资源的约束肯定会对交通运输用地产生不利影响。而相对于一般的道路运输形式，甩挂运输组织形式下的土地使用量要小。可见，在新时期的工业化进程和土地资源的双重作用下，甩挂运输具备发展的可行性和必要性。

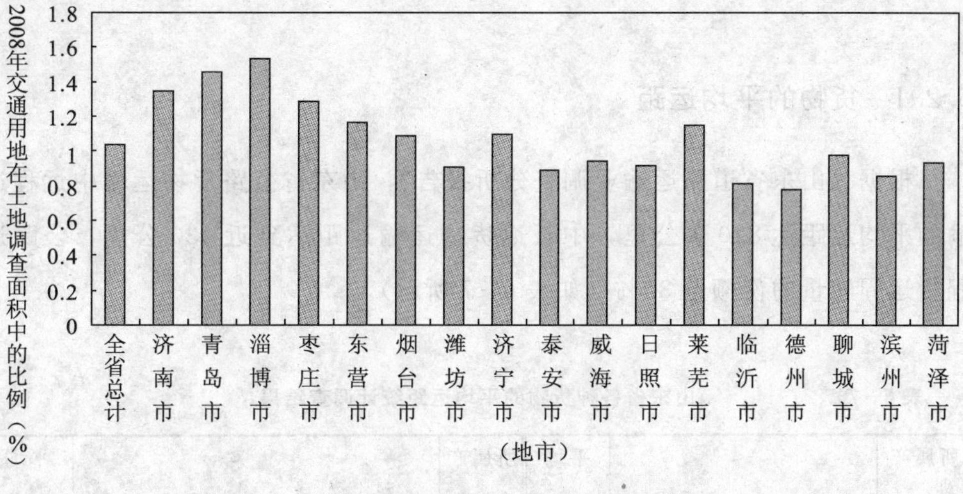

图 6-2　山东省各地市 2008 年交通用地在土地调查面积中的比例（平均水平 1.0）

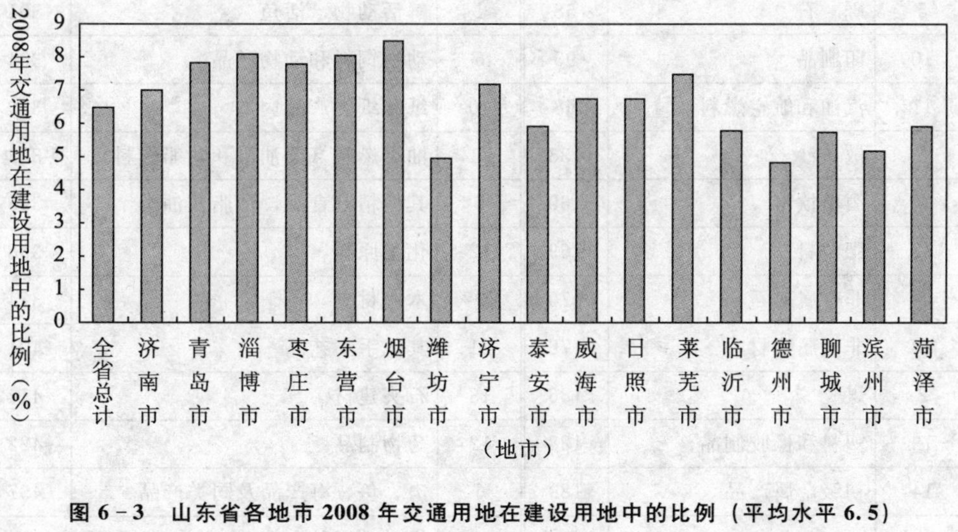

图 6-3　山东省各地市 2008 年交通用地在建设用地中的比例（平均水平 6.5）

6.2 道路甩挂运输可承载的货物类别分析

6.2.1 货物的平均运距

根据《山东省道路运输业调查分析报告》，山东省公路货物运输中远程运输的平均运距达820多公里，中长途货物运输运距达到近430公里，公路远程货运周转量的份额近30%（如表6-7所示）。

表6-7　　山东省各种货物的平均运距统计调查结果

所属产业部门代码	货物分类	平均运距（公里）	所属产业部门代码	货物分类	平均运距（公里）
5	砾　石	58	1	鲜活动物、活鱼	301
10	印刷品	95	6	动物饲料和动物产品	304
11	汽油和航空燃料	98	10	纸和纸类产品	319
5	散　沙	133	11	油类燃料（柴油机和轮船燃料）	322
6	酒精饮料	160	6	其他精制食品，油脂及油类	328
12	肥　料	169	12	化工原料	338
5	非金属矿石	170	9	木　材	374
13	非金属建材	176	21	其他手工艺品	401
2	煤	186	13	石头建材	414
12	塑料和橡胶制品	188	12	药物制品	422
14	初级金属产品	189	6	肉、鱼、海产品及同类产品	457
1	圆木和其他未加工木材	190	17	机动化运输工具（汽车及零配件）	466
1	粮谷、谷粒	202	6	其他农产品（除饲料外）	508

续 表

所属产业部门代码	货物分类	平均运距（公里）	所属产业部门代码	货物分类	平均运距（公里）
12	化工产品及制品	207	8	布料、皮革及同类制品	513
9	家具、灯、照明标志	208	6	烟草产品	526
6	面粉制品及同类产品	209	10	新闻用纸及纸浆	593
11	煤和石油产品	210	19	电子设备及配件	685
14	锻造、压延金属产品	257	18	机　械	702
3	原　油	262	17	运输设备	781
14	金属矿石和提炼物	270		2007 调查货物总计	209

不同的货物属于不同的产业部门，不同的产业部门往往可以提供多种产品、产生多种货物品类。根据山东省各种货物的平均运距统计调查结果，本项目大体归纳了部分产业的平均运距以及产业在山东省的空间分布（如表6-8所示）。

山东省自 1993 年第一条高速公路——济青高速公路通车以来，形成了较为完备的高等级公路网络。而公布的货物平均运距从 1993 年的 50.1 公里增加到 2007 年的 65.2 公里。综合考虑到《山东省道路运输业调查分析报告》的分析结论和公布统计数据，取平均运距 120 公里作为适宜采用甩挂运输的货物的最低运距要求。

表 6-8　山东省部分产业的空间分布及对应的货物平均运距　（单位：公里）

投入产业的分布	平均运距	山东省主要产业	主要产业的分布
菏泽、济宁、日照、威海、烟台、东营、滨州、淄博、德州、潍坊	356	06 食品制造及烟草加工业	菏泽、济宁、日照、威海、烟台、东营

续 表

投入产业的分布	平均运距	山东省主要产业	主要产业的分布
菏泽、济宁、日照、威海、烟台、东营、淄博、德州、潍坊	291	09木材加工及家具制造业	淄博、菏泽、济宁、德州、日照、烟台、潍坊
菏泽、济宁、日照、临沂、淄博、威海、德州、潍坊、东营、烟台、青岛	210	11石油加工、炼焦及核燃料加工业	淄博、菏泽、青岛、东营
菏泽、济宁、日照、威海、烟台、东营、淄博、青岛、德州、潍坊	265	12化学工业	淄博、德州、济宁、威海、烟台、潍坊、东营
菏泽、日照、威海、东营、青岛、淄博、德州、济宁、烟台、潍坊	295	13非金属矿物制品业	淄博、日照
菏泽、淄博、德州、济宁、威海、烟台、潍坊、东营、日照、莱芜、聊城、临沂、青岛	264	14金属冶炼及压延加工业	莱芜、聊城、淄博、烟台、东营
日照、莱芜、聊城、淄博、烟台、东营、临沂、济宁、威海	180	15金属制品业	聊城、烟台
菏泽、日照、烟台、东营、淄博、德州、济宁、威海、潍坊、临沂	694	20仪器仪表及文化办公用机械制造业	烟台

6.2.2 货物的价值与运输成本

基于附加值的基本概念测算不同产业所生产的产品的附加值时，由于产品的投入往往难以准确把握、原始数据难以获取等因素制约，测算产品附加值的难度很大。从本质看，生产活动其实就是劳动者借助劳动工具对劳动对象施加作用的过程，如果从主要因素方面考虑，产品的生产过程除了涉及原材料、中间品等劳动对象外，更主要的是劳动者的因素。所以，本章选取“人均增加值”这一指标粗略地对不同产业、不同产品的附加值层次进行考察。2008年山东省第二产业所包括的主要行业部门的人均增加值情况如表6－9所示。不难发现，不同的行业其产品的附加值水平差异很大。

表6－9　2008年山东省各行业的从业人数的人均工业增加值（单位：万元/人）

行业	人均工业增加值	行业	人均工业增加值
烟草加工业	134.6647	非金属矿物制品业	20.1731
石油加工及炼焦业	80.7229	饮料制造业	19.9784
有色金属冶炼及压延加工业	77.1713	专用设备制造业	19.5789
黑色金属冶炼及压延加工业	50.3271	非金属矿采选业	18.5307
化学原料及化学制品制造业	45.7533	食品加工业	18.2395
电力、热力的生产和供应业	38.7228	化学纤维制造业	17.1649
黑色金属矿采选业	36.5754	印刷业记录媒介的复制	17.1347
废弃资源和废旧材料回收加工业	32.0811	木材加工及竹藤棕草制品业	16.9931
医药制造业	30.641	家具制造业	15.2245
计算机、电子、通信设备制造业	28.2159	橡胶制品业	15.116
电气机械及器材制造业	26.3768	食品制造业	14.8773
仪器仪表及文化办公用机械	26.3318	煤炭采选业	14.5998
交通运输设备制造业	26.2782	文教体育用品制造业	10.0363
塑料制品业	25.3943	皮革毛皮羽绒及其制品业	9.9976
金属制品业	23.9881	纺织业	9.9076
有色金属矿采选业	22.5669	工艺品及其他制造业	9.7742
燃气的生产和供应业	21.8844	服装及其他纤维制品制造	7.5336
普通机械制造业	21.0547	水的生产和供应业	5.1035
造纸及纸制品业	20.4135	石油和天然气开采业	0.7097

根据交通运输部《全国公路水路运输量专项调查主要数据公报》，按货物

种类分，调查月（2008 年 11 月）货运量比重为前三位的货类依次为：矿物性建筑材料（19.4%）、煤炭及制品（14.1%）和水泥（8.5%）；货物周转量比重为前三位的货类依次为：煤炭及制品（14.7%）、农林牧副渔业产品（11.8%）和机械设备电器（10.3%）。可见，我国公路货运业务所承载的货物种类仍以大宗散货、附加值较低货物为主。

从既有的物流行业统计情况看，物流总成本的三大组成部分中（运输成本、库存持有成本、管理成本），运输成本所占的比重最大。从一些专项的统计调查结果看，运输成本在货物总价值中所占的比重不可忽视（如表 6－10、表 6－11 所示）。

表 6－10　　山东省各种货物的货值比统计调查结果

商品组	货值比重（%）	货物单价（万元/吨）	平均运距（公里）
杂　货	13.2	1.55	443
电子设备及配件、电子办公设备	12.1	7.63	685
布料、皮革及同类产品	9.1	2.44	513
原　油	7	0.46	262
锻造、压延金属产品	6.8	0.55	257
机　械	6.5	2.22	702
机动化运输工具	5.5	2.01	466
油类燃料	5.4	0.57	322
化工原料	5.3	0.57	338
除饲料外的其他农产品	4.5	0.41	508

资料来源：《山东省道路运输业调查分析报告》

表 6-11　　1990 年德国各行业物流成本的比例（%）

费用＼行业	化学业	造纸业	食品加工	制造业	电子电源业	木材加工业	医药化妆品
货物运输费用	8.3	5.9	5.2	4.9	4.0	6.9	5.4
包装材料费用	5.1	2.9	5.7	1.5	1.8	1.0	4.8
仓库人工费用	8.8	6.4	6.4	6.4	6.5	8.1	9.5
业务费用	1.9	3.1	1.8	3.1	2.4	2.7	2.4
人工费用合计	24.1	18.3	19.3	15.9	14.7	18.7	22.1

资料来源：德国杜伊斯基金协会

6.3　山东省甩挂运输流量分析与预测

6.3.1　山东省优势产业的选取

本章以“优势产业”的概念来表示那些在国民经济或者区域经济中对其他产业的带动作用明显（即对其他产业的影响作用大），在整个经济系统中发挥重要作用的那些产业部门。虽然严格意义上的主导产业一般难以归类为优势产业，但本章所称“优势产业”隐含着主导产业的先发优势。

目前我们所能够获得的公开发布的我国各地区投入产出表是 2002 年的。本章使用山东省 2002 年价值型投入产出表的数据，借助 DEMATEL 方法计算各产业的影响度、被影响度、中心度和原因度，并依据计算结果进行如下分析（如图 6-4、图 6-5 所示）。

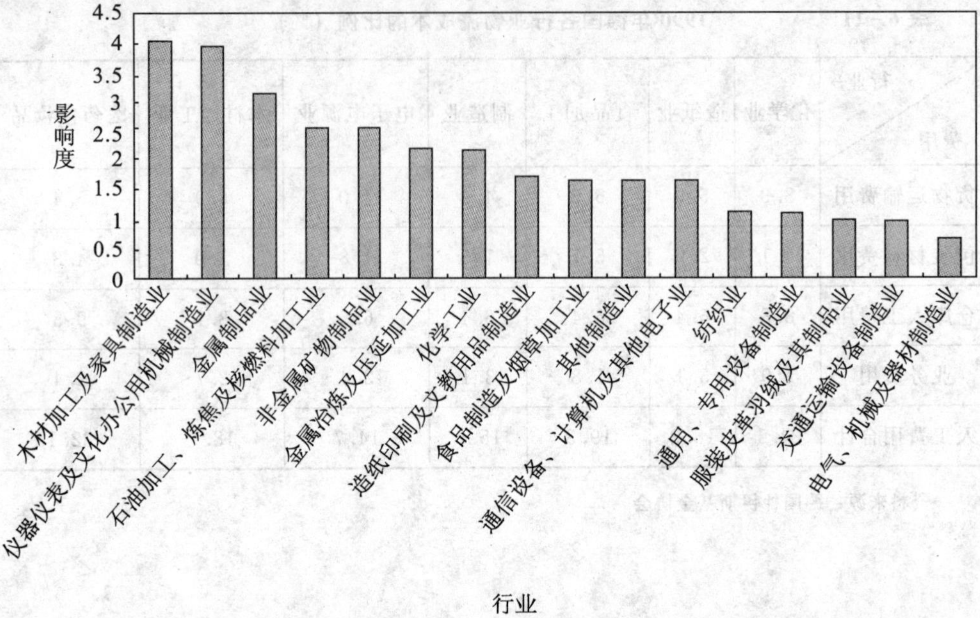

图 6-4　第二产业各行业的影响度

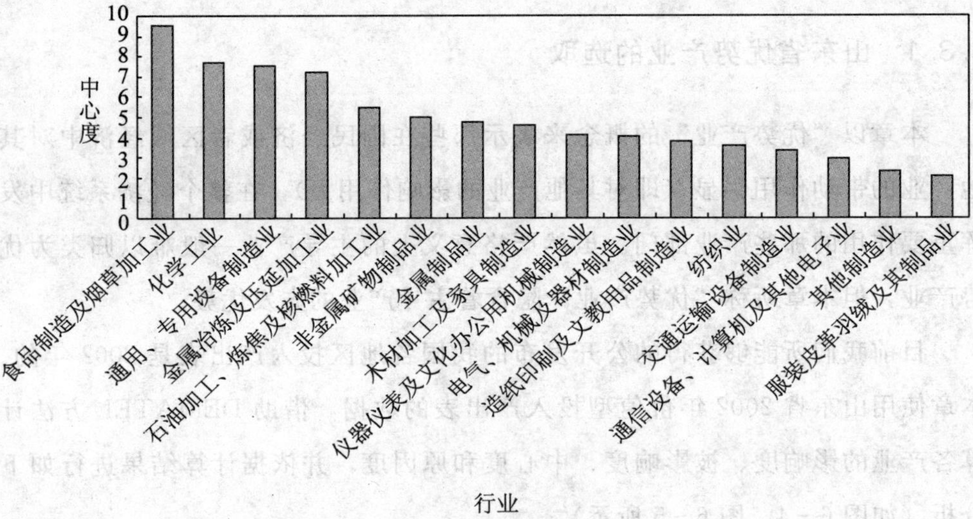

图 6-5　第二产业各行业的中心度

第一，木材加工及家具制造业、仪器仪表及文化办公用机械制造业、金属制品业等工业对其他产业部门的影响度最大，发展这些产业将促进其他产业的发展，因此对于这些产业的管理和调控将对其他所有的产业部门产生巨大的影响。另外是石油加工炼焦及核燃料加工业、非金属矿物制品业、金属冶炼及压延加工业、化学工业等行业的影响也较为显著。根据我国三次产业划分的标准，将42个产业部门合并到为三大类中进行统计，结果显示一次产业农业类的影响度为1.7953，二次产业工业和建筑业类的影响度为53.7930，三次产业流通部门和服务部门的影响度为24.4461，可见山东省仍以工业为主导产业，流通和服务业位居第二，农业在国民经济中的影响地位低。

第二，从综合影响度和被影响度两方面因素看，食品制造及烟草加工业、化学工业、通用专用设备制造业、金属冶炼及压延加工业等由于对其他产业部门的较大影响度而仍处于尤为突出的重要地位。

由以上分析，选取以下产业：产业代码为06、09、11、12、13、14、15、20的产业作为山东省的优势产业，也就是本章研究过程中重点关注的产业。

6.3.2 山东省产业梯度的分布

借鉴产业梯度的一般计算方法，在测算山东省各地市产业梯度时，以2002年、2008年各地市第二产业各产业部门的工业增加值、从业人数、山东省GDP为原始数据，计算结果如表6－12、表6－13所示，表中只列出产业梯度系数在1以上的结果。

表 6-12　　2002 年山东省各地市各产业梯度的计算结果

产业名称	济南	滨州	东营	菏泽	莱芜	聊城	临沂	日照	泰安	威海	烟台	枣庄	淄博	德州	济宁	青岛	潍坊
食品加工业		3.97		2.19			1.53	3.45		7.03	2.22		3.15	3.11	2.41		
食品制造业	1.03	6.07		13.37	2.58		1.75		1.00		3.01				3.67		
饮料制造业					1.12						1.85	15.06		11.43		1.13	4.99
烟草加工业	17.97			1.52			1.21					10.59				19.09	14.93
纺织业		5.06	2.27	2.81	8.00						3.95			22.48	1.48		
服装及其他纤维制品制造					4.66			13.2		1.88				9.13			1.72
皮革毛皮羽绒及其制品业	1.43			1.46						7.84						1.87	
木材加工及竹藤棕草制品业		1.60	1.37	13.11	2.06	3.57	2.03	1.58		4.11		3.87			11.10		
家具制造业	2.71		2.00		11.59			9.97		19.37		2.01	6.85		11.71	1.27	
造纸及纸制品业			5.65		4.8	2.38				1.16			1.17	7.33	31.49		1.85
印刷业记录媒介的复制	1.13				9.18				1.83	1.17	3.61			2.32		1.93	
文教体育用品制造业	1.05					4.46					4.13	3.90		1.49		2.26	

续 表

产业名称	济南	滨州	东营	菏泽	莱芜	聊城	临沂	日照	泰安	威海	烟台	枣庄	淄博	德州	济宁	青岛	潍坊
石油加工及炼焦业	4.86	14.71	10.58	10.01									2.83			1.92	
化学原料及化学制品制造业		1.78	1.93				1.04		1.83		2.23		6.58	7.80			
医药制造业	2.20		1.30	2.20		1.65	2.52	1.42					2.21	3.87	3.02		
化学纤维制造业										4.79	1.43		7.5	4.33			
橡胶制品业					5.77				1.40	5.97	6.35				1.96	1.38	
塑料制品业			4.44					2.96		4.26	2.34					1.56	
非金属矿物制品业	1.91	1.54							1.36	2.09	1.56	1.05	7.00	21.07	1.44		
黑色金属冶炼及压延加工业	7.76				12.09												
有色金属冶炼及压延加工业		7.71	2.94				3.50		5.61		7.62		1.46		1.66		
金属制品业	2.45									2.08	3.06		3.45			1.11	
普通机械制造业	1.25				1.99				2.69	3.88	2.12						
专用设备制造业						4.16		8.13		3.70	2.25				3.75		1.13

续 表

产业名称	济南	滨州	东营	菏泽	莱芜	聊城	临沂	日照	泰安	威海	烟台	枣庄	淄博	德州	济宁	青岛	潍坊
交通运输设备制造业	3.73								2.62		1.65				2.15	1.22	
电气机械及器材制造业									2.16	1.80	1.28					3.90	
计算机、电子、通信设备制造业	6.51	5.91						3.92			1.04					1.58	
仪器仪表及文化办公用机械	3.28									18.70	2.31						
工艺品及其他制造业				4.90				5.85		1.76	1.04			3.8		2.24	

表 6－13　2008 年山东省各地市各产业梯度的计算结果

产业名称	济南	滨州	莱芜	聊城	泰安	淄博	德州	菏泽	临沂	枣庄	济宁	日照	威海	烟台	青岛	潍坊	东营
食品加工业		1.83						5.46	1.13		4.29	5.85	9.93	3.62			2.23
食品制造业		1.80		1.64	1.71		1.63	5.75		1.12	3.08	1.45	1.95	2.43			1.24
饮料制造业			1.39	1.00			1.71						1.17	5.94	1.14		1.30
烟草加工业	11.25														5.24		
纺织业		5.87						8.43			1.65		1.63	2.39			6.77
服装及其他纤维制品制造								6.15			1.20	2.58	3.87		1.57	2.16	
皮革毛皮羽绒及其制品业		4.64		1.36			1.80	7.67	4.61		2.22		6.91		1.37		3.93
木材加工及竹藤棕草制品业				1.56	1.01	1.75	1.79	15.18	1.53	1.23	2.75	1.39		1.23		1.49	
家具制造业						2.48	3.67	6.15			9.03	2.26	3.30	1.66	1.40	1.50	
造纸及纸制品业				1.84		5.15					3.57	1.49	2.54			1.69	3.00
印刷业记录媒介的复制	1.70					1.87		1.36	1.93		1.26		2.81	1.68	1.63		
文教体育用品制造业	1.46						3.87	1.51		2.74	2.27	2.74	5.27	1.94			

续　表

产业名称	济南	滨州	莱芜	聊城	泰安	淄博	德州	菏泽	临沂	枣庄	济宁	日照	威海	烟台	青岛	潍坊	东营
石油加工及炼焦业	1.21	2.32				3.96		3.34							3.47		3.60
化学原料及化学制品制造业						2.61			1.99	14.56	2.44			1.30		1.02	1.18
医药制造业							14.42	2.93			1.28			1.53			
化学纤维制造业						3.31							32.46	3.54		3.24	
橡胶制品业			3.64									2.80	6.12	4.67	1.23	1.03	
塑料制品业				1.10		2.89	1.00				1.53	11.58	2.32	2.29			12.22
非金属矿物制品业					1.02	5.30		1.50			3.76	4.87	2.00	2.73			
黑色金属冶炼及压延加工业	5.31		7.37	10.64	1.37	1.01						2.79			1.11		15.89
有色金属冶炼及压延加工业		3.53		5.26		1.81								8.49			
金属制品业				3.30		1.42		1.45	1.56		2.65			3.02	1.11		2.42
普通机械制造业	1.51					1.86			1.03		6.13	1.18	2.24	1.75	1.19		
专用设备制造业		1.01		1.91					1.20		3.19	3.68	1.05	3.86		1.20	

续 表

产业名称	济南	滨州	莱芜	聊城	泰安	淄博	德州	菏泽	临沂	枣庄	济宁	日照	威海	烟台	青岛	潍坊	东营
交通运输设备制造业	1.25										4.37	3.05		1.77	1.27	1.76	19.22
电气机械及器材制造业	1.29				1.35			1.63					2.95	3.76	2.25		
计算机、电子、通信设备制造业	2.75											1.56	3.87	3.77	1.25		
仪器仪表及文化办公用机械											2.43		1.99	4.2	1.27		2.37
工艺品及其他制造业				1.17				3.27	1.75		1.32	4.18	6.81	1.15	1.25		

2002—2008年，随着山东省区域经济发展战略的实施、产业结构调整进程的加快，各产业的空间分布有所变化（如表6-14、表6-15所示）。这种变化表明，山东省产业转移和空间分布呈现出分散与集群并存的规律。实际上，这种变化与山东省对于各个产业的空间布局规划方案相吻合。如："山东省人民政府关于加快产业集群发展的意见（鲁政发［2008］75号）"指出："十一五"期间，着力在装备制造、电子信息及家电、纺织服装、化工医药、食品和农产品加工、建材六大产业中培育出300个营业收入过10亿元、100个营业收入过50亿元、50个营业收入过100亿元的产业集群。

表6-14　各产业所分布的地市（产业为该地市的优势产业）数量比较

行　业	2002年	2008年	行　业	2002年	2008年
食品加工业	9	8	化学原料及化学制品制造业	7	7
食品制造业	8	11	医药制造业	9	4
饮料制造业	6	7	化学纤维制造业	4	4
烟草加工业	6	2	橡胶制品业	6	6
纺织业	7	6	塑料制品业	5	8
服装及其他纤维制品制造	5	6	非金属矿物制品业	9	7
皮革毛皮羽绒及其制品业	4	9	黑色金属冶炼及压延加工业	2	8
木材加工及竹藤棕草制品业	10	11	有色金属冶炼及压延加工业	7	4
家具制造业	9	9	金属制品业	5	8
造纸及纸制品业	8	7	普通机械制造业	5	8
印刷业记录媒介的复制	7	8	专用设备制造业	6	8
文教体育用品制造业	6	8	交通运输设备制造业	5	7
石油加工及炼焦业	6	6	电气机械及器材制造业	4	6
仪器仪表及文化办公用机械	3	5	计算机、电子、通信设备制造业	5	5
工艺品及其他制造业	6	8			

表 6－15　2002 年和 2008 年山东省各地市优势产业数量的变化

年份	济南	滨州	东营	菏泽	莱芜	聊城	临沂	日照	泰安	威海	烟台	枣庄	淄博	德州	济宁	青岛	潍坊
2002	15	9	9	9	11	5	7	9	9	17	20	6	10	12	12	14	5
2008	9	7	13	15	3	11	9	16	5	20	23	4	13	8	20	16	9

6.3.3 基于产业联系的山东省各地市间的主要作用方向

由上述分析过程和结论，可获得山东省优势产业及其所分布的具备较高梯度系数的城市，根据投入产出表，找出与山东省优势产业有密切投入产出联系的产业及其所分布的具备较高梯度系数的城市（如表 6－16 所示）。

表 6－16　根据 2008 年各市产业梯度选取的各市主要产业

投入产业的空间分布	山东省优势产业对应的投入产业	山东省优势产业	优势产业的空间分布
菏泽、济宁、日照、威海、烟台、东营、滨州、淄博、德州、潍坊	食品制造及烟草加工业、纺织业、化学工业	06 食品制造及烟草加工业（食品加工业、食品制造业、饮料制造业、烟草加工业）	菏泽、济宁、日照、威海、烟台、东营
菏泽、济宁、日照、威海、烟台、东营、淄博、德州、潍坊	食品制造及烟草加工业、木材加工及家具制造业	09 木材加工及家具制造业（木材加工及竹藤棕草制品业、家具制造业）	淄博、菏泽、济宁、德州、日照、烟台、潍坊
菏泽、济宁、日照、临沂、淄博、威海、德州、潍坊、东营、烟台、青岛	服装皮革羽绒及其制品业、造纸印刷及文教用品制造业、石油加工炼焦及核燃料加工业、化学工业、通用专用设备制造业	11 石油加工、炼焦及核燃料加工业	淄博、菏泽、青岛、东营

续 表

投入产业的空间分布	山东省优势产业对应的投入产业	山东省优势产业	优势产业的空间分布
菏泽、济宁、日照、威海、烟台、东营、淄博、青岛、德州、潍坊	食品制造及烟草加工业、石油加工炼焦及核燃料加工业、化学工业	12 化学工业（化学原料及化学制品制造业、医药制造业、化学纤维制造业、橡胶制品业、塑料制品业）	淄博、德州、济宁、威海、烟台、潍坊、东营
菏泽、日照、威海、东营、青岛、淄博、德州、济宁、烟台、潍坊	食品制造及烟草加工业、石油加工炼焦及核燃料加工业、化学工业、非金属矿物制品业	13 非金属矿物制品业	淄博、日照
菏泽、淄博、德州、济宁、威海、烟台、潍坊、东营、日照、莱芜、聊城、临沂、青岛	石油加工炼焦及核燃料加工业、化学工业、非金属矿物制品业、金属冶炼及压延加工业、金属制品业、通用专用设备制造业	14 金属冶炼及压延加工业（黑色金属冶炼及压延加工业、有色金属冶炼及压延加工业）	莱芜、聊城、淄博、烟台、东营
日照、莱芜、聊城、淄博、烟台、东营、临沂、济宁、威海	非金属矿物制品业、金属冶炼及压延加工业、通用专用设备制造业	15 金属制品业	聊城、烟台
菏泽、日照、烟台、东营、淄博、德州、济宁、威海、潍坊、临沂	食品制造及烟草加工业、化学工业、通用专用设备制造业、通信设备计算机及其他电子设备制造业	20 仪器仪表及文化办公用机械制造业	烟台
其他产业情况			
—	—	07 纺织业	滨州、菏泽、东营

续 表

投入产业的空间分布	山东省优势产业对应的投入产业	山东省优势产业	优势产业的空间分布
—	—	08 服装皮革羽绒及其制品业（服装及其他纤维制品制造、皮革毛皮羽绒及其制品业）	菏泽、济宁、威海、青岛
—	—	10 造纸印刷及文教用品制造业（造纸及纸制品业、印刷业记录媒介的复制、文教体育用品制造业）	淄博、济宁、威海
—	—	16 通用、专用设备制造业（普通机械制造业、专用设备制造业）	临沂、济宁、日照、威海、烟台
—	—	17 交通运输设备制造业	济宁、日照、东营
—	—	18 电气、机械及器材制造业	威海、烟台
—	—	19 通信设备、计算机及其他电子设备制造业	威海、烟台
—	—	21 其他制造业	菏泽、日照、威海

这样，就可得到以产业的投入产出联系为依据的山东省各地市之间的主要联系方向（如表 6－17、图 6－6 所示）。

表 6-17　基于山东省优势产业投入产出联系的各地市联系情况汇总

	济南	德州	聊城	泰安	莱芜	菏泽	济宁	枣庄	临沂	日照	青岛	烟台	威海	潍坊	淄博	滨州	东营
济南	0	0	0	0	0	0	0	0	0	0	0	0	0	0	0	0	0
德州	0	2	1	0	1	3	3	0	0	3	1	5	2	2	5	0	4
聊城	0	0	2	0	1	0	0	0	0	0	0	2	0	0	1	0	1
泰安	0	0	0	0	0	0	0	0	0	0	0	0	0	0	0	0	0
莱芜	0	0	2	0	1	0	0	0	0	0	0	2	0	0	1	0	1
菏泽	0	2	1	0	1	3	3	0	0	3	1	5	2	2	5	0	4
济宁	0	2	2	0	1	3	3	0	0	3	1	6	2	2	5	0	4
枣庄	0	0	0	0	0	0	0	0	0	0	0	0	0	0	0	0	0
临沂	0	0	2	0	1	1	0	0	0	0	1	3	0	0	2	0	2
日照	0	2	2	0	1	3	3	0	0	3	1	6	2	2	5	0	4
青岛	0	1	1	0	1	1	1	0	0	1	1	2	1	1	4	0	3
烟台	0	2	2	0	1	3	3	0	0	3	1	6	2	2	5	0	4
威海	0	2	2	0	1	3	3	0	0	3	1	6	2	2	5	0	4
潍坊	0	2	1	0	1	3	3	0	0	3	1	5	2	2	5	0	4
淄博	0	2	2	0	1	3	3	0	0	3	1	6	2	2	5	0	4
滨州	0	0	0	0	0	1	1	0	0	1	0	1	1	0	0	0	1
东营	0	2	2	0	1	3	3	0	0	3	1	6	2	2	5	0	4

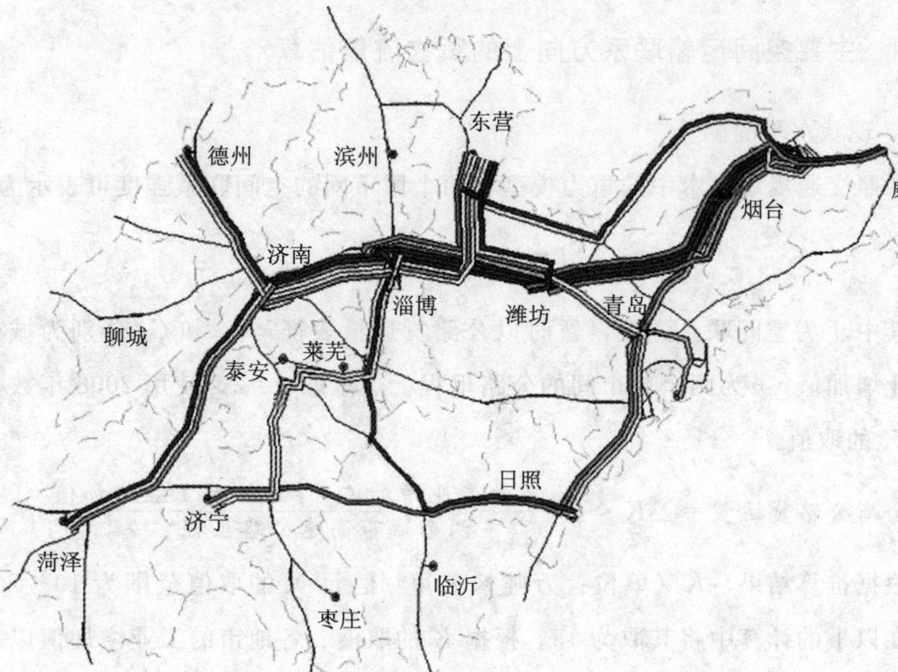

图6-6 基于产业间投入产出关系的山东省各地市之间的主要联系方向

根据投入产出联系的空间分布状况和道路货物运输平均运距，将山东省各地市分为三个层次：第一层次包括烟台、淄博、东营；第二层次包括德州、聊城、菏泽、济宁、日照、威海、潍坊；其他城市为第三层次。

主要联系方向围绕第一层次的城市展开，包括：

（德州→烟台）、（德州→淄博）、（德州→东营）、（菏泽→烟台）、（菏泽→淄博）、（菏泽→东营）、（济宁→烟台）、（济宁→淄博）、（济宁→东营）、（日照→烟台）、（日照→淄博）、（日照→东营）、（威海→淄博）、（威海→东营）、（潍坊→烟台）、（潍坊→东营）、（烟台→淄博）、（烟台→东营）、（东营→淄博）、（青岛→淄博）。

6.3.4 主要空间运输联系方向上的货物流量估算

1. 现状水平的测算

参照交通规划技术中的重力模型，两个城市间的空间联系强度可表示为：

$$J=K\cdot\frac{G_1\cdot G_2}{r^\alpha}$$

其中 J 为空间联系强度，暂时以公路货运量表征，G_1 和 G_2 分别为城市的工业增加值，r 为两个城市间的公路里程。这里取 $\alpha=2$，使用 2008 年数据推算 K 的取值：

$$\text{全省公路货运量}=\sum K\cdot\frac{i\text{ 城市的工业增加值}\cdot j\text{ 城市的工业增加值}}{\text{两个城市高速公路里程}^\alpha}$$

根据推算结果，K（单位：万吨×公里^2/亿元^2）的取值范围为 10～20，本章在以下的计算中将其取为 15。根据 K 的取值、各地市的工业增加值以及城市间的高速公路里程，计算 2008 年山东省各地市间的主要空间运输联系方向上的货物流量状况如下：

(德州→烟台)：$15\times725\times1836/551^2=66$ 万吨

(德州→淄博)：$15\times725\times1147/205^2=297$ 万吨

(德州→东营)：$15\times725\times665/324^2=69$ 万吨

(菏泽→烟台)：$15\times246\times1836/674^2=15$ 万吨

(菏泽→淄博)：$15\times246\times1147/343^2=36$ 万吨

(菏泽→东营)：$15\times246\times665/481^2=11$ 万吨

(济宁→烟台)：$15\times528\times1836/573^2=44$ 万吨

(济宁→淄博)：$15\times528\times1147/242^2=155$ 万吨

(济宁→东营)：$15\times528\times665/380^2=36$ 万吨

(日照→烟台)：$15\times251\times1836/301^2=76$ 万吨

(日照→淄博)：$15\times251\times1147/299^2=48$ 万吨

（日照→东营）：$15\times251\times665/351^2=20$ 万吨

（威海→淄博）：$15\times771\times1147/400^2=83$ 万吨

（威海→东营）：$15\times771\times665/434^2=41$ 万吨

（潍坊→烟台）：$15\times1255\times1836/248^2=562$ 万吨

（潍坊→东营）：$15\times1255\times665/121^2=855$ 万吨

（烟台→淄博）：$15\times1836\times1147/347^2=262$ 万吨

（烟台→东营）：$15\times1836\times665/369^2=135$ 万吨

（东营→淄博）：$15\times665\times1147/120^2=795$ 万吨

（青岛→淄博）：$15\times1924\times1147/221^2=678$ 万吨

根据山东省交通运输厅公布的2008年各个地市分货类的公路货运量，选取与本项目所确定的优势产业密切相关的货类（包括：钢铁、矿建材料、水泥、木材、化学肥料及农药、机械设备和电器、化工原料及制品、有色金属、轻工医药产品、其他），并确定这些货类的货运量在各个地市总货运量中的比例（如表6－18所示）。

表6－18　　山东省各地市公路货运量及本项目关注货类的份额

地区	货运量（万吨）	本项目关注货类的份额（%）	地区	货运量（万吨）	本项目关注货类的份额（%）
全省	216604	68.0	泰安	7410	70.0
济南	19214	80.8	威海	4033	57.2
青岛	23748	75.3	日照	7363	62.0
淄博	13144	79.6	莱芜	5807	66.6
枣庄	18011	49.6	滨州	12768	70.0
东营	7381	72.4	德州	9701	50.5
烟台	13720	71.4	聊城	6877	54.3
潍坊	18256	67.9	临沂	17982	70.6
济宁	20800	61.5	菏泽	10388	76.2

根据各个地市优势产业所对应货类的份额情况，以某一空间运输联系方向上两个地市间的绝对数较小的份额为参考，确定主要空间运输联系方向上的道路甩挂运输货物流量估算结果如表 6-19 所示。

表 6-19　　山东省主要空间运输联系方向上的道路甩挂运输货物流量估算

空间运输联系方向	货物流量（万吨）	空间运输联系方向	货物流量（万吨）
德州→烟台	33	日照→淄博	30
德州→淄博	150	日照→东营	12
德州→东营	35	威海→淄博	47
菏泽→烟台	11	威海→东营	23
菏泽→淄博	27	潍坊→烟台	382
菏泽→东营	8	潍坊→东营	581
济宁→烟台	27	烟台→淄博	187
济宁→淄博	95	烟台→东营	96
济宁→东营	22	东营→淄博	576
日照→烟台	47	青岛→淄博	511

上述主要运输联系方向上的货物流量共计 2900 万吨（相当于每天需要使用 10070 辆额定载重 8 吨的 100％实载率的挂车），占 2008 年山东省公路货运量的 1.34％，占 2008 年山东省载货汽车所实现货运量的 2.14％。根据主要空间运输联系方向上的高速公路的布局情况，可获得高速公路网络上的货物流量分布（如图 6-7 所示）。

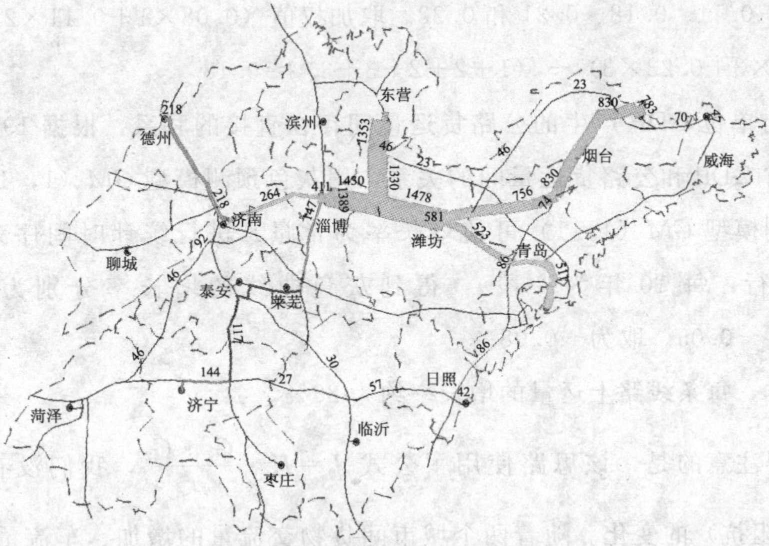

图 6-7 山东省主要空间运输联系方向上的公路货运总流量（万吨）分布

有必要指出：由于该货物流量是基于产业间的投入产出联系和产业在地市层次的空间分布，并综合了公路货运量的分配而获得的。所以，该货物流量测算结果只具备横向间的可比性，即不同空间运输联系方向上货物流量之间的比例比较，其绝对数并不能完全代表适合采用道路甩挂运输的货运量。如果要获得确切的某一空间运输联系方向上的甩挂运输货物流量，可在该测算结果的水平上乘以一个比例系数（不妨记作 λ，λ 的取值范围为 $0<\lambda\leqslant 1$）。

2. 发展趋势预测

（1）乐观情景。根据山东省工业增加值的发展趋势和上述重力模型的计算原理，每条线路上运量的增长率与工业增加值增长率、K 之间存在直接的关系。

根据 1959—2008 年山东省工业增加值统计数据，用灰色预测模型 GM（1，1）（因为灰色预测模型 GM（1，1）可使环比增长率为常量）进行统计时间序列的拟合（分段进行，每 10 年为一段），得到灰色曲线的增长率分别为0.08、0.11、0.18、0.21和0.22。取加权值（0.08×1＋0.11×2＋0.18×2＋0.21×3＋0.22×3）÷（1＋2＋2＋3＋3）＝0.18

K与单位GDP产生的公路货运量间存在直接的联系，根据1979—2008年山东省GDP和公路货运量间的关系，用灰色预测模型GM（1，1）（因为灰色预测模型GM（1，1）可使增长率为常量）进行统计时间序列的拟合（分段进行，每10年为一段），得到灰色曲线的增长率分别为－0.07、－0.12、－0.05。取为－0.08。

这样，每条线路上运量的增长率约为28％。

值得注意的是，该思路使用了公式$J=K\cdot\frac{G_1\cdot G_2}{r^{\alpha}}$，我们没有考虑$r^{\alpha}$（即空间阻抗）的变化。随着两个城市间货物交流量的增加、车流量的增加，空间阻抗必然增加。所以，28％的增长率为一个乐观的估计。

（2）一般情景。用山东省公路货运量的增长率大体测算每条线路上的发展趋势。

根据1999—2008年山东省公路货运量的数据，用灰色预测模型GM（1，1）进行数据的拟合，得到灰色曲线的增长率为0.150。这样每条线路上运量的增长率为15.0％。

值得注意的是，该思路直接用全省公路货运量的增长率作为道路甩挂运输货运量的增长率，这种估计方法有一个前提条件，即甩挂运输实现的运量在总运量中的比例维持在一个稳定的水平。但从实践发展的趋向看，这个比例应该表现出一种上升的趋势。

（3）保守情景。用山东省挂车保有量的增长率大体测算每条线路上的发展趋势。根据1999—2008年山东省挂车保有量的数据，用灰色预测模型GM（1，1）进行数据的拟合，得到灰色曲线的增长率为0.114。这样每条线路上运量的增长率为11.4％。

值得注意的是，该思路直接用山东省挂车保有量的增长率作为道路甩挂运输货运量的增长率，这应算是一种很保守的估计，因为这没有考虑到挂车额定载重增加趋势（全国的年均增长率为 4%）、车辆空驶率降低趋势、道路甩挂运输的发展促进挂车利用率提高趋势等利好因素。

（4）预测结果。综上几种情景，取 15%、20%、25% 为山东省省内主要空间运输联系方向上道路甩挂运输货物流量增长率的低、中、高方案。值得注意的是，对于这样的较高速度增长态势，应伴随着山东省工业化进程、山东省产业结构的升级而有所降低。所以，对于该流量增长趋势的预测年限应以山东省产业结构升级进程的持续时间而定。

因为 2008 年道路货运量统计数据来源于交通部全国公路水路运输量专项调查结果，可信度好。所以，以 2008 年数据为基数进行山东省道路甩挂运输货物流量的预测，预测结果如表 6－20 所示。

综合考虑当前我国道路甩挂运输的良好发展背景、山东省工业化进程的速度和持续时间等因素，本项目首推中方案，其次推荐高方案。

表 6－20　山东省主要空间运输联系方向上的道路甩挂运输货物流量预测

（单位：万吨）

年　份		2008	2009	2010	2011	2012	2013	2014	2015
公路货运量		216604	241950	270250	301870	337190	376650	420710	469940
高方案	甩挂运输货物流量	2900	3625	4531	5664	7080	8850	11063	13828
	所占百分比（%）	1.34	1.50	1.68	1.88	2.10	2.35	2.63	2.94
中方案	甩挂运输货物流量	2900	3480	4176	5011	6013	7216	8659	10391
	所占百分比（%）	1.34	1.44	1.55	1.66	1.78	1.92	2.06	2.21

续 表

<table>
<tr><td colspan="2">年　份</td><td>2008</td><td>2009</td><td>2010</td><td>2011</td><td>2012</td><td>2013</td><td>2014</td><td>2015</td></tr>
<tr><td rowspan="2">低方案</td><td>甩挂运输货物流量</td><td>2900</td><td>3335</td><td>3835</td><td>4411</td><td>5072</td><td>5833</td><td>6708</td><td>7714</td></tr>
<tr><td>所占百分比（%）</td><td>1.34</td><td>1.38</td><td>1.42</td><td>1.46</td><td>1.50</td><td>1.55</td><td>1.59</td><td>1.64</td></tr>
</table>

注：由于2008年数据为全国公路水路运输量专项调查数据，所以在预测公路货运量时采用了1998—2007年的公路货运量统计数据，用灰色预测模型 *GM*（1，1）进行数据的拟合，得到灰色曲线的增长率为0.117。取2008—2015年山东省公路货运量年均增长率为11.7%。

6.4　山东省国际集装箱运输流量分析

6.4.1　我国国际集装箱运输发展概况

我国国际集装箱运输始于20世纪70年代。进入20世纪80年代，随着中国改革开放政策的实施，对外贸易不断扩大，我国货物进出口总额占世界货物进出口总额的比例持续上升（如图6-8所示），国际集装箱运输也获得持续高速的发展。目前，我国有中远、中海、中外运等经营海上国际集装箱运输的大中型企业集团，我国港口集装箱吞吐量占世界港口集装箱吞吐量的比例可观（如图6-9所示）。2007年，全国港口集装箱吞吐量突破1亿标准箱，达1.14亿标准箱，比上年增长22.3%。其中，沿海港口完成1.05亿标准箱，增长22.0%，内河港口完成974万标准箱，增长24.6%；2008年，全国港口集装箱吞吐量为1.28亿标准箱，比上年增长12.1%。其中沿海港口完成1.17亿标准箱，增长11.5%，内河港口完成1158万标准箱，增长18.9%；2009年，全国港口集装箱吞吐量为1.22亿标准箱，比上年减少

4.6%。其中沿海港口完成1.10亿标准箱，比上年减少5.6%，内河港口完成1220万标准箱，实现比上年增长5.4%。

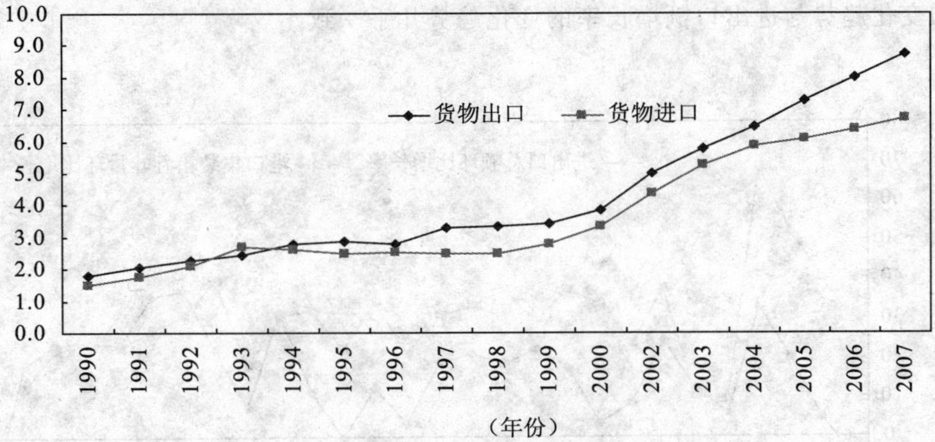

图6-8　我国货物进、出口占世界货物进、出口总量的比例

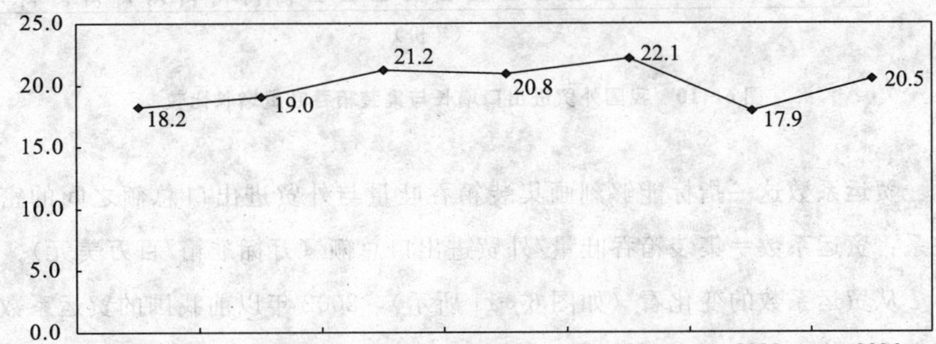

图6-9　我国港口集装箱吞吐量占世界港口集装箱吞吐量的比例

资料来源：世界银行数据库

从发展过程可以看出（如图6-10所示）：在2003年以前，我国的集装箱吞吐量的增长速度一直高于进出口总额的增长速度，集装箱吞吐量增长率的变化趋势与进出口额增长率的变化趋势几乎一致；自 2003 年以来，我国的集装箱吞吐量的增长速度低于进出口总额的增长速度，集装箱吞吐量增长率的变化趋势与进出口额增长率的变化趋势几乎一致。

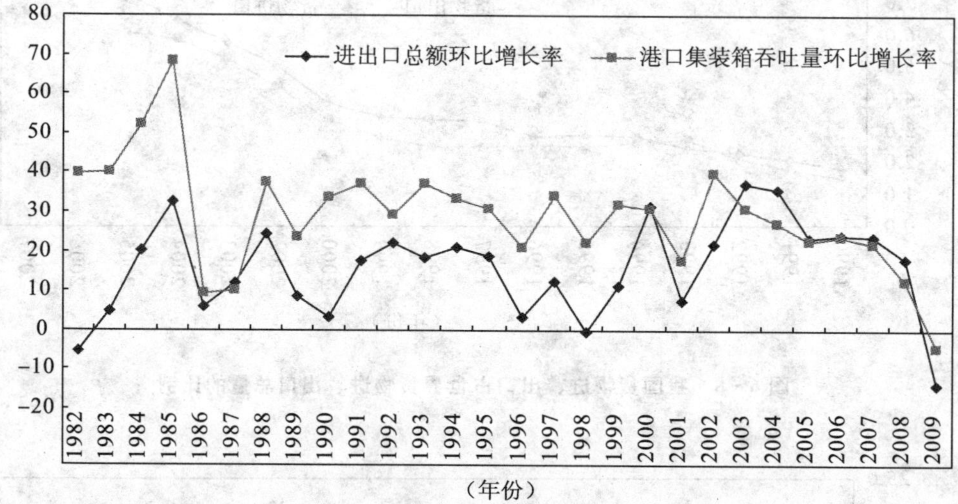

图 6-10　我国外贸进出口增长与集装箱吞吐量增长比较

贸运系数这一指标能够刻画集装箱吞吐量与外贸进出口总额之间的密切关系：贸运系数＝集装箱吞吐量/外贸进出口总额（万标准箱/百万美元）。

从贸运系数的变化看（如图 6-11 所示），2002 年以前我国的贸运系数处于上升态势，而 2002 年以后处于下降趋势。这应归因于我国进出口产品结构的调整，高质量、高附加值产品在我国进出口产品总量中的比例扩大，使得单位进出口额的集装箱运输量降低。

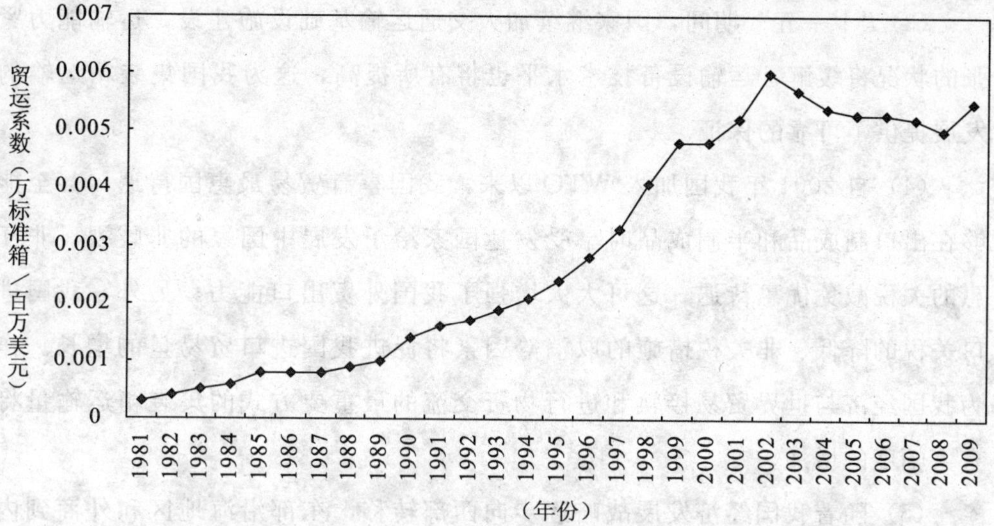

图 6-11　我国贸运系数的演变

集装箱运输量的发展与一个国家或地区的诸多因素有关。影响我国集装箱运输需求量的宏观环境因素主要有如下几点：

（1）我国国民经济和社会发展一直处于一个平稳上升时期，虽然 1997 年的亚洲金融危机、2008 年世界金融危机等周期性经济因素对我国经济造成一定的冲击，但我国经济的总体上升趋势是不变的，这势必促进我国国内和对外贸易的发展，为国际集装箱运输提供充足的适箱货源。

（2）随着我国经济增长方式逐步从粗放型向集约型的转变，轻工、电子、精密仪器和医药等高附加值产品出口量对进口商品的需求量将有大幅度的增加，而这些产品对运输质量的要求很高。集装箱作为现代化的交通运输容器，其高效、安全、优质、经济的优势和最适合开展门到门多式联运的特性是其他任何运输形式无法比拟的。此外，随着人们对集装箱运输优势的深入认识，过去认为不适合集装箱运输的货物逐步采用集装箱运输，集装箱运输的适箱货物将大大增加。

(3)“十一五”期间，国家继续加大交通运输基础设施建设，运输能力紧张的状况将缓解，运输设备技术水平也将有所提高，这为我国集装箱运输的发展提供了可靠的保证。

(4) 自 2001 年我国加入 WTO 以来，我国享有贸易最惠国待遇，甚至能够在出口制成品和半制成品时享受发达国家给予发展中国家的非歧视、非互惠的关税减免优惠待遇，这可大大增强了我国外贸出口能力；另外，我国进口关税的降低、非关税措施的取消等因素将促进我国进口贸易量的增长。作为我国经济与世界贸易接轨和进行物资交流的最重要方式的集装箱运输量将有大幅度的增加。

(5) 随着我国经济发展战略逐步向西部转移，东部沿海地区和外商到内陆地区的投资将明显增加，这必将促进东部、西部物资交流量以及集装箱运输量的增加。

山东省地处我国对外开放的前沿地带和中日韩东亚经济圈的核心区域，未来较长一段时期内将更大规模地承接国际产业、研发集群式转移，并促进开放层次和水平的快速提升，对外贸易将从高速增长向平稳增长转变。影响山东省外贸进出口的有利因素：经济发展将带动固定资产投资快速增长，拉动能源、原材料、机械设备及高新技术产品等产品进口大幅度增加，而居民收入的不断提高所导致的国内消费需求旺盛和消费结构逐步升级，则将为进口创造巨大的需求基础。从绝对量的角度看，一直以来，山东省货物出口总额占全国货物出口总量的比例基本稳定在 7%左右，山东省货物进口总额占全国货物进口总量的比例基本稳定在 4%～5%（如图 6－12 所示），伴随着我国货物进出口的发展，山东省的货物进出口总额必将继续保持较长时期的稳定发展态势。

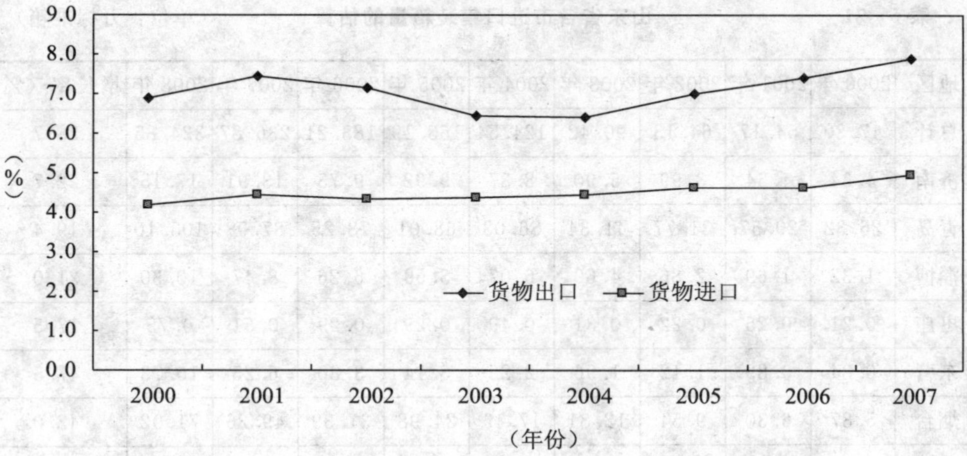

图 6-12　山东省货物进、出口占全国货物进、出口总量的比例

6.4.2　山东省国际集装箱运输总量分析

山东省国际集装箱运输开始于 1976 年，现已形成由海上运输、港口装卸、公路运输、铁路运输组成的国际集装箱综合运输网络。在海运方面，山东省现有青岛港、烟台港、威海港、日照港等开办了海上国际集装箱运输。海运国际航线有美加航线、欧洲航线、日本航线、韩国航线、中国香港航线、东南亚航线和国内支线。公路运输方面，山东省公路国际集装箱运输开始于 20 世纪 70 年代末，近年来有了较快的发展，现在已经成为国际集装箱港口和内陆集疏运的主要力量。铁路方面，山东省铁路国际集装箱运输由济南铁路局设专门机构，各铁路车站设相应机构负责管理和经营。目前在青岛、济南、烟台、淄博、潍坊等地均有铁路国际集装箱办理站。

综合考虑我国贸运系数的演变趋势和山东省对外贸易的特点，取贸运系数为 0.005，结合山东省各地市外贸进出口情况，推算山东省各地市进出口集装箱量的发展轨迹（如表 6-21、表 6-22 所示）。

表 6-21　　山东省各市进口集装箱量的估算　　（单位：万标准箱）

地区	2000 年	2001 年	2002 年	2003 年	2004 年	2005 年	2006 年	2007 年	2008 年	增长率（%）
总计	47.30	54.17	64.13	90.42	124.54	153.19	183.21	236.87	324.85	28.7
济南	4.34	4.54	3.99	5.90	8.37	9.92	9.75	13.91	17.15	22.7
青岛	26.32	29.57	31.77	41.34	56.03	68.01	78.25	87.08	105.10	19.4
淄博	1.32	1.69	2.86	4.60	6.07	5.59	6.26	8.47	10.30	21.0
枣庄	0.21	0.25	0.22	0.31	0.49	0.29	0.29	0.51	0.75	17.5
东营	0.34	0.89	1.12	1.96	2.25	3.14	3.80	6.25	10.73	47.5
烟台	5.87	6.30	9.54	12.81	17.49	24.98	31.39	49.26	71.92	42.0
潍坊	1.89	2.01	2.81	3.08	4.58	4.95	6.64	6.62	9.19	21.6
济宁	0.80	1.01	1.39	2.37	3.10	3.52	4.23	4.60	7.02	25.8
泰安	0.34	0.52	0.37	0.57	0.75	1.00	1.49	2.46	2.93	38.7
威海	3.39	3.90	5.02	7.51	10.73	14.07	17.52	19.64	21.75	23.5
日照	0.50	0.73	1.25	2.55	3.80	6.12	10.38	18.97	33.71	72.6
莱芜	0.23	0.38	0.44	0.52	1.42	1.96	1.25	2.17	6.98	65.6
临沂	0.70	1.03	0.99	1.78	2.27	2.60	3.00	4.48	6.80	33.7
德州	0.36	0.37	0.48	0.84	0.68	0.91	0.98	0.81	1.64	18.0
聊城	0.25	0.23	0.27	0.77	0.80	0.89	1.92	3.61	6.95	76.4
滨州	0.43	0.71	1.56	3.41	5.01	5.02	5.60	7.39	11.14	30.3
菏泽	0.01	0.05	0.06	0.10	0.69	0.22	0.46	0.64	0.78	29.7

注：增长率的计算，使用 2000—2008 年的数据序列，用灰色预测模型，获得增长率常量。

表 6-22　　山东省各市出口集装箱量的估算　　（单位：万标准箱）

地区	2000 年	2001 年	2002 年	2003 年	2004 年	2005 年	2006 年	2007 年	2008 年	增长率（%）
总计	77.65	90.65	105.58	132.86	179.36	231.26	293.24	376.22	465.87	27.3
济南	2.86	2.97	3.48	4.18	6.87	8.89	12.20	17.18	22.99	36.7
青岛	41.34	47.51	52.86	61.96	78.91	97.12	117.16	141.55	163.16	20.3

续 表

地区	2000 年	2001 年	2002 年	2003 年	2004 年	2005 年	2006 年	2007 年	2008 年	增长率（%）
淄博	2.50	2.92	3.75	5.05	7.25	10.08	12.54	14.99	18.17	27.3
枣庄	0.47	0.59	0.70	0.91	1.28	1.57	2.08	2.71	2.59	23.3
东营	0.37	0.91	1.48	2.22	3.03	4.27	5.60	7.01	9.86	34.6
烟台	9.83	10.79	12.85	16.64	22.48	32.42	43.99	70.46	103.24	44.5
潍坊	4.97	5.67	6.41	8.19	10.64	14.75	19.29	25.91	32.70	30.9
济宁	1.07	1.27	1.78	2.66	4.12	5.82	7.50	8.62	9.32	26.5
泰安	0.68	0.88	1.14	1.55	2.25	2.72	3.44	4.26	4.60	24.0
威海	6.48	7.97	9.61	12.64	17.25	23.67	30.05	34.01	37.27	23.2
日照	2.29	3.11	3.36	3.90	5.41	6.62	9.19	9.82	12.63	23.7
莱芜	0.84	0.77	0.83	0.98	2.17	3.30	4.87	6.08	6.83	35.0
临沂	1.13	1.62	2.34	3.92	5.64	6.38	8.39	11.23	13.15	28.9
德州	0.63	0.83	1.22	1.93	2.27	2.76	3.16	4.40	6.10	29.1
聊城	0.46	0.63	0.70	1.16	1.82	2.30	3.05	4.99	7.58	46.5
滨州	1.40	1.71	2.29	3.50	4.52	6.20	7.91	9.41	11.51	27.4
菏泽	0.32	0.51	0.78	1.46	3.46	2.37	2.80	3.62	4.19	21.6

注：增长率的计算，使用 2000—2008 年的数据序列，用灰色预测模型，获得增长率常量。

6.4.3 山东省沿海港口概况

1. 青岛港

青岛港是我国著名的优良港口，主要由大港、中港和黄岛港组成。各港码头均有铁路相连，环胶州湾高等级公路与济青高速公路相接，腹地除吸引山东外，还承担着华北对外运输任务。青岛港包括青岛老港区、黄岛油港区、前湾新港区三大港区。主要从事集装箱、原油、铁矿石、煤炭、粮食等各类进出口货物的装卸、储存、中转、分拨等物流服务和国际国内客运服务，与世界上130多个国家和地区的450多个港口有贸易往来。拥有可停靠15000标准箱船舶的集装箱码头，可停靠30万吨级大船的矿石码头、原油码头，可停靠10万吨级船舶的现代化煤炭码头。大港位于青岛市市区西部，拥有万吨以上泊位10余个，主要从事集装箱、矿石、煤炭、水泥、化肥、钢材、粮食等进出口货物运输服务，大港已经成为布局合理、功能齐全的以外贸运输为主的现代化港区。黄岛港区是原油中转基地，拥有现代化的专业性码头和钢制浮顶油罐，年通过能力3000万吨。前湾港区位于青岛经济技术开发区，是天然的深水良港，其深水泊位可以靠泊第五、第六代集装箱船；可以建设60个泊位，总通过能力可达1.18亿吨。

2009年港口吞吐量31668.4万吨，增长3.3%；外贸吞吐量22209.4万吨，增长4.7%；青岛港集装箱吞吐量1026万标准箱，增长2.4%。

青岛港拥有美洲、欧洲、日本、韩国、中国香港、新加坡等几十条国际集装箱航线，环渤海湾等数条国内支线和连接北方五港和南方四港的南北“绿色通道”。青岛港开通了青岛至郑州、至西安、至成都、至济宁、至济南、至阿拉山口的集装箱专列，形成了北起东北、内蒙古，南至四川、海南，西至乌鲁木齐、中东地区的港口服务辐射地带。

青岛港有铁路、公路、管道、水运四种集疏运方式。青岛港通过港口专用铁路线连接胶济铁路线、胶黄铁路线，与京广、京沪、京九、石太、陇海等中国铁路干线连通；开通了港口铁路站——济南铁路局青岛港站，铁路线直通集装箱堆场。青岛港专用公路与青岛市“1小时公路网”及203国道、济青高速公路、烟青高速公路等联通，由于山东省已经实现了地级市之间的高速公路连接，公路运输网的输送能力强大。青岛是我国国家级公路运输主枢纽之一，截至2009年，青岛市的公路里程达16224公里、其中高速公路703公里（居山东省各地市之首，占山东省高速公路总里程的16.4%），公路密度145公里/百平方公里。通过水运，青岛港可与其内地沿海的货物喂给港及世界各大洲通航，但没有衔接内河的航线。青岛港的管道主要是与位于山东省西北部的胜利油田相连接。青岛港海运货物的集疏运主要方式为铁路、公路。散货集疏运的主要方式是铁路，集装箱集疏运的主要方式是公路（占80%）。青岛市区内公路集装箱中转站有29个，铁路集装箱场站有1个（在大港内）。在山东省其他内陆地区设有集装箱直通港站（分布在济南、淄博、潍坊等地市）。

青岛港的直接经济腹地为青岛市、山东省，同时也是河南省、河北省、山西省及西北部分地区的对外交流窗口。青岛港的发展首先得益于青岛市、山东半岛乃至山东省的外向型经济的发展，进出口贸易量的大幅度增加带动了港口货运量的增加；其次，青岛地区、山东半岛地区和山东省交通基础设施建设力度的加强有力配合了港口集疏运的要求；再次，青岛市较为完整的工业体系和一批规模大、效益好的大企业集团及其100多种名牌产品，也是促进港口业务发展的重要因素。

2. 烟台港

烟台港的发展定位是：中国沿海港口中现代化的主枢纽港；大宗散货接卸中转港及国家战略石油储备基地；中国沿海内贸集装箱枢纽港；外贸集装箱近洋干线港，远洋支线港和基本港，并逐步发展成为区域性国际枢纽港；中国北部沿海国际客货滚装运输中心；面向日韩等国内外产业转移的加工制造业基地；加快区港联动，最终发展成为现代化的自由贸易港。

烟台港有芝罘湾港区、西港区、龙口港区、蓬莱港区四大港区，共有各类泊位76个，万吨级以上深水泊位37个，泊位最大水深－20米。码头岸线总长14000余米，货场总面积277万平方米，仓库总面积14.6万平方米，铁路专用线26公里，船舶34艘，港口作业机械800余台套。芝罘湾港区是烟台港现有的核心港区，以集装箱、客货滚装运输和矿石、煤炭、粮食、化肥、钢材等散杂货作业为主，共有泊位48个，万吨以上深水泊位25个，最大水深－20米，码头岸线长度8300米。龙口港区以服务于区域临港工业的散杂货、液体散货和集装箱作业为主，拥有生产泊位27个，码头岸线6000余米。蓬莱港区以通用散货和客货滚装作业为主，拥有生产泊位7个，万吨级以上泊位2个，码头岸线长度1400米。

烟台港配备的主要装卸设备包括：门座式起重机41台，最大起重能力40吨；浮式起重机1艘，最大起重能力28吨；拖轮18艘，单船最大功率5000kW；驳船10艘，单船最大载货量1000吨；集装箱岸边起重机10台，集装箱工况下最大负载55吨，吊钩下最大负载67吨，最大外伸距55米；内燃机车3台，单机最大功率1040kW；散货灌装设备19台，单机每小时灌装量50吨以上；全密封散水泥作业线和液体化工产品作业线各一条。

烟台港直接经济腹地主要是烟台市，间接腹地为山东省北部沿海地区，包括潍坊市、淄博市北部、东营市、滨州市以及河南、河北、山西、陕西的部分地区。

烟台港对外已与世界100余国家和地区的150多个港口直接通航。烟台港现已开通10余条国际集装箱班轮航线，可承接、中转世界各地适箱货物，特别是中韩集装箱运量增长迅速；已开辟内贸航线18条。

2009年，烟台港完成货物吞吐量1.24亿吨，集装箱140万标准箱。预计2020年港口货物吞吐量2.15亿吨，集装箱吞吐量1000万标准箱。

集装箱业务分布在4个集装箱作业区，共拥有9个专业化泊位，泊位岸线总长2000米，码头前沿最大水深－14米，配有集装箱岸桥18台，轮胎式龙门起重机27台，轨道式龙门起重机6台，堆场面积约100万平方米，能停靠装卸第六代集装箱船，年设计通过能力240万标准箱。

烟台港已开通至丹东、大连、营口、锦州、秦皇岛、京唐、天津、上海、温州、泉州、深圳、广州黄埔等港口的内贸航线18条，航班月均183班；开通至日本、韩国、新加坡和美国等国家的外贸航线13条，航班月均98班；

开通至大连、青岛、上海的外贸内支线 3 条，航班月均 17 班。

3. 日照港

日照港目前已与世界 50 多个国家和地区通航。2003 年以来，日照港吞吐量年均增幅 30.5%，2006 年吞吐量突破 1 亿吨，成为中国沿海最年轻的亿吨大港，2008 年完成 1.51 亿吨，其中铁矿石进口量和镍矿、木片、铝矾土、水泥、大豆等货物吞吐量居沿海港口第一位。2009 年完成货物吞吐量 18130 万吨，同比增长 20.1%，较 2005 年增长 115.3%。

日照港腹地非常广阔，直接经济腹地包括山东南部、河南北部、河北南部、山西南部及陕西关中等地区，人口 8000 多万，面积 18 万平方公里。间接经济腹地包括甘肃、宁夏、新疆等中原、西北广大地区，人口 2 亿多，面积约占全国的 1/5。

日照港拥有集装箱专用泊位 2 个，前沿水深－16 米、－17 米，码头岸线长 844 米，集装箱专用堆场超过 50 万平方米，年设计通过能力 150 万标准箱以上。码头配备有 4 台桥吊，5 台场地龙门吊，1 台空箱叉车，7 台正面吊以及 20 余台套水平运输设备。

日照港内贸航线覆盖营口、大连、上海、宁波、温州、福州、泉州、厦门、漳州、汕头、黄埔、蛇口、防城、钦州、湛江、海口等国内沿海港口，同时可以中转到长江、珠江等内河港口。外贸航线中，“日照—平泽”的客箱班轮每周三班；“日照—青岛”海运直通航线每周三班，可以接转世界各基本港口。

根据 2006 年发布的《全国沿海港口布局规划》，日照港的发展定位是“专业化煤炭装卸船港，大型专业化石油（特别是原油及其储备）、天然气、铁矿石和粮食等大宗散货中转储运设施，集装箱运输支线港”，是国家战略资源配置的重要枢纽。根据交通运输部和山东省政府联合批复的《日照港总体规划》，日照港规划了石臼、岚山两大港区，其中石臼港区是以煤炭、铁矿石、粮食、水泥等大宗散货和集装箱运输为主的综合性核心港区，规划岸线14.7公里、泊位78个；岚山港区是以石油及液体化工品、大宗干散货运输为主，兼顾其他散、杂货运输，预留集装箱运输功能的综合性港区，规划岸线15公里、泊位202个。整个日照港规划岸线29.7公里、泊位280个、能力6亿吨。

4. 威海港

威海港业务涉及集装箱、散杂货、油品、国际快件等，目前已开通威海至韩国、日本国际集装箱班轮航线，开通威海至青岛、大连集装箱内支线，开通天津—威海—黄埔内贸干线，开通威海至韩国仁川、平泽，威海至大连等国际国内客滚班轮，每月达200多班次。

威海港现有南北两个作业区（即新港区和老港区），生产泊位18个，设计吞吐能力670万吨。老港区客滚专用泊位4个，最大水深为－11.8米，可停靠3万吨级船舶。新港区现有和即将建成使用泊位14个，其中5万吨级以上泊位6个、10万吨级泊位2个。

1986—2005年，威海港共完成货物吞吐量7079.4万吨。2006年，威海港港口吞吐量达到1410万吨，集装箱吞吐量达到19.2万标准箱。2007年吞吐量达到1730万吨，比2004年增长51%。2009年港口吞吐量突破2008万吨，预计“十二五”末，吞吐量将突破亿吨。

已开通国际集装箱班轮航线和集装箱内支线12条，每周20班，形成了以近洋干线为特色和基础，以远洋内支线为重点和发展方向的集装箱运输格局。国际航线可直达韩国的仁川、平泽、釜山和日本的东京、横滨、大阪、神户、门司、博多；国内集装箱航线可直达青岛、大连、烟台、天津、泉州、黄埔、温州等港口。外贸内支线业务，航班密度达到每周4班，可以使威海地区的出口货物，方便快捷地通过中转直达世界各地主要港口。

6.4.4 山东省国际集装箱集疏运的走向

根据 2008 年山东省高速公路网络流量观测点所获取的数据（如图 6－13 所示），山东省高速公路网络上的集装箱流量分布特征较为明显：省内以能够直接连通青岛港的济青高速公路上的流量大，环胶州湾专用公路由于连通青岛港的老港区和前湾港区而流量大。

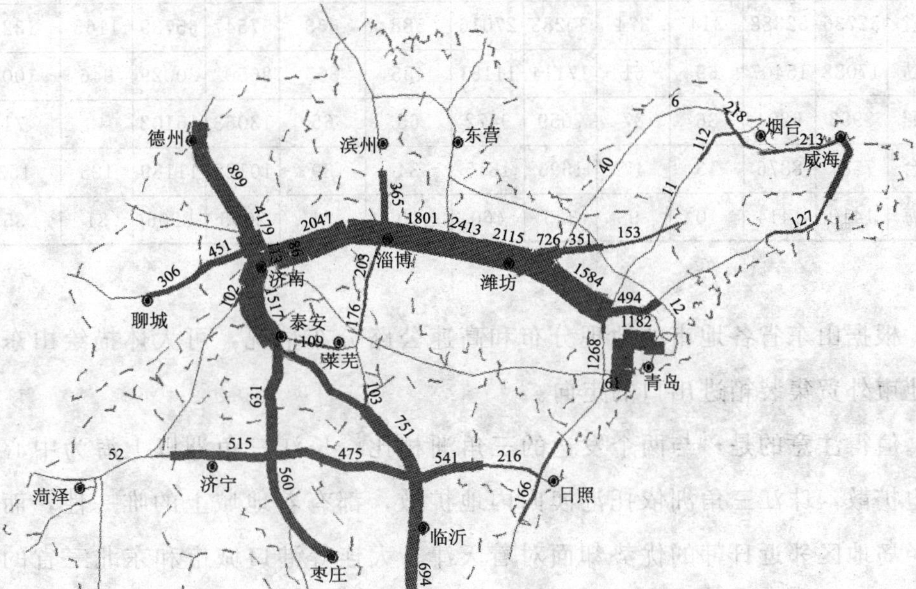

图 6－13 2008 年山东省高速公路上集装箱车流量（辆/日）分布

由山东半岛各个港口的功能定位、能力配备和业务发展情况不难发现（如表 6－23 所示），青岛港在山东半岛港口群中处于绝对的优势地位，其货物吞吐量占山东省港口货物吞吐量的近一半，集装箱吞吐量占山东省港口集装箱吞吐量的 70％以上；烟台港与日照港的发展定位不同而各有所长，日照港的货物吞吐量较烟台港多一些，但集装箱吞吐量方面烟台港是日照港的2倍以上。

表6-23　　山东半岛主要港口部分统计指标

地区	生产用码头长度（米）		生产用泊位数（个）		货物通过能力（万吨）		集装箱通过能力（万标准箱）		货物吞吐量（万吨）		集装箱吞吐量（万标准箱）	
	2007年	2008年	2007年	2008年	2007年	2008年	2007年	2008年	2007年	2008年	2007年	2008年
全省	52736	52388	314	274	30283	27016	588	663	57547	65789	1165	1321
青岛	17088	15407	69	61	17114	11151	455	355	26502	30029	946	1002
日照	8993	9294	36	37	7059	9472	65	65	13063	15102	43	71
烟台	7582	8876	43	47	1693	1815	34	39	10129	11189	125	153
威海	1410	1414	10	9	325	460	10	24	2095	2206	31	35

根据山东省各地市的地理分布和高速公路分布情况，可大体描绘山东省各地市外贸集装箱进出口的走向。

值得注意的是，与两个发达的三角洲相比，长江三角洲以上海为中心向周边扩散，珠江三角洲依托港澳向内地扩散，都有着地域上的唯一性，而山东半岛地区邻近日韩的优势却面对着天津、大连等港口城市和东北三省的竞争。特别是国家振兴东北老工业基地战略的实施，更是增强了东北三省的竞争实力。由于山东半岛主要港口多处在半岛探入黄海的狭长部分，区内的青岛、烟台、威海三大港口与腹地之间的直线运输距离分别约比天津港远200公里、300公里和400公里，比连云港远100公里、200公里和300公里，加上没有直向干线铁路与陆域纵深连接，因而，约90%的货源吞吐只能靠省内腹地的支持。

7 山东省道路甩挂运输网络设计

7.1 道路甩挂运输线路上厢式挂车的配备数量

根据甩挂运输线路上货物流量的测算结果，考虑挂车的载重能力和实载率等因素，可计算每条线路上所需要的挂车总量。根据道路运输企业的市场占有率，可计算特定的道路运输企业应配备的挂车数量，为企业开展甩挂运输业务提供参考依据。

根据《道路运输车辆燃料消耗量检测和监督管理办法》（交通运输部令2009年第11号）的规定，交通运输部公布了多批通过技术审查和公示程序的道路运输车辆燃料消耗量达标车型。从现阶段的行业实践情况看，我国道路运输载货汽车的货厢尺寸有以下几种主要的类型（如表7－1表示），这些类型可能与道路运输车辆燃料消耗量达标车型有所差异。

表7－1　　我国道路运输载货汽车的几个技术参数

货厢长（米）	车厢内宽（米）	实际载货能力（吨）	经济运输往返里程（公里）
2.8	1.8	2	≤500
3.8	1.8～2	3～4	600
4.2	2	3～5	500～800
5.1	2～2.2	3～7	≤1000

续 表

货厢长（米）	车厢内宽（米）	实际载货能力（吨）	经济运输往返里程（公里）
6.1	2～2.2	≤8	≤1000
7.2	2.2～2.3	≤11	＞1000
8.1～8.6	2.3	10～15	＞1000
9.6	2.3	15～25	＞1000
12.5	2.3～2.4	15～100	＞1000
14.5	2.3～2.4	15～100	＞1000

本章选取6～7米长、载重8吨的厢式货运汽车为典型车型，根据甩挂运输线路上货物流量的测算结果，计算出在实载率为80%、每年工作350天的甩挂运输线路上应配备的挂车数量。

根据山东省交通运输厅公布的2008年各个地市分货类的公路货运量，选取与本项目所确定的优势产业密切相关货类中适合采用厢式挂车进行运输的货物品类（包括化学肥料及农药、机械设备和电器、化工原料及制品、轻工医药产品、其他），并根据这些货类的货运量在各个地市总货运量中的份额（如表7-2所示），以某一空间运输联系方向上两个地市间的绝对数较小的份额为参考，确定主要空间运输联系方向上适合使用厢式挂车进行道路甩挂运输的货物流量估算结果如表7-3所示。

表7-2　　山东省各地市公路货运量及适合采用厢式挂车的货类份额

地　区	货运量（万吨）	适合采用厢式挂车的货类份额（%）	地　区	货运量（万吨）	适合采用厢式挂车的货类份额（%）
全　省	216604	33.8	泰　安	7410	38.4
济　南	19214	25.5	威　海	4033	43.6
青　岛	23748	53.1	日　照	7363	25.0

续 表

地 区	货运量（万吨）	适合采用厢式挂车的货类份额（%）	地 区	货运量（万吨）	适合采用厢式挂车的货类份额（%）
淄 博	13144	39.2	莱 芜	5807	12.6
枣 庄	18011	25.6	滨 州	12768	30.5
东 营	7381	51.2	德 州	9701	30.2
烟 台	13720	40.8	聊 城	6877	32.8
潍 坊	18256	36.5	临 沂	17982	29.4
济 宁	20800	25.5	菏 泽	10388	29.0

表 7-3 甩挂运输线路上应配备的厢式挂车数量（处于运行过程中的挂车）

货物流量流向基本情况				不同市场占有率下企业应配置的挂车数（辆/天）			
运营线路走向	流量（万吨）	运距（公里）	所需挂车数（辆/天）	5%	7%	10%	15%
德州→烟台	20	551	89	5	7	9	14
菏泽→烟台	4	674	18	1	2	2	3
济宁→烟台	11	573	49	3	4	5	8
日照→烟台	19	301	85	5	6	9	13
潍坊→烟台	205	248	915	46	64	92	138
德州→淄博	90	205	402	21	29	41	61
菏泽→淄博	10	343	45	3	4	5	7
济宁→淄博	40	242	179	9	13	18	27
日照→淄博	12	299	54	3	4	6	9
烟台→淄博	103	347	460	23	33	46	69
东营→淄博	312	120	1393	70	98	140	209
青岛→淄博	266	221	1188	60	84	119	179

续 表

货物流量流向基本情况				不同市场占有率下企业应配置的挂车数（辆/天）			
运营线路走向	流量（万吨）	运距（公里）	所需挂车数（辆/天）	5%	7%	10%	15%
威海→淄博	33	400	147	8	11	15	22
德州→东营	21	324	94	5	6	10	15
菏泽→东营	3	481	13	1	1	2	2
济宁→东营	9	380	40	2	3	4	6
日照→东营	5	351	22	1	2	3	4
威海→东营	18	434	80	4	6	8	12
潍坊→东营	312	121	1393	70	98	140	209
合计	1493	212	6666	340	475	674	1007

注：①以某一空间运输联系方向上两个地市间的绝对数较小的份额为参考。②根据《山东省交通现代物流发展战略研究》对山东省各地市物流运输市场集中度的测算，由前4家最大的运输企业所站市场份额情况（全省平均水平为27%），取其平均水平——7%为大型运输企业的市场份额。③实际上，挂车的实载率一般不能达到100%，只要在表7-3所计算结果的基础上除实际的实载率，就可折算出实际的挂车数量。表中取的实载率为80%。④“合计”栏中的运距数据为以流量为权重的所有运距的加权平均值。

除了以上所估算出的每天在每条线路上从事干线运输的、处于运行过程中的挂车数量外，为发挥甩挂运输的优势，特别是提高牵引车运行效率、增加站场内挂车作业时间窗，应在每条线路两端站场甚至线路中间合适的站场配备合适数量的挂车。一般认为拖挂比起码在1∶3，本项目建议拖挂比为1∶4或1∶5，这样，从事道路甩挂运输业务的企业应配备的挂车数量如表7-4所示。

表 7－4　　　　从事道路甩挂运输业务的企业应配备的挂车总数

线路走向 \ 拖挂比	5%市场占有率		7%市场占有率		10%市场占有率		15%市场占有率	
	1∶4	1∶5	1∶4	1∶5	1∶4	1∶5	1∶4	1∶5
德州→烟台	20	25	28	35	36	45	56	70
菏泽→烟台	4	5	8	10	8	10	12	15
济宁→烟台	12	15	16	20	20	25	32	40
日照→烟台	20	25	24	30	36	45	52	65
潍坊→烟台	184	230	256	320	368	460	552	690
德州→淄博	84	105	116	145	164	205	244	305
菏泽→淄博	12	15	16	20	20	25	28	35
济宁→淄博	36	45	52	65	72	90	108	135
日照→淄博	12	15	16	20	24	30	36	45
烟台→淄博	92	115	132	165	184	230	276	345
东营→淄博	280	350	392	490	560	700	836	1045
青岛→淄博	240	300	336	420	476	595	716	895
威海→淄博	32	40	44	55	60	75	88	110
德州→东营	20	25	24	30	40	50	60	75
菏泽→东营	4	5	4	5	8	10	8	10
济宁→东营	8	10	12	15	16	20	24	30
日照→东营	4	5	8	10	12	15	16	20
威海→东营	16	20	24	30	32	40	48	60
潍坊→东营	280	350	392	490	560	700	836	1045
合　计	1360	1700	1900	2375	2696	3370	4028	5035

7.2 道路甩挂运输的站场资源配置

货运适站量，是指适合于进入货运站并经操作处理（如站务、堆放、短时储存等）的货运吞吐量。货运适站量的科学估算是确定道路甩挂运输网络上不同货运站规模和功能的重要依据。适站量预测过大，站场规模大，投产后长期达不到设计规模，投资回收期长，效益差；反之，站场规模过小，不能满足经济社会发展对交通运输的要求。目前，对于货运适站量的计算主要采用由全社会货运量经比例系数转化的方法，即：

货运站吞吐量（万吨/日）＝比例系数 γ（1/日）×全社会道路货运量（万吨）

对于比例系数 γ 的确定，目前尚无成熟的定量测定方法，基本上要依赖于专家经验来判断。

交通运输部道路运输司发布的《起步之举　发展之路——新时期道路运输业发展大调研成果汇编》指出，2008 年，全国道路货运站平均日货物吞吐量为 130154 万吨（在不考虑货运站级别的情况下平均每个货运站的吞吐量为 42 吨/日）；根据统计，2008 年我国实现公路货运量 1916759 万吨。用这两个数据进行简单推算，则 2008 年我国道路货运站适站量的比例系数 γ 约为 7%。

一般地，货运适站量水平受道路运输站场建设和运营管理水平、道路货运业务操作方法、道路货物本身需要等因素的影响。在道路运输站场建设和运营管理水平比较好的情况下，货运适站量水平应可以达到一个比较理想的水平。本项目根据 2008 年的全国水平，结合山东省道路站场的建设情况，取 10%为山东省道路甩挂运输站场货运适站量比例系数 γ 的平均值，取 7%和 15%为低水平和高水平的参考值。针对山东省各个地市既有的货运场站建设与使用状况（如表 7－5 所示），对其道路甩挂运输站场货运适站量比例系数 γ

分别取 7%、10%、15%（如表 7－6 所示）。

表 7－5　　2007 年、2008 年山东省各地市道路货运场站情况

地区	合计（个）		一级站（个）		二级站（个）		三级站（个）		四级站（个）		年平均日换算货物吞吐量（万吨）	
	2007年	2008年	2007年	2008年	2007年	2008年	2007年	2008年	2007年	2008年	2007年	2008年
全省	453	488	25	27	63	67	144	119	221	275	122	171
济南	16	19	4	4	5	6	3	3	4	6	44	52
青岛	24	24	6	6	18	18	0	0	0	0	3	3
淄博	8	137	0	0	3	2	5	0	80	135	3	3
枣庄	33	33	0	0	3	3	2	2	28	28	2	2
东营	3	3	0	0	3	3	0	0	0	0	0	6
烟台	52	45	3	3	6	6	31	25	12	11	4	3
潍坊	39	39	2	2	1	1	19	19	17	17	8	46
济宁	39	39	1	1	4	4	20	20	14	14	20	13
泰安	8	8	0	0	2	2	3	3	3	3	1	1
威海	12	12	3	3	4	4	1	1	4	4	0	0
日照	3	3	1	1	0	0	2	2	0	0	0	0
莱芜	10	6	2	3	1	3	7	0	0	0	1	1
临沂	14	22	0	0	4	7	8	10	2	5	5	10
德州	27	25	2	2	0	0	18	16	7	7	21	21
聊城	25	25	1	1	2	2	2	2	20	20	6	6
滨州	30	19	0	1	3	2	11	6	16	10	2	2
菏泽	30	29	0	0	4	4	12	10	14	15	1	1

表 7－6　有关地市的道路甩挂运输货物适站量

地　区	到/发量（万吨）	适站比例（%）	换算系数	换算货物吞吐量（万吨）	货运站数量级（个）
烟　台	783	10	1.3	204	2
淄　博	1623	10	1.3	422	4
东　营	1353	7	1.3	246	2
德　州	218	15	1.3	86	1
菏　泽	46	7	1.3	8	0
济　宁	144	15	1.3	56	0
日　照	89	7	1.3	16	0
潍　坊	963	15	1.3	376	3
青　岛	511	10	1.3	132	1
威　海	70	7	1.3	12	0

注：换算货物吞吐量＝到发量×适站比例×换算系数×2；货运站数量＝换算货物吞吐量÷365÷0.31。

根据山东省交通运输厅 2007 年、2008 年针对道路货运站的统计，在不考虑货运站级别的情况下平均每个货运站的吞吐量为 3100 吨/日。结合以上估算的各条运输线路上的货物流量，以运输线路两端的地市为单位，汇总有关地市的道路甩挂运输货物到/发量；结合适站比例和换算系数（本项目将各种货物定位为快运货物，换算系数取为 1.3），可估算出各个地市的换算货物吞吐量，进而确定需配备的道路甩挂运输货运站的数量级（如表 7－6 所示）。可见，为满足道路甩挂运输货物的组织要求，可在沿济青高速公路及其两端延伸线的合适地点（烟台、青岛、潍坊、淄博、德州、东营）设置适当数量的专用站场。这样的站场可通过规划新建，更可通过对既有站场的更新改造而达到应有的甩挂运输组织作业有关的功能。

7.3 道路甩挂运输网络节点布局

由于道路甩挂运输车辆运行过程与传统的道路运输车辆运行过程不同，甩挂运输网络方案的设计方式也有所差异。道路甩挂运输网络上的关键组成元素有：牵引车运行路线、牵引车技术作业停靠点、挂车交流路线、挂车集散点。其中，牵引车运行路线主要受到牵引车及其乘务组有效工作时间的影响，其主要表现形式是牵引交路的形式和最佳运输距离；牵引车技术作业停靠点往往不是专门的站场，需要结合高速公路服务区设置、干线公路交叉点布局等因素综合选择最佳地点以及配备有关设施设备；挂车交流路线应与主要空间运输联系方向相一致，它是不同区域之间货物交流方向和交流量的最直接的表现；挂车集散点应能够直接服务于货物的集散。可见，设计甩挂运输网络方案时，应区别不同的网络元素，分别采取合理的设计方式。

7.3.1 挂车集散点

1. 第一类备选地点

根据上述主要空间运输联系方向上的货物流量估算和道路甩挂运输路线上挂车的配备数量，可以直接确定各条运输路线上所承载的挂车数量。实际上，那些挂车流量大的运输路线的起讫点已经自然地成为挂车的集散点，如山东省的烟台、淄博、东营。当然，这三个挂车集散点主要是服务于第二产业各部门之间的货物交流的。

2. 第二类备选地点

货物交流除了满足社会生产和再生产过程的需要，还应满足社会消费的需要。所以，社会消费能力强、社会消费品消耗量大的经济地域也存在大量的货物交流活动。以山东省各个城市的居民消费能力为基础，选取相关的统计指标和统计数据，借助主成分分析方法确定城市节点的等级，选取重要的节点城市，从而确定社会消费品消耗量大的城市，以作为甩挂运输挂车集散点的备选方案。

经计算，青岛、济南、临沂、德州、烟台、潍坊、淄博的社会消费能力大，应存在活跃的货物交流活动。

3. 挂车集散点的选取

综合产业间商品交流和社会消费品交流情况，可以以烟台、淄博、东营、青岛、济南、临沂、德州、潍坊等城市作为山东省道路甩挂运输网络上挂车集散点的备选地点。

不难发现，这些备选地点依托高速公路的连接可形成环路，环路有利于挂车的交流和牵引车运行交路的设计。但是，这些备选地点的空间布局并不匀称，其中的东营、潍坊、济南相距淄博较近，为发挥甩挂运输在中长途运距方面的优势、提升站场上挂车的集散规模以获得规模效益，可将烟台、青岛、淄博、德州、临沂设定为首选的挂车集散点（如图 7－1 所示）。烟台和青岛系山东半岛制造业基地的核心和港口城市，经济发展和区位优势明显、货物交流量大，特别是具备实施公海联运、滚装运输的优良条件；淄博的经济地理区位优势使其能够为周边城市，特别是潍坊、东营、滨州、济南、莱芜、泰安等城市提供辐射服务；德州是山东省与河北省、京津地区商品交流的关口，临沂是山东省与江苏省、长三角地区商品交流的关口。

值得一提的是，挂车基地的建设可在这些城市的合理区域上展开。

4. 挂车集散点的布局特点

本项目从其与既有相关规划方案的协调性方面简要分析挂车集散点的布局。

(1)《山东省“十一五”服务业发展规划》指出：“十一五”期间，全省服务业要构建“一圈（以济南为核心，包括淄博、泰安、莱芜、滨州、德州和聊城的都市服务业聚集圈）、一群（以青岛为龙头，包括烟台、威海、日照、东营、潍坊和临沂的半岛城市服务业聚集群）、一带（以济宁、枣庄、菏泽为节点的鲁西南服务业聚集带）”的布局。

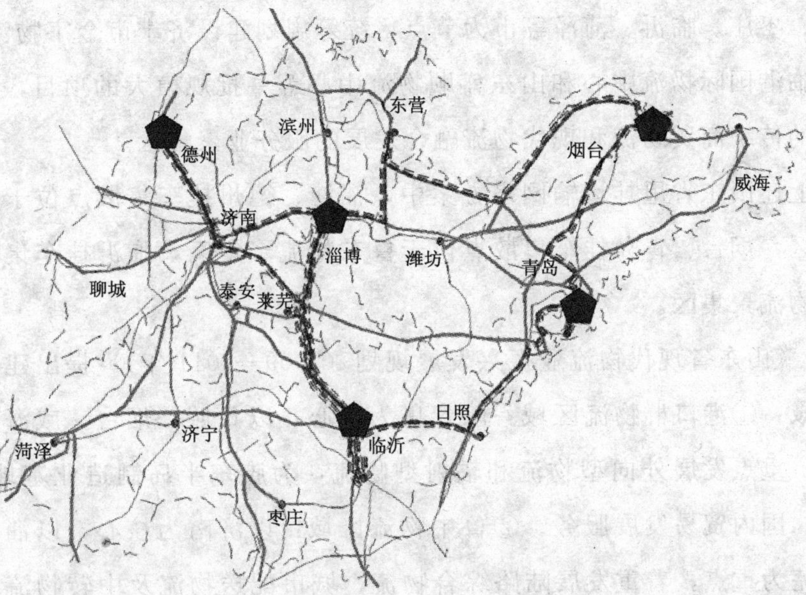

图 7－1　山东省道路甩挂运输挂车集散点的首选地点分布

在上述山东省甩挂运输网络方案中，淄博、德州挂车集散点位于都市服务业聚集圈，烟台、青岛、临沂挂车集散点位于半岛城市服务业聚集群，鲁西南服务业聚集带暂时没有设立挂车集散点。

(2)《山东省“十一五”服务业发展规划》指出：“十一五”期间山东省重点构建三大物流聚集区，即①鲁中物流聚集区——以济南、淄博、潍坊、德州和泰安等市为枢纽，以聊城、东营、莱芜为节点，统筹规划建设济南市盖家沟物流园区、淄博市现代国际物流中心、德州市天河中央空调配件和运达创业园物流批发大市场等一批物流园区和现代批发市场，形成以城市配送物流、中转物流和航空物流为特色的综合物流聚集区。②鲁东物流聚集区。以青岛、烟台、威海、日照等市为枢纽，统筹规划建设烟台市经济开发区物流园区，威海市韩国之窗和中韩火车轮渡等一批规模大的项目，形成服务半岛制造业和进出口的外向型物流和辐射型物流聚集区。③鲁南物流聚集区。以济宁、枣庄、临沂、菏泽等市为节点，统筹规划建设济宁市金宇物流中心、临沂市临港国际物流中心和山东盛顺物流中心等一批规模大的项目，形成连接南北的传统商贸物流和现代物流融合发展的服务业聚集区。

在上述山东省甩挂运输网络方案中，淄博、德州挂车集散点位于鲁中物流聚集区，烟台、青岛挂车集散点位于鲁东物流聚集区，临沂挂车集散点位于鲁南物流聚集区。

(3)《山东省现代物流业振兴发展规划（2009—2011年)》提出建设五大物流区域：①港口群物流区域：以青岛为核心，以日照、烟台、威海、潍坊为主体，重点发展外向型物流和辐射型物流，为胶东半岛制造业基地服务，为国际、国内贸易发展服务。②鲁中物流区域：以济南为核心，以淄博、泰安、莱芜为重点，着重发展陆路综合物流、城市配送物流及中转物流，形成辐射全国的物流中转基地。③鲁南商贸物流区域：以临沂为核心，以日照为重点。临沂重点发展商贸物流，努力发展成为连接南北商贸流通的区域枢纽和通道；日照重点发展矿石、煤炭等大宗物资港口物流，实现港口向内地、内地向港口物资快速疏运。④鲁北物流区域：以德州为核心，以聊城、滨州、东营为重点，大力发展中转物流、农产品物流及专业物流。⑤鲁西南物流区域：以济宁为核心，以枣庄、菏泽为重点，利用京杭运河水运成本较低的优势，大力发展内河水运物流和公铁水联运物流，建设和完善以煤炭、矿石、石膏等大宗物资为主的转运型物流中心。规划了山东省国家级物流节点城市包括济南、青岛，省级物流节点城市包括东营、烟台、潍坊、济宁、临沂、德州等，地区性物流节点城市包括淄博、枣庄、泰安、威海、日照、莱芜、聊城、滨州、菏泽等，县级物流节点城市包括28个县市。

在上述山东省甩挂运输网络方案中，青岛、烟台挂车集散点位于港口群物流区域，淄博挂车集散点位于鲁中物流区域，临沂挂车集散点位于鲁南商贸物流区域，德州挂车集散点位于鲁北物流区域，鲁西南物流区域暂时没有设立挂车集散点。在首选的5个挂车集散点中，有4个（青岛、烟台、德州、临沂）属于国家级物流节点城市或者省级物流节点城市，1个（淄博）属于地区性物流节点城市。

7.3.2 牵引车技术作业站

由于有大量的待拖挂挂车，挂车集散点应当作为牵引车技术作业站的首选。此外，鉴于道路甩挂运输线路主要依托高速公路，而高速公路上不乏有资源明显闲置的服务区、出入口等既有设施，所以，可考虑选取甩挂运输交通流量大的路段和合适的高速公路服务区、出入口作为牵引车技术站。

即使挂车的交流流量不均衡、流向不对称，但在理论上我们仍可以寻找到环路以作为牵引车的运行交路。理由如下：第一，尽管根据以上分析，产业梯度转移使得挂车的流向不对称，但根据区域发展模式的梯度发展模式和反梯度发展模式，可以认为省内交流商品线路有双向交流的潜在市场。第二，根据产业分工原理和超循环理论，区域内商品交流线路必然存在回路。这样，我们可以利用图论的有关方法寻找每两个城市间合适长度的回路，看所有回路所涉及的那些城市，以作为主要的牵引车技术作业站的布局节点。在实践中，依据这样的理论分析方式所获得的牵引车运行交路并不一定具备可操作性。一个最直观的道理是，牵引车运行交路过长，会导致牵引车的实时调度难度加大，不利于运输企业的快速反应。

综合考虑挂车集散点和牵引车最佳运距等因素，设置如图7-2所示的牵引车技术作业站布局方案。

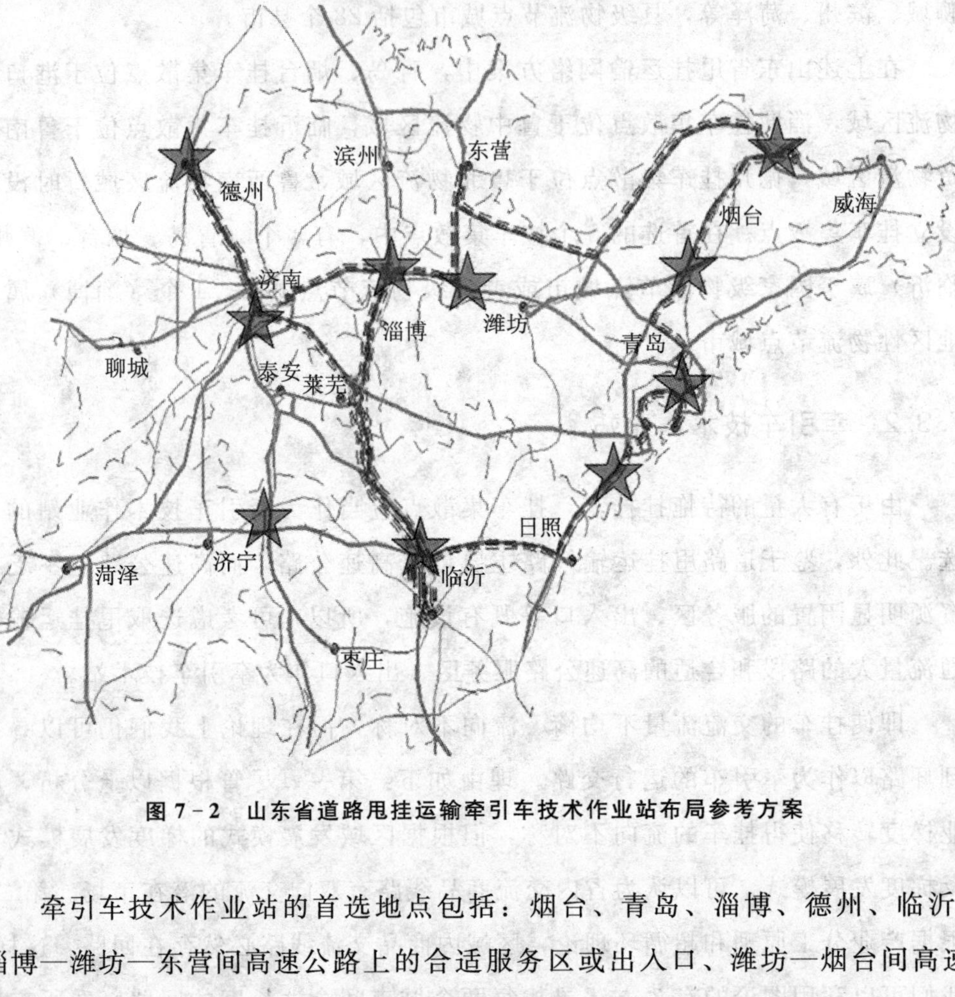

图 7－2　山东省道路甩挂运输牵引车技术作业站布局参考方案

牵引车技术作业站的首选地点包括：烟台、青岛、淄博、德州、临沂、淄博—潍坊—东营间高速公路上的合适服务区或出入口、潍坊—烟台间高速公路上的合适服务区或出入口、济南周边高速公路上的合适服务区或出入口、济宁—莱芜间高速公路上的合适服务区或出入口、日照—青岛间高速公路上的合适服务区或出入口等。根据《山东省高速公路服务区整治和发展调研报告》所提供的资料，本项目选取表 7－7 中的高速公路服务区作为道路甩挂运输牵引车技术作业站的备选方案。

表 7-7 牵引车技术作业站备选方案的高速公路服务区

服务区名称	所在高速公路	目前使用情况	占地面积（万平方米）	停车场面积（万平方米）	加油站面积（平方米）	维修车间面积（平方米）	推荐度
济青高速青州服务区	济青高速	拥挤	11.3141	1.6	880	960	★★★
济青高速济南服务区	济青高速	一般	14.667	3.5	3000	1700	★★★
青银高速天桥服务区	青银高速	一般	8.004	1.3548	400	300	★
京福高速崮山服务区	京福高速	一般	15	6.8	3751.75	973.4	★★
济聊馆高速齐河服务区	济聊馆高速	一般	3.87	0.9	500	300	★
潍莱高速平度服务区	潍莱高速	一般	18	1.13	488	1081	★
潍莱高速莱西服务区	潍莱高速	宽松	1.4	0.45	488	789	★★
同三高速莱西服务区	同三高速	一般	5.94	1	1200	3255	★★★
济青高速青岛服务区	济青高速	一般	10	3	520	—	★★★
青莱高速胶州服务区	青莱高速	宽松	5.8	2	2000	500	★
京福高速德州南服务区	京福高速	一般	3.87	3.63	758.7	532.22	★
京福高速德州服务区	京福高速	一般	9.73	4.7	2232	600	★★★
京福高速曲阜服务区	京福高速	一般	23.23	3.5	534	636	★★★
日东高速泗水服务区	日东高速	一般	4.8691	3.3	640	1100	★★
日东高速费县服务区	日东高速	一般	.5.9	2.8	2200	160	★
东青高速东营服务区	荣乌高速	一般	6.327	5.027	735.8	100	★★★

7.3.3 集装箱卡车中转站

针对传统上公路集装箱运输模式的缺陷，参照甩挂运输的基本理念，可在运输组织方式方面对公路集装箱运输的缺陷进行弥补。按照专业化分工原则，将公路集装箱运输过程分为多个作业阶段、交由多个牵引车实现空间移动。如：在港口的后方、高速公路出入口附近、铁路集装箱中转站辐射范围内，建立港口集装箱运营中心；在集装箱进出口量大的地点建立面向客户的区域集装箱运营中心。港口到港口集装箱运营中心主要实现提箱还箱作业，可以使用面向站场内的、性能要求低一些的集卡全天候进行集装箱的转移作业；港口集装箱运营中心到客户区域集装箱运营中心间一般由通行状况好的公路主干线相连接，使用性能良好的牵引车和技术过硬的驾驶员在相对固定的路线上循环往复，通过一部牵引车拖带多个挂车的汽车列车方式运输集装箱；客户区域集装箱运营中心到客户仓库的集装箱移动过程则使用性能较好的集卡实现。

集装箱卡车中转站的主要功能是面向集装箱卡车提供各种技术作业，所以，其空间布局可与道路甩挂运输网络上的牵引车技术作业站的布局相一致。此外，集装箱卡车中转站的布局还应注意：①对于港口城市之间的集装箱运输，集装箱卡车首选直达运输方式，当运距超过经济运输距离时才选择中转的方式。对于山东省的港口布局而言，可全部采用直达的方式。②对于非港口城市与港口城市之间的集装箱运输，集装箱卡车在经济距离内采取直达运输的方式；在非经济距离内依托内陆集装箱中转站进行中转。

总之，对于山东省道路甩挂运输网络上集装箱卡车中转站的布局与选址，可以以牵引车技术作业站的空间布局方案为备选选址方案，综合考虑相关选址方案周边的外贸进出口发展水平、与港口的运输距离等因素进一步确定。由于集装箱卡车与道路甩挂运输牵引车之间存在明显的差别（特别是对于司乘人员的技能要求、对于涉外运输服务的特殊要求、集装箱卡车的专用性较强），在道路甩挂运输发展初期我们难以强求集装箱卡车与道路甩挂运输牵引车在提供运行动力方面实现无缝的兼容和便捷的互换。

8　道路甩挂运输站场布局设计与经营管理

8.1　道路甩挂运输站场功能区设置方案

如前所述，道路甩挂运输站场有多种类型，但无论哪种类型，道路甩挂运输站场中最基本的业务是面向牵引车和挂车组织和管理的。由此，道路用挂运输站场的基本功能区可分为三大部分：针对货物提供物流作业的部分、针对挂车提供服务的部分、针对牵引车和乘务组提供服务的部分，这三个部分可在空间布局上相互之间便捷地衔接（如图 8－1 所示)。

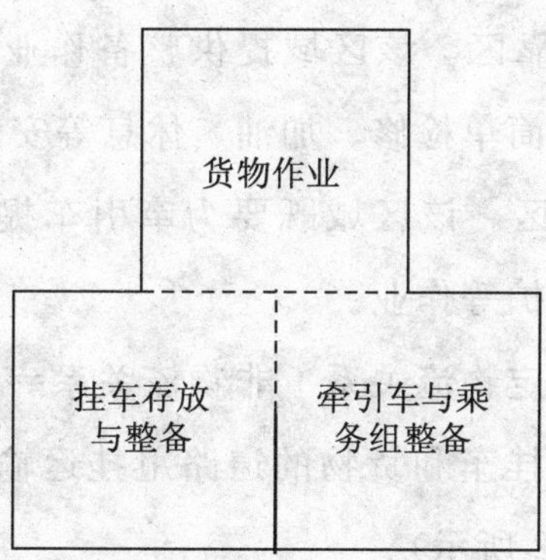

图 8－1　道路甩挂运输站场的整体布局

具体而言，道路甩挂运输站场的基本功能区可包括以下几个：

Ⅰ. 调度管理区。这是整个站场的组织管理核心，应具备设施齐全的办公场所；

Ⅱ. 车辆进站区。经过路上的运行过程后，汽车列车应按运行计划进入站场，进站区主要实现挂车、货物的验收交接；

Ⅲ. 车辆出站区。经过站内的准备，汽车列车应按运行计划驶出站场，出站区主要实现挂车、货物的验收交接；

Ⅳ. 挂车与货物暂时停靠区。该区域的作业主要包括：承接由牵引车上摘下的挂车、准备向牵引车提供装载好货物的挂车、挂车与货物的分离与结合等；

Ⅴ. 挂车停车区。该区域集中停靠了装载着货物的挂车，能够实现以车代库；

Ⅵ. 挂车整备区。该区域集中停靠了大量的待装载的挂车，并且在挂车装载货物前应将车内的卫生等处理好，保证挂车符合路上运行的要求；

Ⅶ. 货物堆存区。该区域是站场与道路运输客户的衔接点，集中着大量的待装车运输货物和待配送到客户的货物；

Ⅷ. 牵引车整备与停靠区。该区域提供整备作业或更换牵引车驾驶员乘务小组，或为过路车提供简单检修、加油、休息等安全性要求的技术作业；

Ⅸ. 车辆维修和加油区。该区域既要为牵引车提供加油、维修、检测等作业，又要为挂车提供维护等作业。

在以下的分析中，选定物流关系：非物流关系＝3：1，根据 SLP 法的操作过程，针对集中了大量挂车和货物的道路甩挂运输站场，进行如下的模拟分析（如表 8－1、表 8－2 所示）。

表 8-1　　道路甩挂运输站场基本功能区之间的关系计算

功能区		关系密切程度				综合关系	
		物流关系（权重 3）		非物流关系（权重 1）		综合分数	综合等级
		等级	分数	等级	分数		
Ⅰ	Ⅱ	U	0	A	4	4	A
	Ⅲ	U	0	A	4	4	A
	Ⅳ	U	0	E	3	3	E
	Ⅴ	U	0	O	1	1	O
	Ⅵ	U	0	O	1	1	O
	Ⅶ	U	0	E	3	3	E
	Ⅷ	U	0	A	4	4	A
	Ⅸ	U	0	U	0	0	U
Ⅱ	Ⅰ	U	0	A	4	4	A
	Ⅲ	U	0	U	0	0	U
	Ⅳ	A	4	A	4	14	A
	Ⅴ	E	3	O	1	10	I
	Ⅵ	O	1	U	0	3	U
	Ⅶ	O	1	U	0	3	U
	Ⅷ	E	3	I	2	11	E
	Ⅸ	E	3	I	2	11	E
Ⅲ	Ⅰ	U	0	A	4	4	A
	Ⅱ	U	0	U	0	0	U
	Ⅳ	A	4	A	4	16	A
	Ⅴ	E	3	O	1	10	I
	Ⅵ	O	1	U	0	3	U
	Ⅶ	O	1	U	0	3	U
	Ⅷ	E	3	I	2	11	E
	Ⅸ	E	3	I	2	11	E

续　表

功能区		物流关系（权重3）		非物流关系（权重1）		综合分数	综合等级
		等级	分数	等级	分数		
Ⅳ	Ⅰ	U	0	E	3	3	E
	Ⅱ	A	4	A	4	14	A
	Ⅲ	A	4	A	4	16	A
	Ⅴ	A	4	A	4	16	A
	Ⅵ	A	4	A	4	16	A
	Ⅶ	A	4	A	4	16	A
	Ⅷ	U	0	U	0	0	U
	Ⅸ	E	3	E	3	12	E
Ⅴ	Ⅰ	U	0	O	1	1	O
	Ⅱ	E	3	O	1	10	I
	Ⅲ	E	3	O	1	10	I
	Ⅳ	A	4	A	4	16	A
	Ⅵ	A	4	A	4	16	A
	Ⅶ	A	4	A	4	16	A
	Ⅷ	I	2	I	2	8	I
	Ⅸ	E	3	E	3	12	E
Ⅵ	Ⅰ	U	0	O	1	1	O
	Ⅱ	O	1	U	0	3	U
	Ⅲ	O	1	U	0	3	U
	Ⅳ	A	4	A	4	16	A
	Ⅴ	A	4	A	4	16	A
	Ⅶ	A	4	A	4	16	A
	Ⅷ	I	2	I	2	8	I
	Ⅸ	E	3	E	3	12	E

续 表

功能区		关系密切程度				综合关系	
		物流关系（权重 3）		非物流关系（权重 1）		综合分数	综合等级
		等级	分数	等级	分数		
Ⅶ	Ⅰ	U	0	E	3	3	E
	Ⅱ	O	1	U	0	3	U
	Ⅲ	O	1	U	0	3	U
	Ⅳ	A	4	A	4	16	A
	Ⅴ	A	4	A	4	16	A
	Ⅵ	A	4	A	4	16	A
	Ⅷ	U	0	U	0	0	U
	Ⅸ	U	0	U	0	0	U
Ⅷ	Ⅰ	U	0	A	4	4	A
	Ⅱ	E	3	I	2	11	E
	Ⅲ	E	3	I	2	11	E
	Ⅳ	U	0	U	0	0	U
	Ⅴ	I	2	I	2	8	I
	Ⅵ	I	2	I	2	8	I
	Ⅶ	U	0	U	0	0	U
	Ⅸ	E	3	E	3	12	E
Ⅸ	Ⅰ	U	0	U	0	0	U
	Ⅱ	E	3	I	2	11	E
	Ⅲ	E	3	I	2	11	E
	Ⅳ	E	3	E	3	12	E
	Ⅴ	E	3	E	3	12	E
	Ⅵ	E	3	E	3	12	E
	Ⅶ	U	0	U	0	0	U
	Ⅷ	E	3	E	3	12	E

注：功能区间只要存在物流关系，就应当存在非物流关系，非物流关系可与物流关系的密切程度相等或者略逊。

表 8-2　道路甩挂运输站场基本功能区的最终得分

基本功能区	最终得分	基本功能区	最终得分
Ⅰ. 调度管理区	20	Ⅵ. 挂车整备区	75
Ⅱ. 车辆进站区	56	Ⅶ. 货物堆存区	54
Ⅲ. 车辆出站区	58	Ⅷ. 牵引车整备与停靠区	54
Ⅳ. 挂车与货物暂时停靠区	93	Ⅸ. 车辆维修和加油区	70
Ⅴ. 挂车停车区	89		

在进行平面图上的功能区布置时，在形状上并不规整的道路甩挂运输站场建设用地上，优先布置最终得分最高的基本功能区，然后就近安排与其关系级别等级高的功能区，同一级别的功能区可按得分高低排列。

由表 8-2 知，挂车与货物暂时停靠区的最终得分最高，所以应该优先将其布置在平面图上，车辆进站区、车辆出站区、挂车停车区、挂车整备区、货物堆存区都是 A 类关系，应该就近布置；然后针对这些已经被布置好的区域，继续寻找 A 类关系，将其他没有布置的功能区配备在合适的位置。由此可以得到平面布置的草图（如图 8-2 所示）。

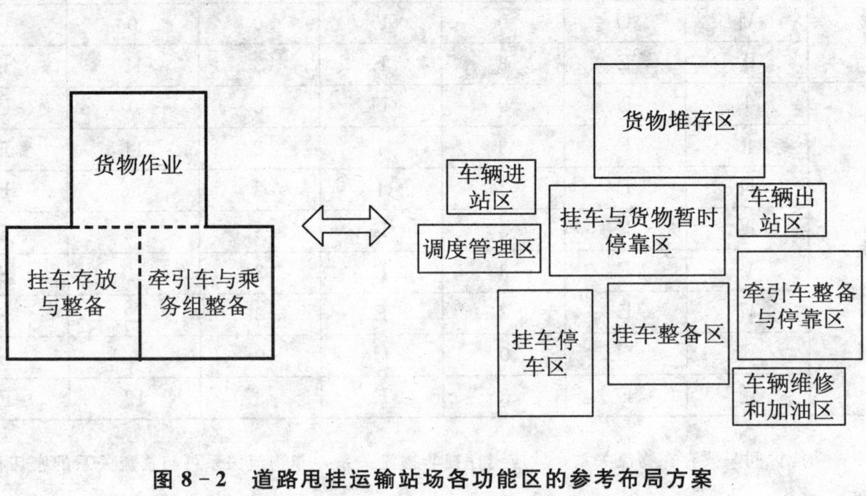

图 8-2　道路甩挂运输站场各功能区的参考布局方案

8.2 道路甩挂运输站场的经营管理

8.2.1 道路甩挂运输站场经营的市场化

在道路货运站场的规划、建设和经营方面，世界上经济发达国家交通运输业已完成了无序竞争阶段，现代化、规模化的大型运输企业已形成，且其货运市场分割较为明确、稳定；交通运输业社会化与专业化水平高，隐形市场与不规范市场行为少；社会信息化水平高，货主与相关运力方可以实现快速、直接、准确、安全的信息沟通。因此，经济发达国家在提高交通运输效率方面，基本上不存在市场建设问题，而注重运输企业运营以及现代运输工具与运输基础设施的集成等方面。如：德国的货运中心由联邦政府统一规划，由州政府负责按规划进行建设，并采取相关政策扶持其发展，经营管理则是公司化经营，采用入驻企业自主经营的模式。货运中心选点建设一般考虑三方面因素，一是至少有两种以上运输方式连接；二是选择交通枢纽中心地带，使货运中心网络与运输枢纽网络相适应；三是经济合理，包括运输方式的选择利用、环境保护与生态平衡，以及与在货运中心经营的成员利益的实现等。美国是一个货运交通高速运转的国家，基于地广人稀及城市分布较为均衡的特点，美国政府对货运站场的规划只给予宏观政策引导，不涉及具体的布局或建设。在货运方面，各州有很多的自治权力，尤其在商业和工业方面。英国大城市官方协会于 1990 年就提出采用综合方法来优化货运站场布局、改善交通现状。基础设施方面主要是完善城市道路网络结构，加强城市公路与铁路等各种运输方式、运输设施特别是货运场站的统一协调，并且加强道路网络的畅通联系。在土地利用方面主要采取鼓励与限制相结合的措施，引导货运站场主要建设在城市边缘的环路附近，通常靠近城市的工业产业区。

由于发达国家经济发展水平比较高，与之相适应的货物运输也得到了充分的发展，主要体现在以下方面：①站随货定。只要不违反相关的土地使用规则和环保要求，货运站的设置一般由市场来确定，政府部门不予干预。站址的选定、规模的确定都是根据市场需求进行设置，这样既能满足货运市场需求，又能节约运输成本；②分级设置。根据货运站所在区域的重要程度以及货运站本身所辐射的范围来设置不同的级别，主枢纽城市的货运站负责大范围的货物运输，下一级的货运站则为其提供货物集散；③重视集装化。发达国家经济发达，集装箱货物运输在货运中占有很大的比例，为适应集装箱拼装、装卸需要，货运站场一般设置了大面积的集装化货物作业区。

总体上看，经济发达国家的公路运输枢纽正向现代化、综合化、专用化方向发展。现代化的站场具有现代化的建筑结构、中转作业大厅以及现代化的管理系统。随着经济社会的发展和技术进步，很多新技术成果被广泛应用于公路运输枢纽规划、建设、管理等方面，如：①大量的新技术以及科研成果被广泛应用于公路运输枢纽的建设、运营和管理。如计算机管理系统、条码识别技术、货物追踪系统、全球卫星定位系统、运输路径优化决策与选择等，这些新技术在货运站的建设、营运和管理中的应用，保障了货运站的高效率与低成本。②经济发达国家经过几十年的摸索和探讨，在理论上已形成了一套比较成熟的货运站规划、设计理论，在货运站的规划、建设方面尽量减少人为因素，空间布局规划主要是由市场需求决定。

8.2.2 道路甩挂运输站场的信息管理

从其技术组织的角度看，道路甩挂运输的技术重点在于对甩挂运输车辆和司乘人员的调度和管理。要实现科学、优化的调度指挥，必然要以大量的运输、物流信息为基础。在大量信息的基础上，道路甩挂运输组织管理主体（运输企业、物流企业、交通主管部门等）可依托信息管理系统发挥主观能动性，实现预期的经济效益和社会效益。可见，要满足道路甩挂运输对于信息管理的要求，一方面应加大物流与运输基础信息的采集和传输能力，另一方面应构建合适的信息管理系统。

在道路甩挂运输车辆流转运行的过程中，站场是很重要的一个环节，它是甩挂运输相关信息的关键集散地。从道路甩挂运输站场信息系统的角度出发，最关心的要素就是站场的资源：挂车、货物、牵引车。如何科学合理地调度和使用这三个要素，是每一个道路甩挂运输站场信息系统所要解决的主要问题。

挂车在站场信息管理中常用到的信息元素主要有挂车型号、尺码、经营人、车况、自重与载重等与挂车本身的特征密切相关的信息，以及与挂车停靠场地密切相关的车位等信息。货物在站场信息管理中常用到的信息元素主要有货名、货类、货主、包装、托运单号、件数、重量、体积等与货物密切相关的信息，以及与仓库密切相关的货位（库/行/列/层）、货物状态等信息。牵引车的信息元素主要有车牌号、经营人、司机，以及与一些特殊业务有关的车状态如海关监管状态、停牌惩罚状态等。

站场的甩挂运输信息管理系统主要作为道路甩挂运输车辆的调度指挥管理平台，应具备的基本功能包括：车辆跟踪与定位，车辆的实时调度，驾驶员的调度指挥，基础数据的收集与上传等。站场的甩挂运输信息管理系统是提高运输效率、确保运输生产过程的连续性和安全性的重要支撑手段，站场建设并使用甩挂运输信息管理系统是实现运输企业管理信息化的必然选择。站场的甩挂运输信息管理系统应基于已发展成熟的现代信息和通信技术（如GPS、GIS），自动实现对甩挂运输车辆的跟踪与监测，准确地采集车辆运行状态信息；甩挂运输信息管理系统应尽可能具备编制甩挂运输车辆运行计划的功能，辅助相关的调度管理人员。

道路甩挂运输信息管理系统与物流信息系统既有联系，又有区别；它们之间是个别与一般、特殊与普遍的对应。道路甩挂运输信息管理系统的优势在于对甩挂运输车辆的专业化管理，物流信息系统的优势在于实现物流信息的综合化处理。相比于物流信息系统的实现，道路甩挂运输信息管理系统的实现要容易很多。

8.2.3 道路甩挂运输站场建设的后评价

以一定的后评价理论作为基础的道路甩挂运输站场建设的后评价工作，着眼于甩挂运输站场的运营情况和经济效益。该种后评价工作的目的包括：①根据站场建设项目的建设进程，审核在项目准备和立项阶段相关文件中所确定的目标是否已经达到，并形成对项目准备和立项阶段有关规划研究工作的反馈；②确定站场建设项目在付诸实施的各阶段的实际执行情况，找出其中的变化并分析原因；③评价站场建设项目实施的效率和管理水平，通过实绩与预期的对比，分析站场建设项目成功与失败的原因；④分析站场建设项目的经济效益和社会效益；⑤针对道路甩挂运输站场规划、建设和运营过程中无既有成熟资料依托和参考的特殊性，借助后评价工作所获得的一手数据资料和直接分析结果，可形成对道路甩挂运输站场乃至对道路甩挂运输整体效果的可信度良好的量化评价结论。特别是对于当前我国开展道路甩挂运输所采取的先试点、后推广的方式，道路甩挂运输站场建设的后评价工作显得尤其重要。

道路甩挂运输站场建设后评价工作的一般流程为：①筹备。根据被评估对象的原始资料，考察评估机构是否有能力承担此项任务；然后由评估机构组建评估小组，聘请专家（一般应为国内或国际相关学术领域、规划领域、企业管理领域的知名人士）。②调研准备。评估小组制定评估方案，遵循一定的科学原理制订针对性的评估指标体系，选择指标处理和量化评价方法，设计出详细的调研提纲。③调研。通过现场调查了解项目的真实情况，不但要了解站场建设项目的宏观情况，而且要了解它的微观情况。宏观情况主要是站场建设项目在国民经济发展中所能够起到的作用，在区域经济社会发展中的地位和作用；微观情况是该项目自身的建设情况、运营情况、效益情况、可持续发展以及对生态环境的影响等。④分析整理。评估小组进行调研所获得数据的审核、分析和整理。⑤综合评估。根据专家分析后的数据起草评估报告，举行论证会，讨论评估报告，给出最终评价结论。⑥反馈。视具体情况将评价结论予以公布并反馈到相关工作中。

从其内容构成看，道路甩挂运输站场建设的后评价工作可分为以下方面：过程评价、绩效评价、影响评价、可持续评价。其中，过程评价重在评价包括可行性论证、规划方案设计等在内的项目前期工作，评价包括站场初期运营、投资回报等在内的运营过程；绩效评价重在评价包括赢利能力、还贷能力等在内的站场运营过程中的财务状况；影响评价重在评价站场的建设和运营过程对于社会活动、生态等外在环境因素的影响，也即道路甩挂运输站场的外部成本评估；可持续评价重在评价道路甩挂运输站场的低碳效果。

9 山东省发展道路甩挂运输的政策措施

为了切实有效地促进山东省道路甩挂运输的发展，营造一个有利的市场环境，规范道路货运企业的经营行为，鼓励货运企业之间的公平有序竞争，形成公正、透明、统一、高效的现代货运监管体系，同时加速传统货运企业向现代货运企业转型，扶持、培育现代化的龙头货运企业，提高行业服务水平和竞争力，本项目建议，在明确指导思想和发展目标前提下，制定并实施一系列可行的、有效的行业管理政策和措施。

指导思想：按照科学发展观的要求，以集约化、组织化、高效化、市场化为导向，充分发挥交通运输主管部门的组织协调和政策引导作用，以道路货运企业（集团）为主体，以改革道路货运方式为切入点，以现代管理、计算机和通信信息等技术为手段，以优化市场供求关系为重点，推进现有运输资源的合理配置，进行科学的规划布局，加大资金和技术扶持力度，培育和发展道路甩挂运输市场，建立和完善现代货物运输服务体系，全面促进山东省道路甩挂运输业科学、高效、绿色、和谐发展。

发展目标：通过落实行业发展政策，打造“高效、绿色、科学、和谐”的道路甩挂运输行业，使行业管理机制逐步健全，规模化和集约化程度明显提高，具备良好的市场营运秩序和自我调节能力，组织管理水平和竞争力显著提升，企业经营模式和经营行为规范，配套设施及市场供需矛盾平衡，行业进入竞争有序、协调、可持续发展的阶段。

9.1 引导和推进道路甩挂运输市场的培育

具有良好供需关系的运输市场是道路甩挂运输发展的根本。成熟的市场能够调节资源的合理有效配置，提高道路甩挂运输的效率和服务水平；而政府对于不完全成熟的运输市场而言具备至关重要的引导作用。交通运输行业主管部门应充分发挥我国社会主义市场经济建设进程中政府和市场的双重作用，在加快甩挂运输发展过程中积极推进甩挂运输市场的培育。

9.1.1 一般措施

(1) 在道路甩挂运输货源组织中发挥非经济利益方的优势，以信息化手段引导道路甩挂运输市场供求关系的良性发展。在开展道路甩挂运输过程中进一步加强信息化建设，以开展甩挂运输的货运企业为主体，以道路货运站场为依托，以现代化的通信信息网络为载体，以运输市场需求为导向，尽快建立与其他货运方式相配套的货运企业经营信息网络。同时重视甩挂运输信息的统计和发布，实现全省甩挂运输信息的一体化，逐步做到运输企业、货主、发货人和收货人等方面都能及时掌握货物的及时动态信息。

为此，要尽快建立完善的信息发布机制。建立道路甩挂运输市场供求状况信息发布机制和道路甩挂运输市场指导价格发布机制，及时公布供求状况和价格信息，积极引导投资者理性投资和经营者良性竞争。搭建信息共享平台，建立企业、从业人员数据库，公布企业、从业人员基本状况、违法违规等信息，定期发布市场供求状况和指导价格等信息，提高行业信息共享程度。

(2) 提高道路甩挂运输市场的准入条件。目前，道路甩挂运输市场发育仍不完善，完全依靠市场作用难以达到优化资源配置的目的，需通过一定的行业准入标准来引导和规范行业发展。在现阶段，准入或退出标准可包括：

一定数额的最低注册资本是获得相应资质的依据，鼓励规模化经营；具备相应的经营管理能力，有助于提高整个行业的经营管理水平和服务水平，且避免过度竞争。

对于道路甩挂运输企业资质的获得，可通过“企业申请—现场考察—专家评分”的程序，对道路甩挂运输市场进行严格的市场准入管理。对运输企业的经济实力、车辆技术条件、组织管理能力和人力资源基础等关键方面制定明确的、易操作的规定，从运输能力供应方着手，引导那些有能力、有意愿开展甩挂运输的道路货运和物流企业规范化、规模化、组织化发展，从而促进市场集中度的提高和运输资源的合理配置。对于道路甩挂运输企业资质的管理评估，可考虑尽快建立以提供道路甩挂运输企业信用登记、信用评估、风险预警等为主要内容的信用评价制度，推行企业信用公示制度。将企业的信用情况登录在公共信息平台或其他便于信息公示的信息管理系统。

道路货物运输结构调整一直是道路运输发展的重点和难点，应通过开展甩挂运输、推动道路货运结构的优化，通过组建网络型的道路甩挂运输企业有效提高企业的规模化程度，通过专业化的甩挂运输车辆及运输组织技术的应用形成高效化的经营模式。

此外，应着手规范异地车辆的经营行为。研究建立异地道路甩挂运输车辆备案机制，掌握异地车辆的经营信息，引导其依法、规范经营。

（3）引导建立合作关系。在省内开展道路甩挂运输，鼓励运输企业之间、运输企业与大型制造企业、商贸企业、专业商品市场、货运站之间，通过联营、参股、合作等方式加强协作，整合运力和货源资源，提高集约化、规模化、网络化、组织化程度。应加强各个地市之间的甩挂运输系统协调与配合，统一资质标准，统一技术标准，打破地方壁垒，提升全省的甩挂运输竞争力，营造规范、有序、健康发展的区域市场环境。

在省际开展道路甩挂运输，应消除地方保护和制约运输一体化发展的相关制度和政策障碍，加强省与省之间的沟通交流机制，协调资质和技术标准，鼓励和支持符合条件的道路运输企业异地设置经营网点（分支机构），在条件具备时可积极撮合全国性大型交通运输和物流企业（集团）与省内运输和物流企业之间的业务对接。

（4）引导、推荐道路甩挂运输标准车型。标准化的道路甩挂运输车辆是实现道路货运管理现代化的重要手段和必要条件，也是规范行业发展、提升行业发展水平并减少道路货运作业外部成本的有力手段。道路甩挂运输标准车型应随着技术进步而持续升级，交通运输主管部门可在充分的市场调研和科学的综合评估结论基础上，推荐若干道路甩挂运输标准车型以供有关企业选择。标准车型的总体要求在较长时期内可保持一致，这样有利于标准的稳定，便于企业的实施。如：鼓励道路货运企业不断调整和优化运力结构、装备结构，鼓励发展厢式、危险品、冷藏品等专用车辆，合理配备城市配送专用的小型、快速车辆，积极推进长途干线运输车辆朝大型化、集装化、专业化、快速化、节能环保方向发展。

9.1.2 山东省交通运输管理部门应采用的举措

1. 加大信息技术的应用力度

一方面，从管理制度方面建立道路甩挂运输市场供求状况信息发布机制和道路甩挂运输市场指导价格发布机制，及时公布供求状况和价格信息，积极引导投资者理性投资和经营者良性竞争。另一方面，借助成熟的现代物流信息技术，搭建货运信息共享平台，定期发布市场供求状况和指导价格等信息，提高行业信息共享程度。

对于开展道路甩挂运输的企业及其牵引车、挂车等，纳入统一的公用信息平台，实现公用信息技术的优惠乃至免费使用：①在车辆信息采集和处理方面，使用全球定位系统（GPS）完成甩挂运输车辆的定位，根据移动终端对信号的处理实时获取甩挂运输车辆的位置、速度等信息，经由移动蜂窝网（GSM）完成与公用信息平台的信息传输。公用信息平台将收到的移动终端所发送的信息存入数据库，并向甩挂运输车辆发布参考性的组织和调度指令，实现对车辆和货物的实时跟踪与管理，从而提高企业运营调度智能化水平，强化政府科技监管手段和提高安全监管水平。②在信息传输方面，依托 EDI 技术，采用电子化方式辅助甩挂运输过程中的相关部门实现甩挂运输各环节之间信息传递的无纸化，避免数据的重复输入、节省企业的办公费用、提高甩挂运输企业数据交换水平，安全、迅速的处理单证和票据。

2. 面向各种所有制类型的交通运输企业开展道路甩挂运输资质管理

对道路甩挂运输市场进行严格的市场准入管理。对运输企业的经济实力、车辆技术条件、组织管理能力和人力资源基础等关键方面制订明确的、易操作的规定，从运输能力供应方着手，引导那些有能力、有意愿开展甩挂运输的道路货运和物流企业规范化、规模化、组织化发展，从而促进市场集中度的提高和运输资源的合理配置。甩挂运输的规模化发展需要在仓储和大型装卸设备上投入较多资金，这样在无形中提高了行业和企业的准入门槛、延长了投资回收期、加大了企业的经营风险。

借助山东省交通运输厅能够掌握和调度的各种智力资源和知识资源，抓紧研究并制定道路甩挂运输企业资质管理办法。面向各类交通运输企业发布“开展道路甩挂运输业务资质申请表”，由企业根据自身状况决定是否开展甩挂运输；针对提交了申请表的企业，组织评估工作组进行企业运行现场资源考察，并形成格式化考察报告；由评估工作组与有关专家组成评分组，对各个企业进行评分，并指出发展道路甩挂运输的建议。

3. 设计并引导组建新型、专业化道路甩挂运输企业

道路甩挂运输的开展要依托大量的牵引车、挂车等车辆装备，属于资金密集型行业。针对当前山东省各类交通运输企业在资金储备、人力资源储备

等方面的优势和不足，设计专业化道路甩挂运输企业，并着力引导该种新型企业的组建和运营。本项目提出以下选择方案：

（1）线路主导型甩挂运输企业。以既有的高速公路建设和运营管理企业为核心，以高速公路沿线资源闲置的站场或区域为依托，鼓励甩挂运输车辆与该类站场形成虚拟组织乃至企业（集团）关系，面向各类运输需求提供沿高速公路行驶的甩挂运输服务。

（2）站场主导型甩挂运输企业。以既有的道路货运站运营管理企业为核心，鼓励甩挂运输车辆与该类站场形成企业（集团）关系，面向各类运输需求提供站内增值服务和干线运输服务。

（3）车辆主导型甩挂运输企业。本项目提出的道路甩挂运输装备租赁公司就属于该种类型，道路甩挂运输装备租赁公司应拥有牵引车及其基地、挂车及其基地，可以拥有货场堆场、站台、仓库及办公房屋等，主要开展装备租赁业务，也即面向道路货运市场上的大量的中小运输企业，为其提供牵引车、挂车运力和装卸机械的租赁。道路甩挂运输装备租赁公司的运力可以通过新购置、允许社会车辆挂靠等方式进行扩充，无论采用哪种扩充方式，最根本的一点是道路甩挂运输装备租赁公司应具备强有力的运力调控能力，一方面保证向各种道路货运企业提供可靠的运力服务，另一方面保障自身的尽可能低的运营成本。

4. 针对山东省实际情况推荐道路甩挂运输的标准车型

目前，交通运输部对道路货运方面车型结构调整目标已经形成，开始从安全、节能、环保以及车辆轴载质量等方面对进入道路货物运输市场的车辆进行审核，迄今已公布了部分备选车型。

甩挂运输的车辆装备，不论是牵引车还是厢式挂车，目前国内汽车生产、改装厂家的产品也已经实现了系列化、标准化，山东省内的重汽集团和青岛、烟台等地的汽车改装厂也完全具备相应的生产条件。另外，作为我国最大的海运集装箱生产企业的中国中集集团有限公司，已经具备生产国际一流水平厢式挂车的能力（该公司收购了美国印第安纳州一家挂车制造企业，按美国标准生产的自重轻，空气悬挂、轴距可调整的厢式挂车，年产量达1万辆以上)。这为在山东省开展甩挂运输提供了选择新型挂车的途径，有助于推动山东省道路货运车辆结构的调整。此外，应提高甩挂运输装卸环节的机械化程度，推荐合适的装卸搬运设备，以尽量减少人工装卸搬运作业和辅助装卸的劳动量。

9.2 进一步完善政策和管理制度

9.2.1 一般措施

根据交通运输部、国家发展改革委、公安部、海关总署、保监会联合发布的《关于促进甩挂运输发展的通知》（交运发［2009］808号），采取合理有效的措施贯彻该文件中明确提出的政策和管理制度方面的问题，进一步消除甩挂运输发展的软环境方面的各种阻碍。

（1）挂车检验。挂车应按照《道路交通安全法》及其实施条例进行定期安全技术检验，确保符合国家规定的安全运行条件及相关技术标准。道路运输管理部门不再要求对挂车进行二级维护强制保养和综合性能检测，对于积极主动联系道路运输管理部门进行挂车维护强制保养和综合性能检测的企业，从其他行政事业性收费领域给予一定的补偿。

（2）挂车保险。由于挂车不具备动力，具有“可移动的集装箱”的属性，在车辆保险方面，研究调整挂车交强险，科学设定征收对象。在正式的挂车保险费削减政策出台之前，对于已交纳挂车保险的企业，从其他行政事业性收费领域给予一定的补偿。

（3）高速公路通行费征收。与高速公路运营管理企业商讨高速公路通行费的优惠条件，对于道路甩挂运输企业必要的独立牵引车的调度运行实行优惠收费，对于与高速公路运营管理企业达成合作协议的道路甩挂运输经营者（如：拥有大量车流量的甩挂运输企业选择车流量小的高速公路运行区间），鼓励双方合作共赢。

（4）挂车证件管理。按照既简便适用又有利于监管的原则，完善挂车证件携带、保管与交接管理。鼓励相关企业借助现代信息技术开发智能化、非接触式挂车证件，一旦条件成熟，即可大范围推广使用。

9.2.2　山东省交通运输管理部门应采用的举措

1. 建立道路甩挂运输行业调查与统计制度

一方面，委托各级公路管理部门和企业开展道路甩挂运输车辆运行情况实时统计工作，重点区域实行日报、一般区域实行周报，实时统计结果上报至厅内的甩挂运输工作领导小组办公室和统计部门，并将该信息纳入公共信息平台的存储处理范围。定期开展全省范围的甩挂运输站场普查工作，掌握基础设施资源的基本数据，借鉴物流业发达国家和地区的经验，设计统计指标体系，建立长期稳定的站场信息统计制度，及时地反映站场的运行绩效和各种演变趋势，为企业经营管理和政府宏观调控提供基本数据依据。

另一方面，山东省交通运输厅所设立的甩挂运输工作领导小组办公室可与甩挂运输企业建立稳定密切的信息沟通机制。企业可选择及时汇报其运营情况基本数据，以便交通运输主管部门及时掌握企业发展的整体态势；交通运输主管部门应将调查统计总体结论及时反馈给有关企业，并及时帮助企业解决职责范围内的主要问题。

2. 建立道路甩挂运输企业考核制度

在对全省道路甩挂运输行业调查和统计基础上，建立道路甩挂运输企业绩效考核参考体系（侧重于企业能够产生的社会效益），并面向各类交通运输企业予以公布。

按照“奖优不罚劣”的原则，对于在大范围开展甩挂运输组织，取得良好的社会效益（特别是在节能减排方面）和经济效益的企业，从行政收费领域给予一定的奖励；对于开展甩挂运输但效果一般甚至不好的企业，不给予惩罚，但可根据绩效考核结果为相关企业提供改进方向。

3. 营造和谐的运输关系

以针对道路甩挂运输企业的管理为切入点，推广使用行业劳动合同示范文本，规范企业用工行为，建立从业人员的诚信档案，采取有力措施进一步提高从业人员的基本素质；推广使用企业合作经营合同示范文本，明确经营者与挂靠车主的权利义务，理顺相关法律关系。进一步加强行业监管力度，强化从业资格管理和企业安全生产制度，建立以市场准入、过程监管和市场退出为核心的企业质量信誉等级评定体系。

9.3　加大资金扶持力度

9.3.1　一般措施

1. 向道路甩挂运输站场的改造建设提供资金支持

促进公铁、公水等多种运输方式间的有效衔接和一体化运输是我国交通运输行业发展的必然趋势。应鼓励利用公路甩挂运输发展水路滚装运输、铁路驼背运输和集装箱多式联运，实现公铁、公水间的快速中转和无缝衔接。对于处于综合交通运输枢纽内的道路甩挂运输站场的规划建设、改造升级给予最高额度的资金扶持。

站场设施是发展甩挂运输的重要基础条件，具有一定的行业内公益性。

对于传统货运站的改造，应通过政策引导，进一步加大对站场改造建设的投资力度，按照甩挂运输作业和技术特点，对传统货运站场进行升级改造，逐步构建层次清晰、功能完善、衔接顺畅的站场节点体系，支撑甩挂运输的发展。

道路甩挂运输站场属于建设周期长、投资大、收益率较低的基础设施项目，需要政策性资金的扶持。为此，政府和行业主管部门可通过设立各种交通运输基础设施建设专项基金、财政补贴、财政拨款，统一编制收支计划，无偿拨给等方式参与前期投资，在站场进入运营阶段后，采取租赁、承包、入股、分期付款等形式，通过市场招标的办法交给企业经营管理。

2. 健全政府投资的滚动发展机制

在道路运输领域内，站场建设与运营的投资汇报期最长。道路甩挂运输站场是开展甩挂运输的必备条件，但在其规划建设阶段和运营初期，需要大量的资金投入，虽然可以获得政府资金支持，但仍然占用了有关企业可观的资金。所以，一旦某个环节出现问题，直接的结果就是有关企业背上沉重的债务包袱。

鉴于道路甩挂运输站场的经营性及滚动发展的状况，政府可建立资金回收和滚动发展机制，充分发挥政策性资金的引导、带动和放大的作用，制定多渠道融资政策，坚持“政府投资，地方筹资，社会集资，引进外资，滚动发展”的全方位投融资原则，加速道路甩挂运输站场的建设进程。

9.3.2 山东省交通运输管理部门应采用的举措

1. 主动协调其他行政主管部门，制定合理、优惠、灵活的甩挂运输用土地使用政策

从规划工作入手，为甩挂运输站场设施在合适的地点预留一定规模的建设用地，应特别注重城市的市郊边缘带、城市之间的主干道附近的区域。在

用地的征用过程中，可按工业项目用地，或按照公益性，或准公益性基础设施性质办理相关手续。

在甩挂运输发展初期，对急需建设的站场项目，在办理立项、建设等相关手续过程中，纳入政府各相关职能部门设立的“绿色审批通道”，实行快速审批，并同时享有政府规定的其他各种优惠政策。

2. 充分发挥政府投资的放大和带动效应，拓宽资金渠道

坚持“统筹规划，统一管理”和“谁投资、谁经营、谁受益”的原则，鼓励道路甩挂运输相关企业以合资方式加强联合，扩大对基础设施和车辆装备的投入，同时注重吸引各行业以及不同所有制的企业、个人和外商投资参与甩挂运输站场建设和装备购置。

支持符合条件的道路运输企业进入资本市场融资，通过股票上市等方式筹措资金。采用合资、合作、转让经营权、股份制等形式，鼓励在道路甩挂运输站场，特别是公水滚装联运站场建设方面吸引外资。

3. 实施重点扶持战略

通过针对道路甩挂运输企业的统计调查、绩效评价等工作，将初期运营效果良好的现代道路运输企业纳入重点扶持范围，可允许其享受行政审批直通车、绿色通道等服务。

将道路甩挂运输行业纳入山东省现代服务业发展专项资金支持范畴，每年从专项资金中安排一定比例、可变比例的道路甩挂运输行业发展扶持资金，用于甩挂运输业的快速成长。如：对道路甩挂运输行业信息平台给予适当资助；对经山东省交通运输厅认定的重点道路甩挂运输企业进行人力资源培训、企业制度建设等方面的资助和指导；对于通过运输组织管理方式的改善、车辆装备水平的提升获得明显节能减排效果的道路运输企业，给予滚动资助或奖励。

9.4　政策措施的系统化运用

引导和鼓励道路甩挂运输的措施很多，不同的措施所针对的问题、所适用的时期、所能够产生的效果等往往不同。道路甩挂运输的发展是一个系统的过程，与之对应的政策措施应尽可能地条理化、系统化。本项目建议山东省在引导和鼓励道路甩挂运输发展过程中，采用以下的政策措施运用方案（如表 9 - 1 所示）。

表 9 - 1　　各种政策措施的实施难易程度和实施时期安排

政策措施		实施时期			难易程度		
整体政策	细化措施	近期	中期	远期	易	一般	难
推进行业与企业的信息化	GPS、EDI 等信息技术的推广使用	■			√		
	信息平台建设与运用		■	■			√
	市场信息发布机制	■	■	■		√	
	行业调查统计制度	■	■	■	√		
调控与管理道路货物运输企业	企业资质评估与市场准入	■	■		√		
	企业集团化发展的引导		■	■		√	
	重点企业考核与奖励制度	■	■		√		
	企业用工规范、从业人员诚信管理	■	■	■		√	
	异地车辆备案管理	■	■			√	
	新型企业的设计与组建	■	■	■			√
	标准车型与其他装备推荐	■	■	■	√		
	干线运输通行费优惠	■	■			√	

续　表

政策措施		实施时期			难易程度		
整体政策	细化措施	近期	中期	远期	易	一般	难
资金扶持	依托高速公路资源的站场选址				√		
	站场改造的资金扶持				√		
	新建站场的资金扶持				√		
	站场的滚动投资					√	
	站场的专项资金扶持					√	
管理制度	挂车的检验				√		
	挂车的保险						√
	挂车证件管理					√	

参考文献

[1] 高洪涛，李红启．道路甩挂运输组织理论与实践［M］．北京：人民交通出版社，2010.

[2] 何国勇．比较优势、后发优势与中国新型工业化道路研究［D］．武汉华中科技大学，2004.

[3] 黄少军．服务业与经济增长［M］．北京：经济科学出版社，2000.

[4] 李文顺，刘伟，周宏．1952—2002 年中国物流增量和 GDP 增量的协整分析［J］．中国软科学，2004（12）：45－49.

[5] 卢毅，彭伟，王礼志．道路货运量、燃油价格与国民经济的协整分析［J］．交通运输系统工程与信息，2010，10（1）：28－32.

[6] 廖迎，阮陆宁．区域物流与区域经济增长的实证研究——基于面板单位根与面板协整分析［J］．南昌大学学报：人文社会科学版，2008，39（3）：64－69.

[7] 林航飞，罗宇龙．上海市公路货运量与经济增长关系的协整分析［J］．同济大学学报：自然科学版，2008，36（10）：1378－1383.

[8] 崔淑丹，李星野．我国水路运输业与国民经济发展关系的协整分析［J］．交通运输系统工程与信息，2007，7（6）：21－24.

[9] 卜军峰．我国交通与经济发展关系的协整分析及实证研究［D］．天津：天津大学，2005.

[10] 阎非．国航深圳航空货运目标市场选择和产品设计［D］．天津：

天津大学，2004.

［11］方爱丽．基于复杂网络理论的投入产出关联分析［D］．青岛：青岛大学，2008.

［12］吴彤．自组织方法论研究［M］．北京：清华大学出版社，2001.

［13］邸凯昌，李德毅，李德仁．云理论及其在空间数据发掘和知识发现中的应用［J］．中国图象图形学报，1999，4（A）（11）：930－935.

［14］李德毅，刘常昱．论正态云模型的普适性［J］．中国工程科学，2004，6（8）：28－34.

［15］王剑波．治超对我国高速公路货车车型发展的影响［D］．西安：长安大学，2006.

［16］European Environment Agency. Transport at a crossroads——TERM 2008：indicators tracking transport and environment in the European Union［R］. Luxembourg：Office for Official Publications of the European Communities，2009.

［17］European Environment Agency. Climate for a transport change——TERM 2007：indicators tracking transport and environment in the European Union［R］. Luxembourg：Office for Official Publications of the European Communities，2008.

［18］European Commission，DG Climate Action，European Environment Agency. Annual European Union greenhouse gas inventory 1990—2008 and inventory report 2010［R］. Luxembourg：Office for Official Publications of the European Communities，2010.